For Emily

You make it happen.

医药专利的产业化

侯庆辰　著

知识产权出版社

全国百佳图书出版单位

图书在版编目（CIP）数据

医药专利的产业化/侯庆辰著. —北京：知识产权出版社，2019.1（2020.3 重印）

ISBN 978 – 7 – 5130 – 3970 – 3

Ⅰ.①医… Ⅱ.①侯… Ⅲ.①制药工业—专利权法—研究 Ⅳ.①D913.404

中国版本图书馆 CIP 数据核字（2018）第 254900 号

内容提要

本书从专利的角度出发，探讨了法律制度和国家政策对医药领域产业化的影响，同时对中国和美国的医药专利制度进行了比较，深入分析了美国医药专利链接制度和 Hatch – Waxman 法案，希望为我国医药产业的发展提供思路和借鉴。

责任编辑：王玉茂　　　　　　　　　　责任校对：潘凤越

装帧设计：韩建文　　　　　　　　　　责任印制：刘译文

医药专利的产业化

侯庆辰　著

出版发行：**知识产权出版社**有限责任公司	网　　址：http：//www.ipph.cn
社　　址：北京市海淀区气象路 50 号院	邮　　编：100081
责编电话：010 – 82000860 转 8541	责编邮箱：wangyumao@ cnipr.com
发行电话：010 – 82000860 转 8101/8102	发行传真：010 – 82000893/82005070/82000270
印　　刷：北京九州迅驰传媒文化有限公司	经　　销：各大网上书店、新华书店及相关专业书店
开　　本：720mm×1000mm　1/16	印　　张：14.5
版　　次：2019 年 1 月第 1 版	印　　次：2020 年 3 月第 2 次印刷
字　　数：242 千字	定　　价：60.00 元

ISBN 978-7-5130-3970-3

京权图字：01 - 2018 - 3125

序　一

庆辰是我指导的北京大学法学院 2012 级博士研究生。自 2012 年秋季入学，2017 年夏季毕业，一晃五年，在北京大学，他收获了自己丰富的人生。入学之际，庆辰在台北事业小成，适逢新婚燕尔。读博期间，庆辰携夫人转战大陆。学业之余，又得千金，创知识产权咨询事业，于大陆有了大的发展。

庆辰博士学位论文甫定，我便建议他随后编校出版。这部著作，就是以他在北京大学申请博士学位的论文为基础修改而成的。

庆辰北大求学五载，其间正是中国知识产权环境发生天翻地覆变化的一段期间。自 2008 年颁行《国家知识产权战略纲要》以来，中国已逐渐从一个"山寨"国家，转入了知识产权大国行列。其间，中国专利申请量连续几年高居世界第一，知识产权专门法院体系正在建立，"大众创业　万众创新"等如火如荼。特别是，中国政府在经济转型之阵痛期，痛定思痛，毅然提出了实施最为严格的知识产权保护制度，确立创新驱动发展战略，建设创新型国家，志在从"知识产权大国"向"知识产权强国"迈进。庆辰的博士议题之研究和事业发展，躬逢其盛。一者，他以北京大学为学习的起点，转入医药产业中的专利及其运用问题；二者，他透过知识产权创立自己的咨询公司，在南京举办"海峡两岸知识产权运营论坛"。学业与事业，相互砥砺、成长。

庆辰的这部著作，探讨的是中国医药专利的产业化问题。医药专利涉及国计民生，不仅是知识产权的法律议题，也牵涉经济与政治，非常重要，但异常复杂、敏感。从政府立场来看，势必扶持本土医药产业。揆诸欧美经验，医药产业可持续发展，实则仰赖良好的知识产权保护环境与竞争的市场机制。因之，医药专利的产业化，关涉法律、管理与公共政策诸多面向。庆辰很勇敢地挑战了这个议题，并呈现出了令人欣慰的研究成果。

作为庆辰的导师，看到他学业和事业之"双丰收"，由衷欣慰。诚然，学海无涯，日进有功，庆辰足以让我们有更高的期待。

　　是为序。

易继明

于北京大学法学院陈明楼 312 室

2017 年 7 月 21 日夜

简体版序

行为科学告诉我们，人是趋利避害的动物。正是这项特质让管理（regula-tion）成为可能，借由规范妥适地设定"胡萝卜与棒子"（carrot and stick），就可以引导社会走向政府预设的方向。这也是为何法治（rule of law）在现代国家如此重要的原因。

不论是当年的 TPP（The Trans – Pacific Partnership，TPP），还是目前吵得正热的中美贸易战，知识产权都是核心争议。若是中国真要从根本上解决美国对我们知识产权的非难，并顺势引导国内企业技术升级，通过知识产权法律制度的改革或许是最好的一条路。本书正是站在这样的背景下，企图回答如何借由知识产权法律制度的创新，来促进中国医药产业的现代化。选择医药行业作为研究对象的主因在于，参考欧美国家经验，医药行业是对知识产权制度最敏感的行业，也就是说，知识产权法律制度的任何调整，对医药行业的发展都会有重大影响。例如，美国利用 Hatch – Waxman 法案真正地开创了其仿制药行业的蓬勃发展。

本书简体版能够在中国大陆出版，我要特别感谢台北庆辰法律事务所庄景智律师的细心校阅，以及南京华讯知识产权顾问有限公司许娅蓉小姐的居中协调。当然，我最感谢的当然是我的太太 Emily，因为她让我们一切的梦想都成为可能。

繁体版序

法律问题的研究，有的重在哲理形而上的讨论，有的重在将法律作为解决社会问题的工具。传统大陆法系多属于前者，这种法律是出世的。后者则是美国法学的主流，其实就是过去中国所谓经世济民之道，也反映出美国重视实用主义的想法，这种法律是入世的。本书取向属于后者。

在 2005 年赴美求学之前，我是一个彻头彻尾的德国式法律人，脑中充满各式各样的概念与体系。当我接触到美国法学之后，我有两个很深的感触：一是传承，美国法源于英国法，而英国法与德国法都同源于罗马法。不过美国的普通法一脉相传从未间断，不像德国的成文法容易随改朝换代而灭亡。随着我对美国法律的了解——因其保留了很多法律古制——在很久以前因为德国法过于抽象而不明白的地方反而一下可以豁然开朗，这让我学习到历史的观念对法律的认识有多么重要。二是进化，美国法有不间断的历史，在历史的养分上成长茁壮，更往前走了一步。这又体现在两个地方：第一，美国法着重逻辑性，逻辑其实不是法学所独占，而是所有学问的根基，也只有透过逻辑，我们才能检验一个学说的立论。不幸的是，这点向来为德国法所忽略，德国系统下用概念与体系取代了逻辑，这种训练方式下的法律人，有时让人感到不像学者，而像执着于价值的祭司。第二，法律本身是个平台，上面可以嫁接所有学问，特别是社会科学。这种取向大大扩充了法律学的内容，也让法律学升华到另一个境界。事实上，我们先不比较各国法律人的资质优劣，只就美国成为最大的统一民主法治国家这一点，其所产生的法律文献（论文、判决等）之数量就已经是举世无双。有了这些感悟，我就尽弃所学而从焉，转入美国法研究，已至于今。

不过本书探讨的主题是中国法而非美国法。这一方面跟我后来进北京大学攻读博士学位有关。顺着前段的思路，我在很多时候在不同地方曾大胆预言，中国是未来世界上最重视法治的国家之一。原因无他，根据美国经验，法治其实是社会现代化逼出的产物。只要中国现代化的道路不中断，若要维系如此庞大的现代化国家运作，不靠法律是不可能的。中国现在对法治重视度远不如美国是因为它现代化的路才起步，其法治昌明只是时间问题。所以中国法的重要性是值得重视的，台湾作为中国的一部分，几乎不可能逃脱其各方面的影响。未来的世界就像脚踏车，由中国与美国两个轮子协同运作，所以大陆的发展值得台湾的每一个人重视。

至于为何锁定医药行业？我当初选择这个题目也是一个策略选择。因为根据美国学者研究，所有产业中最重视知识产权的就是生物医药行业，所以当我决定在中国知识产权这个领域踏出第一步时，我自以为是地认为选择生物医药行业应该是最明智的选择。又为何谈产业化呢？主要是因为我创立的南京华讯知识产权顾问有限公司主要负责这方面的业务，有不少亲身体验以及实际材料可以利用。更重要的是，要想专利能够真正发挥力量一定要实际去使用它，也就是进行产业化，否则一篇专利跟一篇论文没有区别，只不过是技术文献罢了。我们可以说，产业化是专利的起点，也是专利的核心。中国知识产权环境经过多年的发展与酝酿，渐渐走到了从学形到学意的转折点，从近两三年来在中国谈专利最热的话题是专利运营就可见一斑，本书就属于这个时代潮流下的产物。

随着自己年纪越大，经历越多，越发觉自己的渺小。很多事只靠一己之力是绝对办不到的，需要很多人的合作与支持。这本书的出版正是如此，在此要特别谢谢北京大学易继明教授的指导，谢谢林欣桦与吕岩的细心校阅，谢谢台北庆辰法律事务所以及南京华讯知识产权顾问有限公司所有员工对我的支持与包容。当然，最需要感谢的就是我的太太李悦宁，没有她就没有我现在的一切。

读者若对本书内容有任何希望或有想与我交流的地方，可以写邮件给我，我的邮箱是：james_hou@ chingcheng – law. com。读书创业两头忙，不觉年已四十，我现在的心情，正如胡适博士的名句："偶有几茎白发，心情微近中年，做了过河卒子，只能拼命向前。"

目　　录

绪　　论

一、研究背景

近年来，在中国发生了两个热点新闻。

在中国国内，纠结于医改的高药价屡次登上新闻头条，2016 年，习近平总书记讲到，要求立足中国实际，借鉴国际先进经验，努力破解医改难题，强调没有全民健康，就没有全面小康。❶ 可见，医药不仅涉及经济议题，对国民健康的提升更是至关重要，但要如何促进中国医药产业的发展呢？在知识产权层面可以做哪些事呢？

在国际上，这几年的国际贸易最热的议题应属 2015 年 10 月 5 日由美国提出的跨太平洋战略经济伙伴关系协议（Trans - Pacific Partnership，TPP），中国并未参与该项协议。虽然 TPP 最终仿佛一场闹剧，始作俑者美国在事后竟单方退出，但回顾当年的争议，对中国未来继续致力推进区域全面经济伙伴协议（RCEP）仍有借鉴的价值。❷ 当初，TPP 中最具争议也很可能是中国最反对的议题之一就是知识产权议题。主要争议有二：一是希望利用刑事手段打击黑客

---

❶　国务院办公厅关于印发深化医药卫生体制改革 2014 年工作总结和 2015 年重点工作任务的通知（国办发〔2015〕34 号）。

❷　TPP 因为特朗普当选新任美国总统而出现变数，最终于 2017 年 1 月 23 日以签署行政命令方式单方面宣告退出 TPP［EB/OL］.［2017 - 02 - 01］. http：//finance. sina. com. cn/stock/t/2017 - 01 - 25/doc - ifxzunxf2018567. shtml。不过需要提醒的是，美国的退出不等于 TPP 已死。一旦美国通知撤回签署后，所谓 TPP 全体签署国就剩下日本等 11 国。在这 11 国中，日本的 GDP 比重高达 45%，若再加上澳大利亚（14%）、加拿大（17%）及墨西哥（12%）后，四国 GDP 合计便可达到前述的 85%，若新西兰、新加坡等有意愿继续推动，没有美国的 TPP 在 2018 年生效上路并非不可能。所以对于 TPP 的未来还需要观察一段时间。参考：美国裸退 TPP 有一线生机［EB/OL］.［2017 - 02 - 01］. https：//udn. com/news/story/7238/2250996。

的要求;❸ 二是希望将医药专利期（Drug Patent Term Restoration）的延长制度引入亚洲国家。❹ 特别是后者引起著者思考，为何我国会反对医药专利期延长？是否因为我国目前医药产业情况不利于引进美国的医药专利保护制度？另一种思考方向是，我国反对这项制度，表示我国深刻地了解到专利制度对于一国经济与产业影响重大，牵一发动全身。如果真是这样，那是否我们可以藉由设计一套最适合中国的专利制度，而适当引导中国的生物医药产业走上现代化的正途，并期许它们有朝一日可以与欧美大企业一较长短？

以上在我国国内外所发生的事件，是引起著者对我国医药专利问题的兴趣并触动写作本书的原始动机。同时，专利法如同其他部门法，随着研究越趋细腻，将从以往总论性的原理研究，发展到各论的细部研究。本书动机则基于已成熟的专利法总论研究上，踏入医药专利的个论领域。

医药产业是当今世界上最大的产业之一，对国家产业经济影响巨大。医药企业在瓜分这块大蛋糕时，往往看重专利排他权（right to exclude）的特色，用专利来掠夺市场。我国政府为扶持国内医药产业，也常顺势利导通过专利政策来引导。然而，医药产业又牵涉国民的健康且具有公共卫生的政策重要性，过度放任专利权来垄断市场，将使发展中国家的国民健康被操控在发达国家手上。医药专利蕴含着极复杂的法律问题。❺ 不过，我国医药产业不像欧美国家那样发达，医药专利的问题并不像国外那样受人重视，甚至迄今为止，专门讨论医药专利的文献并不是太多。这个现象引起著者的兴趣并认为有必要将国外（特别是美国）一些学理上的讨论引入中国，值此我国政府大力扶持生物医药产业之际，以求抛砖引玉，以期能激发未来更广泛与深入的研究。

---

❸ 王宁，魏莱. TPP 知识产权新规被指"针对中国"黑客窃取专利列为"刑事犯罪"［J］. 环球时报，2015 – 11 – 06。对于知识产权部分的规定，英国《金融时报》解读说，协议内容涉及打击中国黑客的资料新规，要求签约国将针对公司的黑客袭击列为刑事犯罪，显示美国有意借助一项贸易协议确立基准，并在未来令其成为全球标准。

❹ 王映. TPP 药品知识产权保护争议［J］. 法人，2015. TPP 规定将给予药品资料若干年排他的权利，这是在专利权之外，给仿制药的生产又设置了一道障碍。虽然并非 TPP 成员国，但中国作为仿制药大国也不能仅仅隔岸观火。

❺ 韦宝平，周庆怡. 第四届海峡两岸医药法研讨会综述［J］. 金陵法律评论，2014. 该文对中国医药专利的研究情况以及医药专利议题的复杂性有简要综述，值得参考。

本书将逐一提出一些专利法在医药产业适用上的特殊问题，并就各个问题分别讨论。

就切入点来说，医药专利可谈的问题可以说是上天入海，为避免漫无边际，著者将自我设限在我国宪法议题（例如，生命权、健康权与医药专利之关系、医药管制合宪性之问题、植基于宪法之医药政策等）并将刑法上的问题先排除在讨论范围外，因此，本书主要是探讨专利法本身的议题，因受到美国 C Scott Hemhill 教授研究方向的影响（详参以下文献介绍），著者亦将特别重视针对医药专利产业之特殊法规（含行政命令）问题。

二、研究内容

医药专利的产业化其实是一个动态的过程，从技术研发产生结果，到给予专利保护，乃至专利权人利用专利享受所创造的经济利益以最终达到产业化的目的。整个流程如图 1 所示。

图 1　医药专利产业化的流程

在以上流程中，当一种专利药进入市场或没有专利药进入市场，都将引起很多法律问题，分别是：

第一种情况：在医药专利有效期内，如何促使产品进入市场，其涉及新药专利的产业化。

第二种情况：当医药专利失效后，让产品进入市场，其涉及仿制药的产业化。

以上两种情况均为本书所关注的医药专利产业化议题，又可进一步细分成三个问题，分别是：

问题一：中国真的希望专利药进入并垄断市场吗？是否以及如何在怎样的程度内限缩专利药的垄断权？（探究图 1 的技术到专利流程中的相关问题）

这个问题主要是探究有些国家（例如印度）施行弱医药专利保护政策，刻意压抑专利药侵占市场，以鼓励本地仿制药产业的发展。然而，发达国家

（特别是美国）皆采取强保护政策，以保护新药开发企业的创新成果。我国应学习印度还是美国呢？

问题二：在政策上，我国期待或希望鼓励什么样的专利药进入市场？（如图 1 所示的专利到市场的流程中相关的问题）

发达国家与发展中国家（例如美国与中国）之间的主要致死疾病有很大的不同。有些疾病在美国可能很罕见，但在我国却有不少案例，例如小儿先天性心脏病或布加综合症。美国的新药开发公司在开发新药时，主要还是针对美国的疾病情况。造成我国有些疾病很难找到适合的药。因此，问题二主要是站在我国的角度，探究政府应该制定政策以鼓励新药开发公司开发适合我国人民需要的药。

问题三：专利药进入市场的后果？对仿制药企业以及社会民众有何影响？（如图 1 所示的产品上市后的相关问题）

新药进入市场后最明显的效果就是对社会公众健康情况的改善，对疾病提供新的治疗方法。然而人们会很自然地开始想，新药是不是太贵了？也有人开始想，能不能仿制新药来分一杯羹。人性总是喜欢免费的午餐，也很容易习惯成自然而忽略掉新药的价值以及新药开发公司过去所投入的时间与金钱。因此，如何平衡新药开发公司与用药大众间的利益冲突，是这个问题的重点。

对于以上三个问题，著者将在以下章节中逐一分析并提出看法。

本书围绕专利药品上市后对医药产业（特别是仿制药产业）以及对社会公众的影响，以及通过医药专利制度，引导我国医药产业朝着怎样的方向发展，总之从政策面探讨医药专利产业化的问题，即研究如何协调专利药、仿制药与公众用药三者的利益。

三、术语定义

本书名为医药专利的产业化，应该先厘清几个关键术语，分别是医药专利、专利药、仿制药与产业化。

医药专利，顾名思义是指涉及医药领域的专利。个人认为，医药专利这个词的定义不是很精确。因为医与药其实是有所不同的领域。但医药专利是实践中约定俗成的偏义复词，❻ 即当医与药合用时往往仅取药的定义。著者也从众采取这种用法，以配合一般读者的理解习惯。

具体来说，医药专利又可以分成三大块，生物药专利、化学药专利、中药专利。必须特别指出的是，本书所研究的医药专利，将排除中药专利，仅限于生物药与化学药专利（即西药）。由于中药的独特性，本书不做讨论，另外，现代医药专利法律制度主要基于西药，因此本书仅针对西药论述。

（一）专利药

在医药实践中，专利药又被称为原研药、品牌药，是制药企业研发出创新药物后，取得专利权保护的药物。专利药通常享有自申请日起 20 年专利期保护，但是在上市之前，制药企业必须按照法律法规的要求，展开动物及人体试验，确定药物的安全性、剂量及疗效，再依据药品监管机构的审批流程通过新药注册后，方可上市销售。

我国《药品注册管理办法》并不使用专利药这个名词，而是称为新药。《药品注册管理办法》第 12 条第 1 项规定，新药申请，是指未曾在中国境内上市销售的药品的注册申请。由我国药品监管机构使用新药这个词可以看出，我国强调创新药的保护，侧重于行政保护上，因为新药的概念很长一段时间是与行政保护制度相关联的，只有新药才能获得药品的行政保护。❼ 不过，需要注意的是，2015 年 8 月 18 日，国务院发布的《关于改革药品医疗器械审评审批制度的意见》（国发〔2015〕44 号）特别提到，将新药由现行的"未曾在中国境内上市销售的药品"，调整为"未在中国境内外上市销售的药品"。根据药物的原创性和新颖性，将新药分为创新药和改良型新药。其目的是提高药品的审查标准。

另外，药品又可细分成诸多类别，2016 年 3 月 4 日，国家食品药品监督管理总局（CFDA）发布了《关于化学药品注册分类改革工作方案的公告》，具体调整如表 1 所示。

---

❻ 偏义复词［EB/OL］．［2015 - 06 - 09］．http：//baike. baidu. com/view/34765. htm. 两个意义相关或相反的词连起来，当作一个词使用，在特定语境中，实际只取其中一个词的意义，另一个做陪衬，这类词就叫偏义复词。

❼ 倪娜. 药品专利政策对生物制药业的影响研究［D］. 北京：军事医学科学院，2010：11。

表 1　中国化学药分类

注册分类	分类说明	包含的情形
1	境内外均未上市的创新药	含有新的、结构明确的、具有药理作用的化合物，且具有临床价值的原料药及其制剂
2	境内外均未上市的改良型新药	2.1 含有用拆分或者合成等方法制得的已知活性成分的光学异构体，或者对已知活性成分成酯，或者对已知活性成分成盐（包括含有氢键或配位键的盐），或者对已知盐类活性成分的酸根、碱基或金属元素，或者形成其他非共价键衍生物（如络合物、螯合物或包合物），且具有明显临床优势的原料药及其制剂
		2.2 含有已知活性成分的新剂型（包含新的给药系统）新处方工艺、新给药途径，且具有明显临床优势的制剂
		2.3 含有已知活性成分的新复方制剂，且具有明显临床优势
		2.4 含有已知活性成分的新适应症的制剂
3	仿制境外上市但境内未上市原研药品的药品	具有与原研药品相同的活性成分、剂型、规格、适应症、给药途径和用法用量的原料药及其制剂
4	仿制境内已上市原研药品的药品	具有与原研药品相同的活性成分、剂型、规格、适应症、给药途径和用法用量的原料药及其制剂
5	境外上市的药品申请在境内上市	5.1 境外上市的原研药品（包括原料药及其制剂）申请在境内上市
		5.2 境外上市的非原研药品（包括原料药及其制剂）申请在境内上市

著者原则上仍使用专利药这个名词，这与本书所讨论的专利问题有关。

（二）仿制药

根据《药品注册管理办法》第 12 条第 3 项的规定，仿制药申请，是指生产国家食品药品监督管理总局已批准上市的已有国家标准的药品的注册申请；但是生物制品按照新药申请的程序申报。由以上规定可知，仿制药与新药的区别，主要在于是否已在中国上市，也就是说，仿制药是指针对在中国已有国家标准的上市药品进行仿制，不包含在仿制基础上再创新的情况。❽ 美国所称的

---

❽ 我国《药品注册管理办法》将该部分独立出来（包含增加适应症，改变剂型，改变盐类药物的酸根、碱基等，改变剂量，扩大适用人群等），并通过新药申请或补充申请上市，参见第 12 条第 2 项规定，对已上市药品改变剂型、改变给药途径、增加新适应症的药品注册按照新药申请的程序申报。

仿制药（Generic Drug）偏重于专利层面，指原研药的专利权过期后，其他合格制药企业依原研药申请专利时所公开的信息，生产相同化学成分药品。❾ 需要提醒的是，国务院发布的《关于改革药品医疗器械审评审批制度的意见》（国发〔2015〕44 号）将仿制药由现行的"仿已有国家标准的药品"调整为"仿与原研药品质量和疗效一致的药品"。根据上述原则，调整药品注册分类。仿制药审评审批要以原研药品作为参比制剂，确保新批准的仿制药品质和疗效与原研药品一致。

以著者的理解而言，中国和美国的仿制药，都是指仿制新开发（几乎都有专利保护）的药品，根据专利药的解释，著者认为仿制药侧重其没有专利保护这一层面。

（三）产业化

所谓的产业（industry）是指特定运作模式下的企业群体，该企业群体以特定机制协力合作、创造及分享利润，并以满足末端消费者为最终目的。❿ 例如常见的音乐产业（music industry）与汽车产业（automobile industry）等，即是以满足末端消费者在音乐与出行等生活需求上所形成的企业体集合（包括产业链的整体环节）。基于此，产业化（industrialization）即是结合众多商品、服务、企业与营运模式等，满足末端使用特定需求的一种过程。需要强调的是，产业化仅是一个过程（也就是中文"化"字所想表达的动态过程），因此需要搭配一种客体方能存在，例如常见的技术商品化或技术产业化，即是将特定技术群转换成商品或形成产业的过程。⓫

---

❾ Understanding Generic Drugs［EB/OL］.［2016 - 09 - 01］. http：//www. fda. gov/Drugs/ResourcesForYou/Consumers/ BuyingUsingMedicineSafely/UnderstandingGenericDrugs/. 所谓仿制药（generic drugs），依照美国 FDA 的定义，指在剂型、安全性、药品强度、给药途径、质量与服用后产生效果的特性等方面，均与原开发新药相同之药品，仿制药就如同是原开发新药的复制版本（They are copies of brand - name drugs and are the same as those brand name drugs in dosage form，safety，strength，route of administration，quality，performance characteristics and intended use.）.

❿ 关于产业的定义可以参考百度百科［EB/OL］. http：//baike. baidu. com/item/产业化.

⓫ 科技产业信息室研究报告. 商品化、产业化与专利布局思考（一）［EB/OL］.［2015 - 06 - 09］. http：//cdnet. stpi. org. tw/techroom/analysis/pat_A032. htm.

四、研究方法

医药专利作为学术热点，无论是在中国还是在国际上，研究者颇不乏其人，有从法释义学角度注释法典者，有从管理角度研究者，有从经济分析来切入者，也有关注国际议题者。

如前所述，本书非属传统总论性的分析，因此会较少运用一般大陆法系分析法条的法教义学（Rechtdogmatics）方法。相对地，将着重于比较法的研究。在诸多可比较的对象中，著者将选择美国作为主要的比较研究对象，理由在于：

就美国而言，虽然中国是偏向大陆法系，但就专利法这一学科来说，美国实居世界主导地位。因为美国目前仍是世界上最大的市场，同时美国也是世界上技术最领先的国家。在渐趋国际化的经济环境下，全世界的厂商若想打进国际市场，最重要的就是打进美国市场，而要打进美国市场，往往必须申请美国专利，❷ 一则以彰显其技术实力，二则也保障其在美国或其他国家的产品销售。自 20 世纪 60 年代开始，外国个人或企业申请美国专利的总量，已经与美国本地个人或企业所提出申请者相当。美国汇集了世界上最多的专利，其专利法的先进实属必然。尤其在医药专利这领域，世界上最主要的制药企业几乎都在美国，这也使得有意探讨医药专利的学者不可能忽略美国。本书也特别受到美国法的影响。

（一）注重医药产业规范（Pharmaceutical Industrial Regulatory Regime）

美国法学有深厚的实用主义倾向，❸ 不似大陆法系强调法条的诠释。在美国研究医药专利问题时，不会仅单纯地研究专利法的条文，而是会放大格局，具体深入研究诸多针对医药行业进行规范的特别法以及大量的行政规定。这种注重医药产业规范研究的方法，著者刻意加以采纳运用。

另外，英美法系的法学研究除了抽象分析法条之外，更是重视事实背景的探究，以专利法而言，美国专利法学者向来花很多心血对各专利领域所涉及的

---

❷ 甚至往往是首次申请就是美国专利，然后再利用优先权制度去其他国家申请专利。
❸ 杨日然. 美国实用主义法学的哲学基础及其检讨（一）[J]. 台大法学论丛, 1974, 3（2）：245.

产业进行分析。而这点正是我国所欠缺的。诚如学者易继明教授所指出的，中国在专利制度建立的过程中忽略产业因素是一大缺陷。❶ 本书企图弥补这个缺陷。因此，著者会花较多篇幅介绍我国医药产业的生态，希望藉由探究产业实态，以对症下药，制定出最适合我国的医药专利产业化政策。

（二）注重政策与经济分析（Policy and Economic Analysis）

在美国实用主义思潮下，美国法在方法论上呈现多采多姿的态样，并将法学置诸社会科学的大框架下。因此，在美国法学界，利用社会科学方法（特别是政策分析与经济分析）来研究法律问题是非常普遍的做法，其目的是希望通过法条的形式而探究问题的实质，期望从根本上分析并解决问题。需要补充说明的是，本书承袭美国法，使用法政策学分析时，所指涉的法政策（legal policy）是指行政部门的非针对个案且无法律约束力的施政方针，与中国通用习惯上所指称的政策往往属于有法律效力的行政管制或行政立法者有所不同。

就比较法的部分，需要补充说明一点，不仅要参考发达国家的国内法，还需考虑国际协议的问题。事实上在医药专利研究上，许多学者都把重心放在国际贸易法层次的议题，例如，从 WTO、TRIPS 或 TPP 等方面切入研究，探讨在国际层面上医药专利的争议（例如发展中国家与发达国家之间对知识产权的立场冲突）以及法律上的应对之道，本书将在适当的章节进行讨论，毕竟如学者指出，数量不断增加的专利管辖区（jurisdictions），以及专利技术不断增加的复杂性和日趋庞大的范围，都造成专利问题必须在国际上协调解决，而不再是单纯一个国家的事。❶ 专利制度虽然是一个国家主权的呈现，但是专利制度或许已是世界上统一性最高的法律制度，因此任何对专利问题的讨论都不能局限于一国国内法，必须跨国比较并涉及国际规范。

然而，本书亦有自我设限之处，需要提醒的是，美国学者处理医药专利议题，习惯从反托拉斯法（Antitrust Law）的角度切入。但这种途径及相关理论，对照于中国的现况并不适合。因为，反托拉斯法核心所处理的是垄断或寡占等

---

❶　易继明. 编制和实施国家知识产权战略的时代背景，纪念国家知识产权战略纲要颁布实施 5 周年［J］. 科技与法律，2013，104（4）：69.

❶　ABBOTT F M, DUKES G. 全球医药政策：药品的可持续发展［M］. 翟宏丽，张立新，译. 北京：中国政法大学出版社，2016：36.

限制竞争议题，美国医药市场主要由几大品牌药巨头所把持，其任何市场行为很容易牵涉限制竞争的问题。目前中国的制药企业主要以低端仿制为主，鲜有厂家有能力影响中国本地市场，中国现在社会经济发展阶段尚未达到发达国家的水平，现在讨论中国本地厂家的反托拉斯议题虽有未雨绸缪之智，但尚乏现实迫切性，因此著者将不多着墨。一方面，著者关心的是中国制药企业自身的问题，虽然国际大的制药企业挟其专利进入中国市场，但如何利用反托拉斯法来压抑外国制药企业，❶ 此项议题非本书关心之主旨，另一方面，由于中国特殊的医保制度，国外制药企业虽然拥有专利，但是仍无法打开其市场，而且中国政府利用药价协商制度已可以部分达成压抑药价的目的。凡此种种都使外国制药企业在中国所面临反托拉斯的议题尚非迫切。

最后，本书在撰写上带有不少著者个人的经验色彩。这或许与主流的法律文献着重在条文分析或抽象学理论证有所不合，但著者的经验所代表的往往是一些实证上的现实考察，反映的是 law in action，❶ 这点或许在专利研究上更有价值，诚如美国知名法官 Learned Hand 所指出的，专利制度长期缺乏实证研究，是目前的一大弊病。❶

五、研究内容

除引言与结论之外，本书将从以下六主题依次进行论述。

（一）医药专利对促进医药产业发展的重要性

本章从结果到原因来分析，论证推动医药产业的发展（结果），通过专利保护（原因）至为重要。本章为导言性质，主要在介绍医药专利，以及为何医药产业如此重视专利。

（二）医药市场及医药专利产业化的理想与现状

法学是规范之学，但在实际进入规范讨论之前应该设法先了解被规范

---

❶ 类似国内之前在电子行业，利用反托拉斯来压抑高通（Qualcomm）或微软（Microsoft）的做法。

❶ 刘宏恩. 书本中的法律（Law in Books）与事实运作中的法律（Law in Action）[J]. 月旦法学杂志，2003，94：336-341.

❶ 陈起行. 美国软件专利法论 [M]. 上海：学林出版社，2001.

的对象，因此本书的第二章将介绍目前中国的医药市场现状，接着由现状并结合第一章的结论得出，中国医药产业要升级必须依赖优质医药专利的生成与产业化，最后则整理与分析关于医药专利产业化的一些实务上可操作的模式，其中特别分析了医药专利产业化的理论，并给出了医药专利产业化的难点。

（三）中美医药专利法律制度的比较研究

第一章论证了专利制度对于医药创新的重要性；第二章则发现中国医药专利产业化效果不显著的原因之一，在于忽略知识产权的重要性。经过这两章的讨论，证明了专利制度对于医药产业的深刻影响。因此，著者在第三章将从前一章的产业层面拉回到法制层面，着重介绍中国的专利制度，并比较介绍美国专利法规。需要说明的是，为求论述体系清晰，本章以整理性质为主，论述与评论将放在第五章。

（四）专利法在医药专利领域适用上的特殊问题

专利法是专利制度的根本大法，其对所有技术与产业领域都适用，然而如第二章中所提及的，医药产业是个很特殊的产业，因此在本章将更进一步探究作为一般性规范的专利法适用到医药产业时会有哪些特殊问题？面对这些特殊问题，学理实践上又衍生出怎样的应对模式？这些模式对于医药专利产业化是否有帮助？本章以引用美国专利法为主，深入探究在法律层面医药专利究竟有何特殊的法律问题，并试着就各个问题提出初步答案。

（五）完善我国医药专利法律制度的建议

本书探讨法规范的部分则分成三个章节，从第三章的引论到第四章探讨专利法适用生物医药领域的特殊议题，第五章从法制层面探讨站在促进医药专利产业化的角度，思考我国目前法制有哪些可以修改与完善的方向。

（六）从法律政策学角度分析我国的医药专利产业化

进入结论之前，著者试图在政策层次，一方面思考我国医药专利产业化的政策方向，另一方面据以来分析，若站在政府的角度应如何促进我国医药专利的产业化。第六章以前面诸章的法规分析为基础，在必要段落也会引用相关规范。在章节结构上，该章先从政策性的综述谈起，接着讨论专利法与产业政策，再到特别法上的产业政策，乃至上升到宪法层，最终更开阔地跳脱法律而由总体经济层面思考医药专利产业化的政策。

六、文献回顾

本书的研究，依照学术惯例在每页附注的地方引用文献。不过在此还是有必要整体回顾一下，国内外学界有关医药专利的研究文献，以了解目前的研究成果。就此，经过搜集诸多资料后，若以医药专利、产业化等关键词去检索，约得相关文献百余篇，具体文献资料可以参考本书各尾注以及结尾之参考文献。著者认为，以下几篇文献颇具价值的，值得推荐给对此专题有兴趣的人参考。

（一）中文部分

（1）易继明，专利的公共政策：以印度首个专利强制许可案为例。[19] 易继明教授该篇文章以印度就德国拜耳（Bayer）的多吉美（Nexavar）药在国内实施强制许可案，从公共政策面进行深入分析。在中国以公共政策来分析医药专利议题者，易继明教授可说是代表。因为本书所强调的正是公共政策的分析，且专利强制许可在本书中亦是重要议题。

（2）张晓东，《医药专利制度比较研究与典型案例》。[20] 若试用医药专利在网上进行搜索，该书很容易出现在首页，这也证明了该书在医药专利方面的重要性。该书相当详尽地介绍了国内外的专利制度，以详细度与完整度来说在中国大陆应该是首屈一指了。唯该书亦有缺失，即书名曰专利制度比较研究，实际上每章独立介绍各国法制后没有进行比较分析，略有遗憾。

（3）科学技术部社会发展科技司，《生物医药发展战略报告：专利篇》。[21]

---

[19] 易继明. 专利的公共政策：以印度首个专利强制许可案为例 [J]. 华中科技大学学报，2014，28（2）.

[20] 张晓东. 医药专利制度比较研究与典型案例 [M]. 北京：知识产权出版社，2012.

[21] 科学技术部社会发展科技司. 生物医药发展战略报告：专利篇 [M]. 北京：科学出版社，2009.

以政策面来分析医药专利而言，该书应该是目前中国大陆最详尽的著作。内容分成三大部分，第一部分介绍医药专利的政策趋势，特别采取比较法的观点，着力介绍美国法制。第二部分是就生物医药中各个技术领域（例如基因专利、干细胞专利等）的知识产权问题进行分析介绍。第三部分则是案例分析，介绍近年来在生物医药领域的重要案例。

（4）张清奎主编，《医药专利保护典型案例评析》。㉒ 该书作者张清奎先生堪称中国目前研究医药专利问题的大家，在国内外专利期刊上发表过上百篇论文。该书可分两部分，一是医药专利申请，另一是医药专利诉讼。其特色在于每一环节可能涉及的问题，都用案例来解释说明，既让读者读来感觉生动，不像一般纯文本抽象叙述的教科书，更重要的是所搜集的案例是很好的研究素材。诚如我国台湾王泽鉴教授所倡言者，法学研究要深入而有成果，案例研究是必然的方向。

（5）陈桂恒与苏宜成合著，《生技医药研发成果商业化理论与实务》。㉓ 该书所探讨的正是本书所关心的主题。该书最具特色的地方在于，主要执笔人陈桂恒教授在美国有丰富的医药产业实务经验，曾经担任美国 FDA 仿制药部门的主任（Director of Office of Generic Drugs，FDA）。因此在书中有非常多美国实务运作的宝贵经验分享。他提出的，医药研发成果商业化的关键性成功因素在于，必须先有多领域的合作，才能理出产品的发展方向，㉔ 这种跨领域的思维深刻地影响本书的研究思路。

（二）英文部分

（1）John Thomas，Pharmaceutical Patent Law. ㉕ 乔治敦大学法学院（Georgetown Law Center）教授 John Thomas 是美国钻研医药专利最有名的学者，该书是其代表作，堪称医药专利的经典巨著，全方位地介绍了美国医药专利领域内的所有法律问题，任何对这领域有兴趣的读者都应该取来一读。

（2）Patent Law and Its Application to the Pharmaceutical Industry：An Exami-

---

㉒　张清奎. 医药专利保护典型案例评析［M］. 北京：知识产权出版社，2012.
㉓　陈桂恒，苏宜成. 生技医药研发成果商业化理论与实务［M］. 北京：华泰文化出版社，2012.
㉔　陈桂恒，苏宜成. 生技医药研发成果商业化理论与实务［M］. 北京：华泰文化出版社，2012：Ⅲ.
㉕　THOMAS J. Pharmaceutical Patent Law［M］. 2ed. BNA Books，2010：22.

nation of the Drug Price Competition and Patent Term Restoration Act of 1984. ❷ 该篇文章为 John Thomas 教授与另一位学者 Wendy H. Schacht 共同撰写。这是二位作者受美国国会委托所撰写的研究报告。该论文最有价值的地方有二，一是清楚又完整地介绍了美国专利法制以及涉及医药领域的特殊法规，特别是 Hatch – Waxman Act，该法案涉及例如试验使用（experimental use）与授权仿制药（authorized generic drugs）等诸多重要问题。二是该文最后一段用提问的方式，提出很多对现行美国专利法制的反思，例如是否还有必要保留医药专利延长制度，作者在论文中没有给出答案，但这些问题都是很有价值的问题，可以带给我们很多研究上的启发。著者极力推荐对医药专利产业化议题有兴趣的人阅读这篇论文。若说深入浅出、厚积薄发是学术论文的一大境界的话，John Thomas 教授这篇文章可以说当之无愧。该文仅 30 余页，但把所有涉及医药专利的议题娓娓阐释，不仅涵盖面完整，更重要的是，对每一议题都有深入见解。可以说初学者只需阅读这篇论文，就可以对医药专利相关议题有基础掌握。

（3）C. Scott Hemphill, Paying for Delay：Pharmaceutical Patent Settlement as a Regulatory Design Problem. ❷ 哥伦比亚大学法学院（Columbia Law School）教授 C. Scott Hemphill 是美国以反托拉斯法角度研究医药专利问题的知名学者。该文是其代表作，在美国是被引用率最高的论文之一。本书既然是以研究医药专利产业化为题，而任何东西若涉及产业化，就必然无法避开反托拉斯法的经济审查。因此，研究医药专利产业化者，一定要对反托拉斯法有基本认识，而 Scott 教授的这篇论文详尽地整理了美国法关于这议题的主要理论与实务见解。

（4）Frederic M. Abbott 与 Graham Dukes 合著，Global Pharmaceutical Policy：Ensuring Medicines for Tomorrow's World. ❷ 该书 2017 年刚由翟宏丽与张立新翻译成中文版，即《全球医药政策——药品的可持续发展》，由中国政法大

---

❷ THOMAS J, SCHACHT W H. Patent Law and Its Application to the Pharmaceutical Industry：An Examination of the Drug Price Competition and Patent Term Restoration Act of 1984 Library of Congress ［EB/OL］. ［2017 – 02 – 09］. http：//www. policyarchive. org/handle/ 10207/1117.

❷ HEMPHILL C S. Paying for Delay：Pharmaceutical Patent Settlement as a Regulatory Design Problem ［J］. New York University Law Review, 2006, 81.

❷ ABBOTT F M, DUKES G. Global Pharmaceutical Policy：ensuring medicines for tomorrow's world ［M］. Edward Elgar Pub. , 2009.

学出版社出版，列为国外卫生法译丛系列之一。该书不是传统的法学著作，其特色在于从国际层面切入，主要探讨发展中国家与发达国家对医药经济的不同立场，以及如何在国际层面进行医药政策与管理的协调工作。另外，该书在其政策分析部分，作者对国际协调或一个国家内部的公共卫生政策等都提出了有价值的政策建议。

第一章 医药专利对促进医药
产业发展的重要性

本章是从结果的角度来分析原因。论证为何推动医药产业的发展（结果），探讨医药专利保护（原因）至关重要。然而，虽然产业化重要，但是现实中需面对复杂的国内外问题。

第一节 专利制度的概说

按专利权获得与否，专利可被分为权利申请阶段和获得权利后的权利行使阶段。

一、权利申请阶段

主要的当事人为发明人与国家知识产权局，由发明人依据法定格式向国家知识产权局提交专利申请书后的程序，严格来说，这是广义行政程序的一环，应有行政程序法的补充适用。在这一阶段中，法律关注的焦点在于什么样的发明可以获得专利权？依据国内外的审查实践，需要具备以下五大要素：

（1）发明属于法律上可以获得专利的技术（subject matter requirement）。

（2）发明说明书的撰写符合充分公开的要求（disclosure requirement）。

（3）发明本身符合专利三要件（patentability）：新颖性（novelty）、创造性（non–obviousness）和实用性（utility）。

（4）若一项技术符合以上法定要件，则国家知识产权局将通知发明人缴费后依法授予专利权。

（5）一旦取得专利权，则发明人在法定期限内享有该技术专利的垄断权，可以阻止他人在其专利申请地制造（make）、销售（sale）或使用（use）该专利技术。若发现他人未经其许可而擅自使用其发明，则专利权人可对其提出专利侵权诉讼。专利权人亦可于他人愿意付出让其满意的对价（considerations）后，授权他人实施其专利，授权可以是独占的（exclusive）也可以是非独占的（non‐exclusive），授权基本上代表了专利权人放弃对被授权人提起侵权诉讼。此外，授权通常还会涉及技术转移的条款。

二、权利行使阶段

主要探讨所谓的专利运营问题，它包括两方面：

（1）专利交易（patent transaction）：包含传统的三大专利权利权能，即专利产品的制造（make）、使用（use）或销售（sale）的交易，❶ 实践中主要体现在专利许可合同或技术转移合同，以及专利权的处分，包含专利转移或专利质押等。

（2）专利诉讼（patent litigation）：即典型的专利排他权（right to exclude）的行使，实践中主要体现在专利侵权诉讼与禁令（injunction）。

本书的主要议题是医药专利产业化，因此将以专利运营层面为核心，但在必要的章节也将涉及专利申请阶段的议题。

第二节　专利制度的工具性与促进"双创"的效用

无法得到专利保护，即创新者若对其知识产权（intellectual property）无法享有完整的独占权能时，其创新的利益必然将被搭便车者（free rider）分享，这个观点已得到经济学家的共识。❷ 假如创新者知道，他无法排除模仿者以独占其创新成果，那他必然在一开始就没有动机进行研发。

基于上述经济学的理论，美国法视专利是一种必要之恶，是一种实用主义（pragmatism）或工具论（instrumentalism）思维下的妥协。垄断，原则上是国家必须防止的经济现象，以避免公众被垄断者剥削，但专利却是一种法律特许

---

❶　请参考美国专利法第 271（a）条："Except as otherwise provided in this title, whoever without authority makes, uses, offers to sell, or sells any patented invention, within the United States or imports into the United States any patented invention during the term of the patent therefor, infringes the patent."

❷　ABA（Economics stmt）10－12（discussing "invention motivation" rationale for patent protection）.

的垄断。❸ 为何法律要赋予专利权人此项垄断权利呢？原因在于专利制度符合公众需求及扩展公共产品（public good）。专利之所以能发挥此项功能，在于发明人需公开（disclosure）其发明的要求，也就是说，发明人在提出专利申请时，应充分公开其发明内容，以促进知识的扩散（the dissemination of knowledge），以使发明所属技术领域人员可以站在发明公开的知识基础上，从事再发明和创新。❹ 简言之，专利是一种交换，国家通过专利赋予发明人一段时间的垄断权，期望这项激励制度让发明人无条件向公众公开其发明内容。❺

所以，专利制度的设计，是希望通过专利这个垄断工具，以促进技术"创新"。更值得一提的是，专利制度也有利于"创业"。根据学者研究，专利制度对于初创的小公司帮助最大，在于初创公司在早期既无资产也无现金流水，唯一有价值的就是专利无形资产，依靠其专利资产，初创公司才比较容易在资本市场募资，专利排他权是其与大公司谈判和竞争的武器。❻ 也就是说，国家现在鼓励的"双创"，正好就是专利制度所能最发挥的功能所在。

第三节　医药专利的利益冲突特点

相对于其他产业的专利，医药专利则有其特色，主要在于，新药研发的未来收益有时并不是那么确定。其中，很多以化合物为基础的专利更为常见。一项新药专利体现了一项新的制药技术，但这项技术实际的应用收益有时不如发明人的预期，有时其未来的应用收益远远超出发明人的想象。

由于电子领域的技术发展一日千里，导致该领域的专利生命周期很短。虽

---

❸　从专利的垄断来看，我们可以反思，究竟盗版一事是否如很多业者所宣传的那样，是一件不道德（Unrecht；Unethical）的事情？抑或专利本身是不正之事？

❹　李素华. 兼顾创新研发与公共卫生：生技及医药专利权保护与实施之省思［A］. 第三届科技发展与法律规范学术研讨会，2012：4. F. Schott Kieff, Pauline Newman, Herbert F. Schwartz, Henry E. Smith. Principles of patent law［M］. 4ed. Foundation Press, 2008.

❺　Robert P. Merges, Commercial Success and Patent Standards：Economic Perspectives on Innovation［J］. California Law Review, 1988：876.

❻　Federal Trade Commission. To Prompte Innovation：The Proper Balance of Competition and Patent Law and Policy［R］, 2003：4.

然专利可提供十余年的保障，但是随着该技术的发展，该技术往往在市场上不再具有吸引力。相反的，医药领域的专利却有极长的时效性。一种可以治病的药品不会因为专利到期而变得不能治病。❼正因如此，药品的这个特性使得仿制药（generic drug）市场蓬勃发展。❽

医药产品与软件或半导体有一点是类似的，即研发成本高昂，然而一旦研发成功，后续的制造只是不断拷贝而已，成本变得非常低廉。与其他专利技术不同，一般技术具体化为产品进行销售大多并无限制，但是医药技术即使获得专利权，并不等于可以上市销售其产品，其必须获得各国药品监督管理部门的上市审查许可（例如美国 FDA 的审核），其审查标准与专利不同，侧重于药品是否安全（safety）和有效（effectiveness）。

国家之所以管理药物，是因为医药专利不单纯是技术性或经济性的问题，还涉及国民健康与公共卫生。若一项新药或仿制药计划上市，必须通过冗长的试验和官方审批，因此，如何让新药或仿制药尽快上市，对一国的国民健康福利至关重要。❾

医药专利与其他领域的技术专利主要差异在于，医药专利不仅涉及国家的产业政策，更与国家利益有关，可能涉及复杂的国际因素。目前，主要药品的核心专利技术仍掌握在欧美等国家的制药企业手中，欧美国家也常以专利作为手段迫使其他国家（当然包含中国）开放市场，甚至是让其合法垄断市场。

---

❼ LEVIN R C, KLEVORIC A K, NELSON R R. Appropriating the Returns for Industrial Research and Development [M]. // Edwin Mansfield, Elizabeth Mansfield, Vermont. The Economics of Technical Change, Edward Elgar Publishing Co., 1987：253. 根据美国学者 Richard Levin 等人的研究，在半导体等领域，专利有时不是那样重要，产品上市速度和技术学习曲线更具有市场决定性。

❽ SCHACHT W H, THOMAS J R. Patent Law and Its Application to the Pharmaceutical Industry：An Examination of the Drug Price Competition and Patent Term Restoration Act of 1984 [R]. CRS Report for Congress, 2015：18 – 23. 仿制药是指原研药的专利过期后，其他药厂可以以同样成分与工艺生产已上市的药品，其在用途、剂型、安全性、效力、给药途径、质量、辅料等各项特性上，皆可以与原研药完全相同或具有生物等效性。仿制药产业即为生产、制造和销售与原研药同成分、同剂量、同疗效的制剂，且需待原研药专利过期后，仿制药厂才能将产品上市。这个部分受到 1984 年美国 Hatch – Waxman 法案支持，根据该法案，当原研药的专利保护期届满后，仿制药厂可以以简明新药申请（Abbreviated New Drug Application, ANDA）程序上市。仿制药仅需完成生物等效性（bioequivelence）试验，证明主成分及生物利用率皆与专利药相同即可申请上市，这与一般新药的 NDA 不同。第一个申请 ANDA 审核通过的仿制药，FDA 授予它享有 180 天市场独占期，FDA 在此期间内将不会核准第二个相同成分的仿制药。

❾ 林宜男，许佳惠. WTO 医药专利与公共健康议题之研析：兼论中国未来之发展趋势 [J]. 清华科技法律与政策论丛, 2005, 2（1）：205.

其他国家为了保障其国内医药产业，以及国内低廉的药品价格，需要充足的理由拒绝开放市场。因此，医药专利的议题往往成为发展中国家与发达国家较量的焦点（例如美国曾主导的 TPP 中，医药专利就是核心争点之一）。可以说，医药专利的另一特色在于带有浓厚的政治性。

由于医药专利具有以上特征，使得专利制度应用在医药专利上会产生许多特殊问题。这些问题，正是著者所致力研究的范畴。

医药专利所具有的特殊性，归结原因在于这个领域涉及三方利益的平衡，即新药开发的高风险与高成本、仿制专利药的容易性与仿制产业发展，以及公共健康与低价药品的需求。由于新药开发充满高度的不确定性，并且需要极高的资金和时间成本，但新药开发又攸关公众的健康权益，为了给予新药开发企业足够的动力进行这项高风险的投资，因此法律赋予其严格的专利独占保护实属必要，如此新药开发企业才有可能通过专利垄断而独享新药开发的经济利益。药品的一大特色在于新药开发成本极高，但开发完成后，其制造或仿制成本极低，❿ 也就是说，在没有法律限制的情况下，他人在技术上仿制一种创新药是非常容易的事，这就是新药开发企业与仿制药企业之间的冲突。

另一个矛盾是，在专利独占期间，新药开发企业为了收回其投入成本，势必提高药品价格，从而造成普通公众无法享受低价药品的好处，只有社会收入较高的人群才能享有，这显然违背了社会公平正义的原则。因此，如何平衡新药开发企业、仿制药企业，以及公众的健康利益，可以说是医药专利中最核心的议题，如图 2 所示。

图 2　医药专利产业化的多重政策目标

---

❿ ACHIRILOAIE M, FERNANDEZ D. The Patent Gives and the FDA takes: Strategies for Drug Commercialization in Light of Recent Hatch – Waxman Act Amendment [J/OL]. [2017 – 10 – 02]. http://blog. ip. com/downloads/hatch_waxman. pdf.

以上种种利益冲突，可以用一则"西方预言吹笛人"的故事（Pied Piper of Hamelin）来解说，该故事中有段经典台词：

"假如我可以清除我们镇上的老鼠，你愿意给我一千银币吗？

市长激动地回说，一千？我给你五万！

之后镇上老鼠都被吹笛人引到河中淹死了。

此时市长说：

'老兄，我们不是那种会吝啬给你些酒喝或赏些钱给你的人；但是关于银币的事，我们之前所说的话，你应该非常了解，那只是个玩笑话。

此外，之前的鼠灾其实带给我们不少好处。一千银币！别闹了，给你五十好了！'"❶

这正是医药行业常常发生的场景。能够治疗某种不治之症的药物在被发明之前，大家愿意付出极高的代价甚至一切去得到它。然而，当有人真的投入时间、精力与大笔金钱去研发新药后，公众又很容易责怪说药价太贵了。

除了这三方利益团体的冲突之外，医药专利的争议还体现在国际冲突上。特别是以下两点：一是药品价格，目前世界上各个国家在发展程度上仍有很大的差异性，同样的专利药品价格，对于发达国家并已购买医疗保险的民众而言，这是可以接受的，但对发展中国家的民众而言，则难以负担。二是新专利药的研发方向，发展中国家民众的支付能力普遍低于发达国家，而制药企业通常是趋利避害的，所以各大跨国制药企业大多以在欧美市场的药品作为主要研发方向，而对于发展中国家所流行的疾病则兴趣不大。然而，由于《与贸易相关的知识产权协议》（TRIPS）等国际协议，以及美国近年来与诸多国家所签的双边贸易协议，将欧美国家（特别是美国）的知识产权体制强加于发展中国家，相当程度地限制了这些国家制定可以解决其自身问题的政策。❷

---

❶ Robert Browning, Pied Piper of Hamelin, Frederick Warne and Co., Ltd., 1888. 吹笛人的故事是德国著名寓言。

❷ ABBOTT F M, DUKES G. 全球医药政策：药品的可持续发展［M］. 翟宏丽，张立新，译. 北京：中国政法大学出版社，2016：5.

第四节　专利制度对医药创新的重要性

专利制度为何对医药产业特别重要呢？它与医药产业的特性息息相关。众所周知，医药产业是一个高度技术密集与知识密集的产业，各大药厂每年都投入巨额的研发资金。根据美国 PhRMA（Pharmaceutical Research and Manufactures of America）统计，一般产业的研发支出通常低于总成本的 4%，但从 1998 年起，医药产业的研发支出比例均维持在 16% ~ 17%。而欧盟委员会（European Commission）针对医药产业的调查结果显示，2007 年，处方药（prescription medicines）的研发经费占总支出的 18%，可见医药产业的研发经费较一般产业高出约 4 倍之多。

医药产品的研发周期也值得重视，一般来说，一种新药的研发平均需要 12 年的时间，其中需经历临床前研究、临床前试验、临床试验和新药审批 4 个阶段。平均一万个新药品种的研发才会有一个成功上市，仅投资一种新药至成功上市便需花费超过 8 亿美元，其中包含了研发药物成本、为了符合药品监督部门审批所需要的测试费用和药物的制造费用，若将其他研究失败的成本、营销成本及申请专利的花费计入的话，则平均研发一种新药的耗费高达 17 亿美元。❸

专利制度之所以对制药产业特别重要，在于其通过专利提供的垄断保护，使制药企业回收其巨额的研发投入，这样才能让制药企业有动机去持续开发新药。另外，专利是促进创新的一种必要手段，可以避免搭便车（free rider）的现象。这种搭便车的现象就是原始创新者需要投入巨额成本才能取得研发成果，仿制者却可以用极少的代价实现抄袭，从而使问题更加严重。❹ 这种搭便车的情况在医药行业最为严重，因为医药行业的研发成本极高，而仿制抄袭却相当容易，且仿制抄袭的经济收益无比巨大。因此，除了很难有足够动机去鼓励有心者进行原创研发，却有巨大诱因鼓舞一些人进行仿制。这个问题只有赋

---

❸　黄佩珍，王立达. 专利法对医药衍生发明之合理评价 [J]. 成大法学，23：41 –42.

❹　Federal Trade Commission. To Prompte Innovation：The Proper Balance of Competition and Patent Law and Policy [R]. 2003：4.

予强力的专利保护才能解决。

除了法律层面，从财务层面分析也可以看出专利对医药行业为何重要。依据 Business Insight 产业调查报告，制药（Pharma）和生物技术（Biotech）普遍是以"现金流量净现值折现计算法"（Discounted cash flow NPV calculations）为主，⑮ 这种方法的应用是对企业或个人未来的现金流水（cash flow）及可能的风险进行预期，然后依据风险评估的结果选择合理的折现率（discount rate），将未来的现金流通过折现率折合成现值（present value），并据以与成本相较，若得大于失，则项目值得进行，反之则不行。

合理使用折现法的关键在于，第一，能准确预期企业或个人在未来各期中的现金流；第二，根据风险判断来确定一个合理的折现率，折现率的大小取决于未来现金流的风险，二者成正比。⑯ 这里所提到的第二点主要涉及研发上的风险。第一点，即现金流的确定，则与专利息息相关。因此，影响药品未来销售最关键的因素，就在于该药品有无专利保护，如图 3 所示。

图3　药品依据专利维持的折现率模型

未来的现金流，折现（discount）则体现在药品的技术价值上。专利只有在可以使药品获得垄断市场的情况下，才能估算其现金流，这是整个价值链的关键。由以上说明可知，新药的研发，主要是依靠专利制度的垄断保护。相对于行政保护来说，专利保护具有力度强、范围广、保护时间长以及费用低等特点，是医药知识产权最全面、最高级别的保护。

关于医药专利产业化，专利是医药技术产业化的关键因素。由于医药研发的过程极为漫长，从最早期的概念，到不断的试验验证，以至于生产制造等，需要突破不同阶段的技术和工艺障碍，最终产品才可能上市。许多医药创新来

---

⑮　Pharmacetical Licensing strategy ［J］. Business Insight，2006.

⑯　更进一步的财务分析说明可参考：WESTERFIELD R，JAFFE. Corporate finance ［M］. 17ed. The McGraw Hill Companies，2003：60–93。

自学校或初创公司，当这些原始创新出现时，其实还需要大量的后续研发工作，因此离产品上市还有很远的距离。

根据经济学者的研究，专利制度有助于让原始创新者从资本投资人或战略投资人处取得所需资源，以进一步完成所需的后续产品开发。❼专利藉由降低交易成本和促进许可谈判，让技术信息成为一种可交易的商品（tradeable commodity）。❽若没有专利，发明人将采取商业秘密方式来保护其创新成果以避免他人搭便车。若发明人选择商业秘密保护其成果，将导致创新的技术信息无法在发明人与具备能力的产业化机构或投资人之间进行传递，这将产生产业化的一大障碍。因此，有了专利保护，发明人才会放心地与他人公开讨论其创新成果，它对其成果的商业化帮助巨大。

促使技术信息成为可交易的商品有助于产业分工与细化，也就是产业化。很多医药创新来自初创公司，但它们资源有限，它们非但不能也无须包办产品上市所需的所有事务，例如自己进行后续研发、产品制造、药品销售渠道开发等。最常见的情况是，这些初创医药公司将其创新成果，通过专利许可或专利转让等方式转让给大型药厂，这些大型药厂有能力将其创新成果真正带入市场。由此可知，专利制度对促进医药专利的产业化非常重要。美国经济学家曼斯菲尔德（Edwin Mansfield）说过，"若没有专利保护，60% 的新药发明将不会出现在这个世界上。"❾

第五节　小　　结

医药产业是全球最大的产业之一，显而易见，发展医药产业对一国的总体经济有巨大作用。但是医药产业不仅涉及经济议题，如图 2 所示，还涉及国民健康，若一国的药品完全仰赖进口，其国家安全无异于受人宰割。因此，发展医药产业，在国家战略上具有重要意义。

---

❼　See generally ABA（Economics stmt）12.

❽　See Bronwyn H. Hall, Patents and Innovation（2/26/02）（slides）at 8（patents allow trade in knowledge）［EB/OL］.［2017 - 02 - 20］. http：//www. ftc. gov/opp/intellectul/020226browynhall. pdf.

❾　MANSFIELD E. Patents and Innovation：an Empirical Study［J］. Management Science, 1986, 32（1）.

由于其重要性和复杂性，生物医药产业具有如下特点：①生物医药产品关系生命安全，无论是发达国家还是发展中国家都对药品有严格的管理（highly regulated industry）。例如，新药必须获得政府主管机关授予许可才能上市销售；②生物医药产业价值链很长，从发现目标、找出先导化合物，到临床前期试验、制造、临床试验、审批和上市销售等，需要投入巨额研发成本。以美国研发新药为例，平均耗费时间为 20 年，年平均花费 5 亿美元。[20] 因此，生物医药产业的研发大多依赖政府资助的大学、研究机构和大型药厂。

鉴于生物医药产业如此重要，发达国家和近些年的中国、印度、韩国等，均大力支持这项产业，不过仅有美国获得成功发展，这是因为美国的医药专利产业化的比重很高。医药专利产业化的高比重代表了美国在生物医药领域的技术创新，也说明了这些技术创新真正地进入市场，并推动医药产业的发展。

相对地，我国的医药专利申请数量已经较高，以中国国内制药企业的原料药为例，自 2010 年开始，年申请量维持在 2 万件左右。[21] 但是，很明显，专利申请数量的增长并没有确实地体现在产业发展上。其中，除了申请补贴而产生的垃圾专利，还有两点：一是我国对制药企业并没有采取强保护的政策来赋予完善专利保护，它们并不能根据图 3 的模型进行事先的财务预估和无后顾之忧地投入大量时间与金钱进行新药开发。二是一旦发生侵权纠纷时，无法为专利权人提供应有的维权保障。

---

[20]　郑秀玲. 兼顾创新研发与公共卫生：生技及医药专利权保护与实施之省思 [J]. 台湾大学校友会双月刊，2013（86）. 在本书第二章中将对医药产业进一步介绍。

[21]　杨舒杰，袁红梅，刘皓. 中国原料药行业专利状况实证研究 [J]. 中南药学，2012，10（9）：703.

第二章　医药市场及医药
专利产业化的理想与现状

探讨规范上的问题，应该先了解被规范的对象，本章将介绍我国医药市场的现状，再结合第一章的结论，藉以分析我国医药产业升级必须依赖优质医药专利的产生与产业化的理由，最后则整理与分析我国医药专利产业化的一些可行性模式。

第一节　国内外医药市场的情况与面临的挑战

一、中国医药行业的现况❶

（一）医药行业的定义

医药行业是国家国民经济重要的组成部分，对于保护和增进人民健康、促进经济发展和维护国家安全均具有十分重要的作用。我国改革开放以来，其国民经济不断发展，中国医药产业作为其中的重要组成部分，具有传统产业和现代产业结合为一体的特点，医药行业的发展一直得到我国民众的关心。

医药行业作为保护人民身体健康、预防疾病和提高生活质量的行业，在促进我国社会经济发展和进步方面具有不可小觑的重要现实意义。2014 年，我国的国民生产总值（GDP）增速为 7.4%，连续两年的增速低于 8%，标志着我国进入转型升级的新常态经济时期。然而，医药产业作为我国战略性新兴产

---

❶　医药行业调研报告［EB/OL］.［2017 - 02 - 01］. http：//www. docin. com/p - 609192365. html.

业之一，平均增速高达 20% 左右，远高于一般水平，由此可见，医药产业未来有机会成为我国经济发展的火车头产业。❷

从产业体系的角度来看，医药产业可分为上游产业、中间体产业和下游产业三类。上游产业处于整个产业链的开端，主要由部分化工原料生产企业构成，上游产业从源头上决定了整个产业的生产成本，具有基础性、原料性、联系性强的特点，上游产业会对中间体产业产生显著影响；下游产业是指居于医药产业链末端的药品生产企业。医药产业若要形成竞争优势，就不能缺少上下游产业和中间体产业的密切合作关系。

按照我国医药行业"十五"规划的划分，医药行业可以分为 13 个子行业，其中，较为重要的 6 个子行业分别为化学制剂药、化学原料药、中成药、生物制药、卫生材料和中药饮片，这几个子行业在 2009 年的行业规模中，分别达到 2466 亿元、1777 亿元、1699 亿元、753 亿元、452 亿元和 431 亿元。由于行业的规范和竞争的加剧，医药行业的毛利率在 2002～2010 年呈现整体下降的趋势，同时，得益于行业重组和政策扶持，医药行业的净利润率则呈现整体上升趋势。❸

在 6 个子行业之中，化学制剂药行业的毛利率和净利润率均高于行业水平；生物制剂行业虽然毛利率与行业平均水平持平，由于得到高新技术税收优惠政策的支持，其净利润率最高；同样属于中药类的子行业，中药饮片的市场规模和盈利性均不太理想，而中成药则表现较好；化学原料药行业则由于竞争激烈，其毛利率和净利润率皆处于较低水平。

（二）医药产业在我国经济中的地位

自 20 世纪末以来，医药产业在我国经济中的地位一步步提高。然而，到目前来说，医药行业在中国经济中所占比重还不大，以资产为主的规模比重仅为 2%～3%，效益指标相对高一些，也仅为 3%～4%。可以说该行业是有成

---

❷ 褚淑贞，杨家欣，王恩楠. 2015 年江苏省医药产业发展报告 [J]. 药学进展，2016：349－357.
❸ 中国医药行业现状与发展 [EB/OL]. [2017－01－18]. http：//wenku. baidu. com/link？url＝ SLPgno TnyUuvh5TnG8VzXfeXiy8aN3Wfv3kCSC2fqfLFtklwnqJuzjCZ － qyx0gQ6l3rZsSfPxezp0s ＿ mbamju6 － Meg13MXb－TqUGVOkak2.

长潜力的产业，但尚未成为支柱型产业。❹ 不过，若对照美国及全球医药产业市场的蓬勃现况，可以预期，未来医药产业在我国经济中的地位必然越来越重要。

二、医药行业的特点

医药行业是资本密集和技术密集的高投入行业，其资产属性较重，属于低周转、高毛利率类型，具有如下行业特点。

（一）医药市场的复杂性

药品消费的决策者和使用者相分离，医药企业要充分利用医疗机构，为临床研发找到基地、为产品找到销路、为患者传递信息；药品治病救人的特殊属性使得各国对药品实行严格的管理，这些都增加了医药产业的复杂性。

（二）医药产业的持续成长性

随着人口不断增加和老龄化社会的到来，以及经济发展使人们的健康意识逐渐增加，相对于一般工业，预期医药产业仍将保持较高速度发展。❺

（三）风险与获利成正比的特性

财务分析的基本原理是风险与获利成正比，这一点在医药行业得到了充分体现。医药研发有着高风险的特点，所需投入的研发费用极为高昂，需要的研发周期动辄以十年计算，而研发失败的概率又相当高，这一切使医药研发的风险远高于其他产业领域的研发。然而，为何医药行业风险这么大，仍让许多企业趋之若鹜呢？原因就在于医药研发成果的高利润，通过专利保护可以制定高的药品价格，从而产生市场垄断，为药厂带来极为可观的利润。

（四）大企业主宰的特性

医药研发具有高风险的特性，目前的医药行业，不论国内还是国外都是由

---

❹ 中国医药行业现状存在问题及发展趋势分析 ［EB/OL］. ［2013 – 06 – 20］. http：//www. ask-ci. com/news/201306/20/201895632278. shtml.

❺ 医药行业调研报告 ［EB/OL］. ［2017 – 01 – 08］. http：//www. docin. com/p – 609192365. html.

几家大型公司主宰整个市场。因为只有大型药厂才有能力承担新药研发的巨额经费与失败的风险。这也造成医药市场处于垄断的阴影下，因此国外学者常从反托拉斯法的角度切入医药专利的研究。

三、影响我国医药行业发展的因素

（一）有利因素

1. 国家的政策扶持

我国一直很重视医药行业的发展。《中共中央国务院关于深化医药卫生体制改革的意见》指出，要建立可持续发展的医药卫生科技创新机制和人才保障机制，加大医学科研投入，加强对重大疾病防治技术和新药研制关键技术等的研究。国家工业和信息化部在制定的《医药工业"十二五"发展规划》中提出，加强产业政策引导、加大财税金融支持力度、完善价格招标医保政策等六项保障措施，以促进医药工业由大变强。一系列政策的出台推动了我国医药行业的稳定快速发展。

2. 国家医疗保障体系的建立和完善

从 20 世纪 90 年代起，我国陆续建立城镇职工基本医疗保险制度、新型农村合作医疗制度、城乡医疗救助制度、城镇医疗保障制度和新型农村合作医疗制度，这些制度大幅度扩大了医保的覆盖人群；2009 年新医改启动，指出总体目标是建立健全覆盖城乡居民的基本医疗卫生制度，为群众提供安全、有效、方便、价廉的医疗卫生服务；2009 年 7 月 13 日，卫计委、民政部、财政部、农业部、中医药局等五部委，联合签署下发了《关于巩固和发展新型农村合作医疗制度的意见》（卫农卫发〔2009〕68 号），规定从 2009 年下半年开始，新型农村合作医疗报销最高限额达到当地农民人均纯收入的 6 倍以上。据中国人力资源和社会保障部统计，截至 2013 年 9 月底，全国参加城镇基本医疗保险人数为 56360 万人。我国医疗保障体系的建立和完善，极大地促进了医疗需求的释放和行业的快速发展。❻

---

❻ 医药行业发展有利因素分析 ［EB/OL］. 〔2016 - 07 - 29〕. http：//www. chyxx. com/industry/201607/434202. html.

3. 政府对医药产业的投入逐年增加

我国政府近年来对医药产业的投入不断增加，保证了行业的持续发展。在加强社会保障，启动新医改的大背景下，政府对医药产业的投入大幅度增加，《国务院关于印发医药卫生体制改革近期重点实施方案（2009—2011 年）的通知》指出，2009～2011 年应着力抓好五项重点改革。经测算，为保障这五项改革，2009～2011 年我国各级政府需投入 8500 亿元。在我国新医改启动及政府投资加大的背景下，医药行业将迎来快速发展，也迫切需要快速扩张产能，进一步扩大优势品种在行业中的市场占有率（见图 4）。

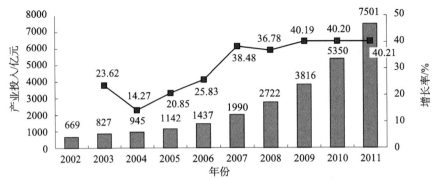

图 4 2002～2011 年中国政府对医药产业的投入费用

数据源：南京医药经济研究所。

4. 人口增长与老龄化加大对医药产品的需求

由于我国人口基数大，每年人口的自然增长数较大，形成较大的药品新增需求。根据国家卫生和计划生育委员会预测，我国总人口在未来的 30 年还将增加 2 亿人。此外，在人口增长的同时，我国人口老龄化的速度也在加快，老年人比例逐渐增长，预计到 2020 年，60 岁以上老年人口将达到 1.64 亿人，到 21 世纪 40 年代，60 岁以上老年人口将达到 4.3 亿人，占总人口比重将达到 30%，老龄人口对医疗的需求为普通人的 3～5 倍，医药产品需求会快速增加。人口增长与老龄化将推动医药行业快速发展。❼

5. 人均可支配收入的增加和医疗支出的提高

随着国民经济的持续快速发展，居民收入也一直保持高速增长。根据国家

---

❼ 中国医药行业发展的影响因素分析［EB/OL］．［2014－06－09］．http：//www.askci.com/news/201406/09/0914514539998.shtml.

统计局资料，1998～2009 年，中国城镇居民人均可支配收入逐年递增，此外，我国人均用药水平由过去的十几元、几十元增长到 2010 年的 551.2 元，但与美国等发达国家人均年药品消费约 300 美元相比，仍差距较大，可见，我国医药市场发展空间十分广阔（见图 5）。❽

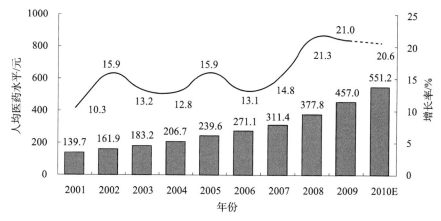

图 5　2001～2010 年中国人均用药水平趋势

数据源：中商情报网。

（二）不利因素

1. 技术水准不高、产品同质化严重、生产集中度低

由于 GMP 和 GSP 认证的全面实施，我国医药行业淘汰了一批落后企业，但企业多、小、散、乱的现象仍然普遍，同时，部分医药企业仍集中生产一些技术要求相对较低的仿制药品或传统医疗器械产品，缺乏品种创新与技术创新，且同种产品生产企业数量众多，重复生产严重。

2. 药品价格下降的压力

我国药品价格的管理，经历了从全面管制到基本放开再到部分管制的发展过程，截至目前，我国已连续多次调低药品价格，预计在相当长一段时间内，我国药品降价的趋势仍将持续。在部分医药产品价格持续走低的压力下，对普通医药生产企业的利润将产生负面影响。

---

❽　中国医药行业发展的影响因素分析［EB/OL］.［2014－06－09］. http://www.askci.com/news/201406/09/0914514539998. shtml.

3. 跨国公司实施全球化战略的冲击

在发达国家近年来医药消费增速整体放缓的情况下，国际大型制药企业不断透过兼并收购等方式来维持增长，如辉瑞收购惠氏、默克收购先灵葆雅等。同时，这些跨国公司更是加大对很有发展后劲的发展中国家的投资。对我国而言，加入 WTO 之后，虽然加速我国医药企业参与全球性医药市场竞争的步伐，这些跨国公司也把研发和生产基地搬到我国以求降低成本，同时更是针对我国国民的需要开发药物，这种情况对我国制药企业产生了一定程度的不利影响。

四、全球医药行业发展变化

（一）全球在研新药情况❾

根据行业专家整理，2015 年，安进（Amgen）、阿斯利康（AstraZeneca）、诺华（Novartis）、赛诺亚（Pfizer）、罗氏（Roche）等 12 家跨国制药企业的新药研发晚期产品线的价值，大约有 54% 以上来自并购、合作研发、授权等外来资产所创造，在这个新药研发成本偏高的时代，并购、合作研发、授权等研发活动，已经成为新药研发公司创造产品价值的关键。

由于小分子的化学药开发难度越来越高，而大企业又需要继续成长，这种经由并购达成目标的手段，就变成很合理的选择，这是藉由"外部创新"来稳定增长的方式。这也成为近年来国际上新药开发的另一个趋势，即将重心渐渐移到大分子生物药的开发。虽然生物药的比重目前占总体药物的比重还不高，不过，生物药还有很大的开发潜力。

（二）专利药到期以及非专利药市场变化

2014 年，诺华与葛兰素史克进行了肿瘤和疫苗业务的交换与调整，辉瑞也向阿斯利康提出千亿美元收购的意向。无论是诺华、葛兰素史克，还是试图吞下大鱼的辉瑞，各家药企不同行动的背后都暗藏同样的原因，即缓解企业因专利药到期所导致的销售收入下滑。实际上，从 2011 年开始，专利药陆续到

---

❾ 勤业众信会计师事务所发布的《新药研发模式白皮书 2016》。

期，几乎成为所有跨国药企的最大心病。从辉瑞的立普妥到默沙东的顺尔宁，从阿斯利康的思瑞康到礼来的再普乐；曾有报告统计，在 2010～2015 年，国际上将有近 400 种、价值 770 亿美元的专利药到期，其中包括 80 多个可能影响细分领域市场格局的"重磅炸弹"药物，这一现象在业内被称为"专利悬崖"。以辉瑞为例，2012 年第一季度，由于立普妥在美国失去专利保护权，辉瑞制药业务的销售额下降了 25%。❿

非专利药（non‑patent drug）又被称为仿制药。药品与其他产品最大的不同在于，大部分的产品都有生命周期，随着新产品推出，旧产品自然离开市场，但能够治疗疾病的药，却不会因为时间的流失就失去疗效。如前所述，新药开发越来越难，而老药（或仿制药）仍然有疗效，虽然过了专利期，去除药品销售的障碍，世界各国的制药企业仍高度重视仿制药这块大饼。

目前全球最大的仿制药市场在美国，美国也是最早通过非专利药相关法案的国家，1984 年美国通过了 Hatch‑Waxman 法案，⓫ 该法案大大促进非专利药产业的蓬勃发展。美国的非专利药政策，对于非专利药品市场的发展起到了很大的激励作用，尤其在 2002 年以后，随着非专利药市场的逐渐成熟，每年的非专利药上市申请数量快速上升。2007 年申请数量达 880 个，大约比 2003 年翻了一番，而 2014 年申请数量达 1598 个，相比 2007 年有了大幅增长。

欧洲是全球除北美市场之外的第二大药品市场，由于欧洲各国的非专利药品相关政策的差异，各国的非专利药市场份额也存在很大的差异，我们可以根据这种差异将欧洲各国大致分为三类，第一类是新加入欧盟的成员国，由于加入欧盟前对知识产权保护不够，其国内非专利药品所占市场份额要大大高于其他国家；第二类国家的非专利药市场份额占 15%～30%；而第三类是非专利药市场份额最小的国家，非专利药所占市场份额小于 15%。与美国和欧洲相比，日本的非专利药市场发展较为缓慢，所占市场份额较小，目前，日本正在积极推广非专利药，加大宣传并设置奖励机制，促进医师推广非专利药，若能达到 60% 的市场份额占有率，将可以为日本的政府财政减少 6000 亿日元的费

---

❿ 刘砚青. 国际制药巨头合作应对"专利悬崖"［J］. 中国经济周刊，2014，18：58‑60.
⓫ 本书第三章将对 Hatch‑Waxman 法案有更详尽的介绍，此处不再赘述。

用支出（见图6）。**⑫**

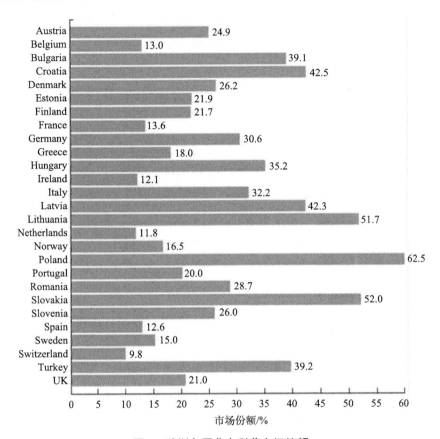

图6 欧洲各国非专利药市场份额

数据源：EFP IA member associations 2011。

近年来，原研药增长滞缓，仿制药迅猛发展的原因主要有几个方面：①大量畅销药专利（即将）到期，为仿制药产业带来前所未有的机遇；②与专利新药高风险的特征相比，仿制药相对成本低且风险小，疗效已经证明，又可以快速进入市场；③仿制药已成为解决庞大医疗费用开支的重要手段，目前世界各国政府相继实施鼓励仿制药发展的政策法规。**⑬**

---

⑫ 李洪超. 国际非专利药市场发展现状 [J]. 中国执业药师，2010：43－46.

⑬ 洪兰，李野，李林. 世界非专利药发展浅析及对中国制药业的启示 [J]. 中国新药杂志，2005，14：665－668.

五、我国医药行业发展趋势

(一) 我国医药市场规模将不断扩大

根据医药信息领域最权威的 IMS Health 分析, 2015 年, 我国医药市场达到 11000 多亿元人民币, 结构上依然以处方药为主。[14] 虽然各行业报告对于未来中国医药市场的成长速度预期略有高低, 总体来说, 对于中国医药市场将持续增长, 各家见解是一致的。

(二) 仿制药标准提高, 创新药物迎来发展

2015 年 7 月 31 日, 国家食品药品监督管理总局发布《关于征求加快解决药品注册申请积压问题的若干政策意见的公告》(2015 年第 140 号), 该征求意见把仿制药审批标准放在第一位, 宣布仿制药按与原研药品质和疗效一致的原则受理和审评审批; 已经受理的仿制药注册申请中, 我国已有批准上市原研药的, 没有达到与原研药品质和疗效一致的不予批准; 中国尚未批准上市原研药的, 按原标准有条件批准, 企业在上市后 3 年内需通过与原研药的一致性评价, 未通过的届时将注销药品批准文号。

该文件强调了新药注册的创新性、仿制药标准提高、控制通过简单改变药品剂型的方式申请新药等严格措施, 将导致一批新药文号不符合标准甚至被退回的情形。市场分析认为, 由于新药注册审批将提高新药申报门槛, 有利于创新药物发展, 与之相关联的医药新药合同研究组织 (CRO) 龙头企业将普遍受惠。

(三) 政策鼓励做大做强, 医药行业大规模出现并购重组

商务部和工信部提出了支持、鼓励医药企业做大做强的政策, 使得行业内获得优质资源的整合机会。并购将成为 2015 年后医药投资的主旋律, 医药行

⓮　2015 中国医药市场全景 [EB/OL]. https://read01.com/EMRBOP.html.

业将面临格局重造。不少学者都预期，中国未来将走上类似欧美国家的道路，市场通过各种兼并后，最终由几家大制药公司主导。**⑮**

（四）药品政府定价的改革

药品价格一直是我国医改的核心问题。2015 年，国家发改委发布了《关于印发推进药品价格改革意见的通知》，根据该通知，自 2015 年 6 月 1 日起，我国将取消绝大部分药品由政府定价的制度。虽然我国有意引导药品价格朝向由市场竞争来形成的方向发展，但是取消药品政府定价后，政府部门并没有完全退出药品市场，药品价格仍受到医保控费和医院招标采购的决定性影响。

六、中国医药行业树立民族品牌的竞争战略

我国医药行业的国际化，是本土企业适应国际规范和市场规则的过程。适者生存，优胜劣汰。在经济全球化的竞争环境中，处于医药行业价值链各个环节中的本土企业，要想在世界中树立自己的民族品牌，需进行以下几方面的战略调整：

（1）提高医药制造业自主创新能力。

（2）建立产、学、研结合的人才培养体系。

（3）实现产业整合，促进产业集聚。

（4）健全知识产权保护体系。

（5）发挥医药制造业的比较优势。

（6）改善我国医药出口结构，鼓励医药产品出口。

（7）优化医药产业格局，协调发展各地区医药经济。

（8）突出特色，加大对传统中药领域的开发力度。

---

⑮ 追寻资源和创新价值乐观看待医药行业中长期机会 ［EB/OL］．［2012－01－09］．http：// finance. ifeng. com/stock/hybg/20120109/5416445. shtml.

七、我国医药产业存在的问题

(一) 产业层面问题

1. 小散乱现象突出，缺乏医药航母

我国医药企业虽然数量多但是规模偏小，[16] 且大多专注在本地市场。在以出口为导向的制药企业中，最大的出口企业出口额也只有 7.84 亿美元，与跨国制药企业无法在同一水平线上竞争。[17]

2. 处于国际价值链低端，产业附加值较低

我国医药企业过去是以原料药及仿制药为主，少有专注于制剂者，从事新药研发者更是罕见。而且，我国原料药进口价格在明显高于出口价格的条件下 (见表 2 和表 3)，医药行业的贸易条件逐步恶化，在全球产业链中所获得的附加值很少，整体行业附加值率只有 20% 左右，大大低于我国所有行业对外贸易 30% 左右的附加值。由于我国的医药行业在全球价值链上锁定低端，产业附加值比较低，在国际分工中处于不利的地位。[18]

表 2　2010 年我国医药产业对外分工贸易基本情况　　　单位：亿美元

类型	进口	出口	垂直型产业内贸易	水平型产业内贸易
整体医药行业	34	53	12.85	3
制剂行业	87	8	12.05	4
原料药行业	6	86	14.08	2

注：产业内贸易又可分为水平异质型产业内贸易 (HIIT) 和垂直异质型产业内贸易 (VIIT)。前者主要指在技术水平相差较小的商品之间的贸易，后者则是指在技术水平相差较大的商品之间的贸易。Fukao 和 Ishido (2003) 在假设某类商品技术质量差异可以以进出口单位价值的差异来判定的基础上，给出了将双边贸易的三类划分标准，即单项贸易所占比重、垂直型产业内贸易所占比重和水平型产业内贸易所占比重。本书沿用这一方法，以描述我国医药行业在全球贸易分工链上的地位。

数据源：联合国贸易和发展组织 COMTRADE 数据库。

---

[16] 中国医药保健品进出口商会. 中国医药行业当前存在的主要问题 [EB/OL]. [2014 - 08 - 12]. http://news. bioon. com/article/6656897. html.

[17] 肖志辉. 医药行业现状存在问题及发展趋势的分析 [J]. 中国医药指南，2014，3：397 - 398.

[18] 曾铮. 中国医药产业发展概况及其趋势研究 [J]. 经济研究，2014，32：4 - 38.

表3　2010 年我国对外贸易中进出口原料药贸易价格对比

单位：美元/千克

类　型	从国外进口价格	对外出口价格
非专利抗生素原料药	134.5	43.6
非专利药原料药	30.4	22.4

注：考虑到运输和灌水的因素，按照15%的比率将进口价格从到岸价转化为离岸价。

数据源：联合国贸易和发展组织 COMTRADE 数据库。

3. 国际化程度低，缺乏跨国制药企业

我国绝大部分医药企业的主要生产基地和市场都在国内，而且缺乏具有自主知识产权的产品，即使有少数企业出口产品，仍然处于为跨国制药企业提供原料或承接委托加工的阶段。

4. 品牌意识不强，知名品牌少

虽然我国拥有同仁堂等耳熟能详的知名中药品牌，但在西药方面，知名品牌却很少。这和我国制药企业主要着重研发原料药与仿制药有关，因此少有从事新药的研发。既然不做新药研发，也就不会关注品牌的建立。

（二）产品层面的问题

1. 自主研发能力相对较弱，低端产品比例大

我国目前的医药产品市场充斥着原料药，技术含量较高的制剂比重过低。根据统计，2013 年我国在西药出口方面，原料药占比高达 82.2%，而且以低端大宗原料药为主，特色原料药比重过低。此外，我国出口的制剂 97% 为仿制药，具有自主知识产权的医药产品比例也非常低。[⑩] 由图 7、图 8 和表 4 更可以看出，从各国制药行业研发强度与我国 CRO 承接研发外包数量在全球所占比重来看，我国还有很大的改善空间，与发达国家相比仍呈现较大的落差。

[⑩] 深度剖析中国医药行业当前存在的主要问题［EB/OL］.［2014 - 08 - 13］. http://www.yigoonet. com/article/2238575. html.

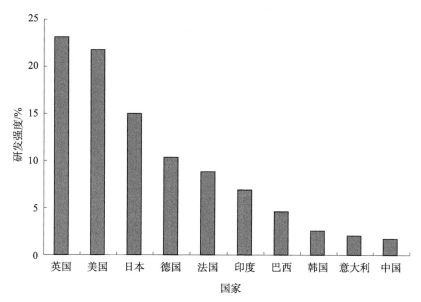

图7 各国制药行业研发强度对比

注：研发强度＝研发投入／工业总产值。

数据源：联合国贸易和发展组织 COMTRADE 数据库。

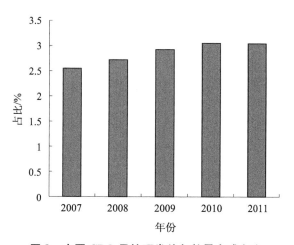

图8 中国 CRO 承接研发外包数量全球占比

注：外包数量以金额为单位。

数据源：联合国贸易和发展组织 COMTRADE 数据库。

表 4　中国医药行业产业竞争力指数

年份	原料行业药竞争力指数	制剂行业竞争力指数
2004	0.46	0.32
2005	0.43	0.34
2006	0.48	0.33
2007	0.48	0.27
2008	0.53	0.26
2009	0.56	0.22
2010	0.61	0.25

数据源：联合国贸易和发展组织 COMTRADE 数据库。

2. 产能严重过剩

由于我国医药产业过度集中在低端原料药，造成许多原料药的产能过剩，比如维生素 C 的产能多达 25 万吨，但国际市场的需求量仅为 10 万吨；青霉素工业盐产能高达 10 万吨，但国际市场需求只有 6 万吨。[20]

3. 制剂通过高端标准认证少

截至 2013 年 7 月底，我国制剂通过欧、美、日 GMP 认证的企业只有 37 家，通过 WHO 认证的仅有 5 家，[21] 数量不多，其中拥有自主知识产权的产品更少。

（三）渠道方面的问题

1. 国际注册认证能力弱

由于缺乏熟悉外国药品市场准入法规和操作实务的注册人才，以及对海外知识产权实务缺乏了解，目前我国制药企业有能力走出去的并不多。根据统计，我国仅有 35 个医药产品获得美国 ANDA 文号，而 2011 年印度企业从 FDA 就获批 144 张 ANDA 证书，占美国当年 FDA 批准 ANDA 总数的 33%。[22] 印度

---

[20] 中国医药行业在出口产品方面有着不少的发展局限 ［EB/OL］. ［2016 - 08 - 14］. http：// www. sdyyzs. cn/news/14/0814/49251_1. shtml.

[21] 中国原料药企业正通过多种方式探索国际化道路 ［EB/OL］. ［2016 - 06 - 09］. http：// www. cyy123. com/news. asp? id=96427.

[22] 中国医药保健品进出口商会. 面向国际市场提升医药行业核心竞争力 ［EB/OL］. ［2016 - 06 - 09］. http：//www. cccmhpie. org. cn/ShowItem. aspx? queryStr = p5x1.

对海外市场的优势，使得这些年我国制药企业走出去时，倍感竞争压力。

2. 国外自有销售渠道少，海外合作以代工和原料供应为主

我国大部分制药企业因为不熟悉欧美文化与法规，因此很难在欧美建立销售渠道。我国企业与海外企业合作，主要是以代工和原料供应为主，长期下来，演变成我国与印度之间，由原本的竞争关系变为上下游的供应关系，这让有识之士颇为担忧。有幸的是，我国国内的几家标杆企业，例如恒瑞，这些年来积极拓展海外合作，不仅常与国外知名药物研发单位合作开发新药，近来更向日本 Oncolys 买下其溶瘤腺病毒产品 Telomelysin（OBP - 301）的独家权限，标志着我国国内医药企业已朝国际化迈出一大步。❷❸

八、我国医药产业的升级需要依赖优质专利及其产业化

医药产业的特征是资本投入大、研发周期长、风险性极高，在这种情况下，推动制药企业投入大笔资金从事新药研发，除非在法律上给予应有的专利保障，否则在趋利避害的人性驱使下，必然很少有企业愿意走新药开发的道路。这也是目前我国医药产业主要集中在仿制药与原料药，而少有新药投入的主要原因。站在国际竞争的战略高度，我国若要真正崛起与欧美一较长短，在医药领域上，势必要走产业升级的道路。若这个大的政策方向能获得肯定，那么，专利保护绝对是必要配套制度。

从专利及其产业化对医药产业的价值这个观点来说，"威而钢"的故事即是一个善用专利制度（奖励研发成果的公开）的好例子。辉瑞自从发现并销售"威而钢"，时间已经长达 15 年，也充分回收了其投资。以营收来算，辉瑞是目前世界上最大的制药公司之一。它藉由发现、开发、专利化和商业化药物"威而钢"药品来达成如此成就。❷❹ 若以此与本章所述的我国医药产业的现况对比，可以归纳出三个小结：

（1）我国医药产业要发展升级，必须投入新药研发。

---

❷❸　恒瑞买下日本 oncolys 肿瘤药基亚 OBP - 301 有望 4 + 4 两岸临床互认先例［EB/OL］.［2017 - 03 - 01］. http：//www. gbimonthly. com/2016/08/7081/.

❷❹　Stefano John. The state of Big - Pharma and its relationship to IP［EB/OL］.［2013 - 07 - 16］. http：//www. naipo. com/Portals/1/web_tw/Knowledge_Center/Biotechnology/publish - 15. htm.

（2）我国应该对医药产业所产生的新药研发成果给予应有的专利保护。

（3）制业企业的思维与管理应该升级，它们应该理解专利，并学习如何运营专利以营利。

第二节　医药专利产业化的理论与实践

以下就我国医药产业若要升级，必须依赖医药专利的产业化进行讨论，并从理论层面介绍医药专利产业化对企业的诱因何在，以及参考国外经验，介绍比较成熟的产业化模型。

一、医药专利产业化的动机

探究医药专利的产业化必须先思考，为何要鼓励医药专利产业化而不是盲目地为了产业化而产业化？就这个角度，著者将以法律经济分析（economic analysis of laws)❷为基础进行梳理。从经济分析来说，学理上大致上可分为微观分析（micro - analysis）以探究个人行为和宏观分析（macro - analysis）以探究国家策略。

（一）从微观分析的角度探究医药专利的产业化

观察理性个人的决策过程，以及其决策对于个别市场的影响，这是微观经济学（microeconomics）研究的范畴。❷就本书所关注的议题来说，首先要思考的，究竟在医药产业中的个人（例如医生或大学老师）与企业，有哪些动机促使他们将专利进行产业化？这应该分成两个层次来讨论：第一，这些人是否有意愿将其研发成果去申请专利保护？第二，申请了专利保护后，他们是否有动机进一步将之产业化？

---

❷　法律经济学（law and economics）或法律的经济分析（economic analysis of law），是由美国学者在 20 世纪 60 年代发展出的跨领域交叉学科。主要是以经济学的效率观点，分析法律的形成、架构与运作方式，法律与司法制度对社会的经济效益影响。1960 年，罗纳德·科斯发表了《社会成本问题》，此论文提出后人所称的科斯定理，被视为法律经济学的奠基之作。参见：钟明钊，顾培东. 美国的经济分析法学派［J］. 法学季刊，1985。

❷　毛庆生，朱敬一，林全，等. 基础经济学［M］. 台北：华泰文化出版社，2012：7。

要回答第一个问题需探究，为何专利制度对于医药行业如此重要？它需要从专利制度本身来思考。从美国法的观念来看专利制度，专利是一种必要之恶，是一种实用主义（pragmatism）思维下的妥协。因为，垄断是国家在原则上必须防止的经济现象，以避免人民被垄断者剥削，但是专利却是一种法律所特许的垄断。❷ 为何法律要赋予专利权人这项垄断权利呢？原因在于专利制度符合公众需求及扩展公共财产（public good）。而专利之所以能发挥这项功能，在于发明人需公开（disclosure）其发明的要求，也就是发明人提出专利申请时，应充分公开发明的内容，以促进知识的扩散（the dissemination of knowledge），让发明所属技术领域之人不需重复研发，可以在所公开的知识基础上，从事再发明及创新。❷ 简言之，专利是一种交换，国家通过专利赋予发明人一段时间的垄断权，期望鼓励让发明人无条件向大众公开其创新内容。❷

至于专利制度为何对医药产业特别重要呢？它与医药产业的特性息息相关（高度技术密集、研发时间长、风险高等），简言之，专利制度之所以对制药业特别重要，原因在于唯有通过专利的垄断保护，才能使制药企业回收其巨额的开发成本，也才能让制药企业有动机去持续开发新药。对于以开发新药为主的大型药厂而言，需要有成功的新药来推陈出新并成为企业的生存命脉。一项数据显示，美国制药业平均每年就其营业收入的20%投入研发（整体产业平均值少于5%），如有成功的新药推出，如何保护其市场利益，是这些以发明新药为主的业者所力争的。根据表5所示，在所有行业中，制药产业的研发创新与专利的相关性是最高的。

表5　产业的研发创新与专利的相关性

产业	专利相关性/%
制药	65
化学	30

---

❷ 从专利的垄断性出发，我们可以反思，究竟盗版一事是否如很多业者所宣传的一般，是一件不道德（Unrecht；Unethical）的事情？抑或专利本身是不正之事？这一点在美国专利学界争议很大。

❷ 李素华. 兼顾创新研发与公共卫生：生技及医药专利权保护与实施之省恩［A］. 第三届科技发展与法律规范学术研讨会，2012：27；KIEFF F S, NEWMAN P, SCHWARTZ H F. Smith Prinaples of patent low［M］. 4ed. Foundation Press，2008：27.

❷ MERGES R P. Commercial Success and Patent Standards：Economic Perspectives on Innovation［J］. California Law Review，1988：876.

产业	专利相关性/%
石油	18
机械	15
金属加工	12
金属原料	8
电子设备	4
仪器	1
办公设备	0
汽车	0
橡胶	0
纺织	0

数据源：E. Mansfield，Patents and Innovation：An Empirical Study，Management Science，February 1986.

从财务分析的角度来看，制药（Pharma）和生物技术（Biotech）仍普遍采用"现金流量净现值折现计算法"（Discounted cash flow NPV calculations）。据此，专利归根结底就是一个垄断权。也就是国家授予专利权人，在一定时间内独占该专利技术的经济利益。通过这种垄断权，医药专利权人将可以独占未来销售爆发后的现金流量，因为可以独占现金流，其折现回来的金额才不至于太低。总之，影响药品未来销售最关键的因素，就在于该药品有无专利保护，专利只有垄断药品市场，才能估算现金流量，这是整个价值链的关键。

另外，个人或企业申请了专利保护后，是否有动机进一步将之产业化呢？这个问题需要区分专利权人。就药厂而言，其申请专利自然是需要产业化，除非该专利无法通过 FDA 审核，否则其一定试着将该专利药的经济效益最大化。然而，相对于制药企业，作为个人的专利权人（通常是大学或其他科研单位的教授）却未必有意愿或有能力将之产业化。

（二）从宏观分析的角度探究医药专利的产业化

相对于微观经济学分析，观察整个国家社会的经济发展，我们称之为宏观经济分析（macroeconomics）。从中国国内文献来看，较少看到从宏观面来分析医药专利产业化的文献。

如何促进一国的医药产业发展呢？从宏观经济学角度来说，一是吸引生产要素，就医药行业来说，主要是资本投入以及高端层次的研发人员；二是让生产要素有效地整合。要达到这两点，专利制度至关重要，根据学者的实证研究，❸ 健全的专利审查制度，以及公平有效的司法体系，是促进医药行业发展及其创新成果（往往通过专利方式呈现）产业化的关键所在。国家的宏观经济政策，不仅会影响其国内人民或企业，而且随着全球化的趋势，还会影响到全球范围的资源（特别是资本与高端研发人员）的转移与整合，这可以从发达国家的代表美国，以及其他发展中国家的情况来说明。

世界上没有其他国家如同美国，在医药行业吸引大量资本投资，其主要诱因在于被投资的医药企业拥有专利。美国拥有悠久的专利制度，并在自由主义的经济政策下，政府尽可能地不干涉药品价格而让市场自行定价，使得全世界在医药领域的投资大量涌入美国。根据统计资料，美国药厂在研发上的支出不断增长，从 1977 年的 17 亿美元，到 2002 年已达到 264 亿美元。❸ 这些投资的增长，主要来自欧洲的投资，因为欧洲的经济政策，对药品价格有严格的控制，降低了投资人的资本回报。❸ 以 2002 年的资料为例，当年全球药厂的投资中，82% 的投资在美国，其他国家（包含欧洲）仅吸引到 18% 的投资。大规模的投资使得美国从 20 世纪 90 年代开始，其医药行业的成长率约是美国其他行业的两倍以上，且雇用了近 30 万名高端研发人员。❸

相对于美国医药行业的欣欣向荣，发展中国家（包含中国）却一直在苦苦追赶的路上。在大部分发展中国家，很少有民营企业能够大力投资药品研发。这些国家的经济主要依赖农产品、矿业、低技术含量与低工资的制造业。发展中国家的高端技术人才，例如科学家与工程师，大多被国家机构

---

❸ LEHMAN B. The Pharmaceutical Industry and the Patent System ［EB/OL］. http：//www. san – die-go – patent – lawyer. com/Patent_Library/Community/Other/PharmaPatents. pdf. 该文作者为国际知识产权协会主席。原文仅十余页，却深入浅出地谈到医药知识产权的每个重要议题，推荐一读。

❸ Pharmaceutical Industry Profile 2003 at 10.

❸ 这点同样可以用第一章图 3 药品靠专利维持折现率说明。在现金流量净现值折现计算法下，会影响企业未来存续期各年度的现金流量的因素除了专利之外，还包含政府的价格控制政策。若有政府控制价格的话（通常是设定价格上限），会降低未来现金流的预估，折现之后也将造成被评估的药企或新药的价值降低。

❸ Supra note 10，at 17.

（例如大学或政府支持的实验室）所雇用，以本书所探讨的产业化议题来说，大部分发展中国家欠缺将国家研发机构专家的研发成果予以产业化的政策或制度，而美国拥有成熟健全的制度，可以协助国家研发机构将研发成果产业化，例如美国各公立大学[34]的技术转移办公室，其技术转让成效是有目共睹的。

当然，我们不能因为大部分发展中国家的研发成果产业化成效不显著，就认为它们欠缺研发能力。事实上，很多发展中国家拥有许多公立大学及政府所支持的实验室，其中不少国家擅长农业与生物医药领域的研发。根据学者的研究，[35] 这些发展中国家欠缺对国家研发机构的成果进行专利保护的动机，其主因是这些国家的专利保护制度不够健全。TRIPS 给予发达程度低的国家较长的宽限期，在宽限期到来之后，它们才需要建立药品的专利保护制度。2001 年12 月，WTO 同意将这个优惠期延长到 2016 年。这也造成欠发达国家没有时间上的急迫压力去完善其国内的医药专利保护制度，在这个期限到来之前，该国内的发明人将很难获得基本的专利保护，必然丧失其研发动机。

另外，发展中国家的专利主管部门普遍欠缺培训优秀审查人员以及足够的经费，这也造成它们难以为国内发明人提供高质量的专利审查服务。众所周知，专利若要发挥效用与价值，必须进行全球专利布局。就药品而言，世界主要市场仍在欧美等发达国家和地区，因此在欧美国家和地区进行专利布局是必然的需求。但是，在欧美国家和地区申请与维护专利，甚至未来可能的专利诉讼等，需要高昂的费用，往往超过发展中国家发明人的预算，使得他们不得不放弃在这些发达国家申请专利。

最后，发展中国家普遍实行进口替代政策（import substitution policy），[36] 这也相当程度地限制了医药专利的发展。这项政策基本上属于闭关自守的政策，使得本国的药物市场完全由本地企业仿制欧美企业专利药品，这种政策让

---

[34] 其中以密歇根大学和加州大学为代表。

[35] Supra note 9, at 9.

[36] 进口替代是指用本国产品替代进口产品，或者说，通过限制工业制成品的进口来促进本国工业化。进口替代是 20 世纪五六十年代两位来自发展中国家的经济学家普雷维什和辛格提出的，之后许多发展中国家都在不同程度上实行了进口替代战略。参见：毛庆生，朱敬一，林全，等. 经济学［M］. 台北：华泰文化出版社，546。

其国内药厂因独占本地市场而获取不少利益，但也阻碍了本地以研发为基础的医药行业的发展。

二、医药专利产业化的模式

著者将参考欧美国家经验，介绍其已经成熟运作的医药专利产业化方式，[37] 这些内容属于很具体的操作层面，其中，除了所有产业的共性外，部分内容具有医药产业的特色。

著者认为，产业化就是整合资源（特别是资本的力量），将研发成果落实为具体产品，进而攫取市场以获得现实的经济利益。所谓"有钱出钱，有力出力"，技术产业化正是如此，是结合不同的资源来创造更大的价值。基于这个定义，产业化的第一步必须先从资本投入谈起。

首先，在决定是否进行资本投入之前，通常会进行例行性的投资分析。特别要指出的是，我国过去进行研发成果的产业化，大多采取传统的投资分析模型，着重在研发、生产、销售、人力资源和财务会计等方面，很少涉及知识产权保护。然而，探讨产业化，知识产权绝对是关键因素，医药行业更是如此。对医药行业进行投资，绝非仅靠砸钱就能成功获利。若不先解决知识产权的问题，将造成无穷后患而使投资失败。著者认为，应该特别重视欲产业化的专利被无效（invalidation of patent）的风险，也就是在投资之前，除了进行法律与财务的调查，还应该进行详细的专利调查。不仅要确认其专利的布局情况，更应该把重心放在其专利被无效的风险，否则，若当初投资的动机是投资某医药专利技术，一旦其专利存在瑕疵，在未来将难以进行专利侵权诉讼以阻碍竞争者进入，甚至会有"专利蟑螂"主动挑战其专利，以威胁被投资公司刚刚获取的投资。

在我国，这种专利无效的风险较高。绝大部分投资在投入医药企业之前，都由于种种原因未进行专利层面的尽职调查。[38] 另外，相较于美国专利法，在我国进行无效专利的难度或成本远远低于美国，只要找到一些专利漏洞，提交无效申请书就可以启动专利无效程序。由于投入低且获利大，我国医药专利无

---

[37] 关于产业化的议题，参见：武仁. 项目组合证券化模式在知识产权证券化之应用：以流行音乐证券化为例［D］. 政治大学智慧财产研究所，2005。

[38] 以个人经验来说，常见的原因有考虑成本、欠缺专利知识、不了解专利被事后无效的风险。

效诉讼的数量也在与日俱增。为了防患于未然，产业化之前，做好专利无效风险分析实属必要。

其次，当完成尽职调查而决定投资时，就要确定投资的方式。实践中主要有两种方式，一种是直接投资入股，按照入股比重的高低（是否超过50%）可分为策略性投资（Joint Venture）和企业并购（M&A）。另一种则是购买该专利药品技术或取得技术授权。就复杂度而言，入股方式的复杂度较高，因为其不仅涉及技术，还涉及高额的资本投入，以及投资后两个组织之间的文化融合，[⑨] 其成败将主要取决于企业管理的能力。相对地，若投资目标主要是某项技术，投资方本身有资源进一步发展与转化该技术时，则主要采取转让或授权的模式。

不同模式的选择，与产业领域密切相关。例如，电子产业与生物医药产业相比就有很大的差异，如表6所示。

表6　电子产业与生物医药产业对比

生物医药产业	电子产业
• 专利几乎等于产品 • 拥有专利基本可以控制一项产品的市场价值 • 专利的时间价值很长 • 以专利排他性为主	• 一项电子产品可能有很多专利，以手机为例，其至少拥有上万件专利（涉及外观、零部件、系统、材料、软件等） • 基本不可能完全掌握产品上的所有专利 • 电子产品生命周期短，导致专利的时间价值较短 • 以专利授权为主

从表6可以看出，医药产业因为重视专利的独占性和排他性，一般倾向以并购的模式来吸收技术。[⑩] 电子产业则由于技术太多样化且生命周期较短，一般采取授权的模式引进技术。

从本质上讲，转让和授权的区别仅在于程度差异，即技术买家对于技术卖家技术转移需求的强弱，这通常是当事人协商的重点（见图9）。

[⑨] 要完成一件成功的并购绝非易事，其中文化融合与管理上的整合是最关键的因素。因这部分并非本书的研究议题，故暂且带过。有兴趣的读者可以参考：杨英贤，詹慧如. 并购过程中企业文化成功融合因素之研究：以外商公司并购台湾中小企业厂商个案为例 [J]. 中小企业发展季刊，18：75－102。

[⑩] 近来国际制药企业的并购数据可以参考：鲁周煌. 仿制药专利成功之路的美国借鉴 [J]. 中国知识产权杂志，35。另外，中国近年来在医药领域并购也同样如火如荼地开展，这些并购很大原因在于拓展产品领域，而如本书所述，在药物领域产品往往就通过专利来体现。参见：戴小河. 医药行业并购扩张马不停蹄上半年案例增长近四成 [EB/OL]. [2015－08－10]. http://finance.sina.com.cn/stock/hyyj/20150810/005922917616. shtml。

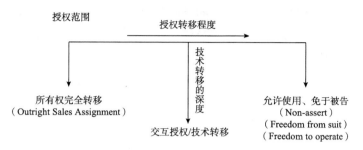

谈判的目标：技巧、制造、销售、供货、进口、使用、商标、不要被告等

图9　技术买家对于技术卖家的技术转移的需求强弱

数据源：武仁，技术转移与技术授权：许可费计算与谈判，南京华讯智知识产权讲座报告投影片，2015年4月25日。

　　根据著者的经验，采用转让专利的模式较少见，因为专利权人通常希望继续拥有专利权。在实践中，大多采用授权的模式，一旦决定采取授权模式获得技术，将涉及授权协议的拟定与谈判。

　　如图10所示，著者进一步分析专利授权流程，其中，专利授权谈判最重要的两件事，一是组建专业团队，二是设计最有利的合同条款。就前者而言，

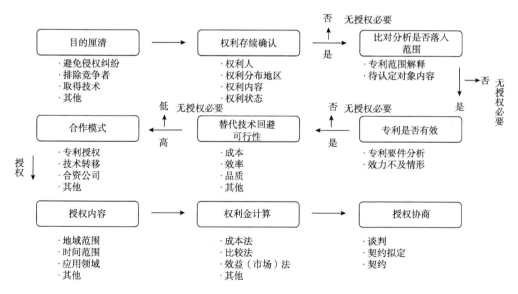

图10　专利授权评估流程

数据源：武仁，技术转移与技术授权：许可费计算与谈判，南京华讯知识产权讲座报告投影片，2015年4月25日。

要妥善完成一件专利的授权交易，通常需要团体合作，这不仅是公司法务或专利部门的工作，更应该将公司内部与外部的重要资源加以整合，共同向专利权人争取最佳的授权条件。一个较好的团队模式如图 11 所示。

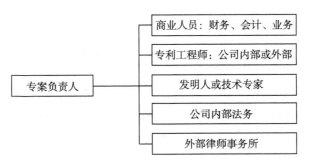

图 11　授权谈判与专利诉讼组织架构

数据源：武仁，技术转移与技术授权：许可费计算与谈判，南京华讯知识产权讲座报告投影片，2015 年 4 月 25 日。

团队的目标在于为公司争取最佳的授权条件，著者认为，好的授权条件至少需要满足被授权人的以下需求。

（一）当事人

目前，大多数企业已朝向集团化的方向发展，其不仅拥有为数众多的分公司与子公司，还往往在海外设有很多据点。站在被授权人的角度来说，一份对其有利的许可协议，最好也能将其下属企业（affiliate）或子公司（subsidiary）包含在内。然而，从授权人的角度来看未必会同意，不过，这终究是商业条款的问题，只要被授权人愿意多付许可费，授权人一般都不会拒绝。

（二）授权内容

许可协议最核心的部分当然就是授权条款本身。它涉及以下几方面。

1. 是否涵盖技术转移条款（technology transfer）

若以医药专利产业化为目标，被授权人一定要争取技术转移条款，在实务上的技术转移通常表现在两部分，一是要求授权人提供关键的技术档案；二是要求授权人对被授权人进行培训。这两部分都需要在合约中用文字明确载明。

2. 专属授权和非专属授权

以被授权人来说，获得专属授权似乎是最佳的选择，其实不尽然。原因有二：一是专属授权的许可费必然远高于非专属授权，二是若授权技术市场价值非常高，则代表市场上许多被授权人的竞争者也迫切需要该技术，因此，专属授权将造成这些竞争者必须面对两个选择，要么彻底放弃使用该技术，要么侵权。实践经验证实，他们往往选择后者。所以，专属被授权人将会面对很高的被他人侵权的风险，在无足够财力进行维权的情况下，有合法权利的人有时会被众多的盗版者淹没，这也是劣币驱逐良币的现象，值得所有谈判专利授权的人留意。❶

3. 再授权（sublicense）与修改权（modification）

以技术转移而言，被授权方既然是为了取得技术，当然希望所买到的技术可以为其所用。从实践而言，有两项权利非常重要，也常常是授权谈判的核心争议点，一项是再授权的权利，另一项是修改权。前者是指被授权人有权将其所取得的授权再转授权给第三人，这在现今企业集团化发展的趋势下非常重要，通常许可协议会由母公司签订，但母公司签约后，往往会有将技术转授权给集团子公司的需求，特别是中国台湾的企业，很多都在大陆设有关联企业，若无法将授权得来的技术转授权给其在大陆的关联企业，对于被授权方会非常不利。❷而授权方为了避免其技术授权被授权方的再授权，通常会加上若干限制，例如再授权对象仅限一人，或再授权对象限于被授权方的关联企业等，且

---

❶　CCTV－9纪录频道曾经播放过一个纪录片《非凡的镜头——吉姆·弗雷泽的故事》。非常值得一看。吉姆·弗雷泽这位澳洲摄影师发明了过去一直被人认为不可能的超焦距镜头。这个镜头的经济价值极高，美国的绝大部分商业广告片都使用了弗雷泽的镜头；而在好莱坞的摄影师，如没有弗雷泽的镜头，工作效率将大打折扣。吉姆·弗雷泽最早是向潘那维申公司展示这项技术，潘那维申公司马上被该技术吸引并与吉姆·弗雷泽签订了专利协议，内容包含两点，一是潘那维申公司付费让吉姆·弗雷泽申请其发明的超焦距镜头技术之专利，另一个是专利取得后要专属授权给潘那维申公司。这桩表面上给吉姆·弗雷泽保护周到的合同，后来却衍生成一场噩梦。因为超焦距镜头的经济利益过于庞大，却被潘那维申公司所独占，其他好莱坞公司不得已只好侵权，他们并反过来控告吉姆·弗雷泽主张专利无效。吉姆·弗雷泽对专利欠缺专业认识，他当初在申请其超焦距镜头专利时并没有委任专业律师操刀，也不知道在专利申请过程中公开所知的一切信息，导致被原告方轻易找到漏洞而将该专利申请无效。

❷　读者可以发现，在当事人的地方放宽加入关联企业，以及在授权内容中加入再授权的权利，其实可以达到相同的效果。但后者的处理方式更有利，因为在没有其他限制的情况下，被授权人可以再授权给非关联企业的第三人。

被授权人要对再授权的被授权人的行为负连带责任。修改权是指技术引进方，引入技术后希望以此为基础继续发展和对技术进行改良或修正，当有这种需求时，当初授权条款一定要加入修改权，并约定修改后产生的衍生物（derivative works）的知识产权归属。

（三）许可费计算

站在技术引进方的角度，许可费当然是越低越好。归根究底，这属于商业利益的交换，一方若想用低的价格买东西，另一方必然会提供较低价值的产品或服务。以授权为例，低许可费所代表的可能是非专属授权、较短的授权期限、授权地域的限制、无转授权之权限及修改权等。在理想的状态下，双方可以通过契约自由原则形塑适合双方的许可费计算标准，然而在实务上，往往专利权利方是强势方，会利用其谈判主动权（bargaining power）压迫被授权方，强迫其签下对其不利的许可费条款，此时契约正义（Vertragsgerechtigkeit）将失其存在。❸ 事实上这也是长期以来亚洲国家在引进欧美技术时所遭遇"人为刀俎，我为鱼肉"的痛楚，处在这种情势下，不少人呼吁可以援引所谓在专利联盟或产业标准中常见的 FRAMD 原则（Fair Reasonable And Non – Discriminatory License），作为谈判许可费时对抗欧美企业的利器。❹ 关于 FRAND 条款的意义分析如下：

第一，避免违反反托拉斯法（Antitrust law）。

强制会员提供其他会员必要专利之授权：若不符合合理标准，则专利联盟有滥用经济权利的问题。

就被授权者而言，若没有 FRAND 原则的保障，拥有必要专利者会滥用其垄断权利而收取高额许可费，这将会出现违反反托拉斯法的问题。

FRAND 原则的目的之一是强制会员交出其必要专利的授权以维持技术标

---

❸ 依私法自治原则，自己是个人利益的最佳守护者，契约既然是因当事人意思自治而成立，其内容的妥当性可以确保。换言之，契约自由能实现当事人利益有其前提，也就是当事人事实上能平等地协商契约，当一方不得不屈服于他方的意思之下时，自由将无从实现，契约因偏颇于一方，将无法适当维护另一方的利益，而成为强者剥削弱者的工具。如此一来，契约正义（Vertragsgerechtigkeit）将取代契约自由而成为契约法的主要功能要求。Koetz, Europaeisches Vertragsrecht I, 1996, S. 16f.

❹ 智由博集. 专利攻防不挨打，"FRAND 原则"逼大鲸鱼谈判［EB/OL］.［2014 – 12 – 23］. http：//www. bnext. com. tw/ext_rss/view/id/664888.

准的技术完整性，另一目的则在避免拥有必要专利者因滥用其专利权而导致专利联盟被认定违反反托拉斯法。

第二，定义。

目前尚无法规定义，美国法院在实践上也没有判决来具体定义 FRAND 原则，因此目前主要的解释都来自学理，可以这么说，FRAND 原则的认定是在个案中具体由法院判断（case by case determined by court）。依据学理上被广为引用的 Mark Lemley 教授（Stanford Law School）的定义如下：❺

Fair：意指不会限制竞争（anti‑competitive），具体可能被认定为不公平（unfair）的例子有：要求被授权人若要取得授权，需另外购买他们实际不需要的产品（搭售；bundling），要求被授权人无条件提供无偿之回馈授权（free grant back），限制被授权人与授权人的竞争厂商交易（mandatory exclusivity）。

Reasonable：涉及许可费的高低，此为 FRAND 中争议最大的部分。抽象地说，所谓 reasonable，必须通过类似拍卖程序（auction‑like process）或在公开市场竞价（under the conditions of an open market）后所得到的数字。比较具体的标准为比较法，也就是，若有与专利联盟之必要专利相竞争的专利或可代替专利，则专利联盟的专利授权许可费不得与该竞争专利在市场上的授权许可费差距过大。须注意，若专利联盟的专利是采取打包授权（bundling license），打包中的所有专利许可费都必须符合 Reasonable 的标准，当一部分符合但另一部分过高时，该过高的部分仍会被认定违法。

Non‑discriminatory：是指每位被授权人的授权条件必须相等。但若因为被授权人的采购量或其信用状况而有相应的许可费调整（例如延长付款期限等），则为法之所许可。

FRAND 原则是典型的不确定法律概念，在其认定上，目前只有抽象原则而尚待实践案例来建立具体标准。通过以上分析，我们只能比较清楚地说明在哪些情况下不符合 FRAND 原则，但如何确定符合 FRAND 原则，则相对模糊。因此，要用 FRAND 条款作为对抗欧美企业高额许可费的武器，其效用可能未必尽如人意。

---

❺　LEMLEY M A. A Simple Approach To Setting Reasonable Royalties For Standard‑Essential Patents [J]. Berkeley Technology Law Journal, 2013, 28: 1135.

（四）不侵权担保

被授权方最担心的事，是花了高价买进专利技术后，却发现专利有瑕疵，甚至所谓的专利技术其实是山寨技术，一旦用了就会被真正的技术所有者控告专利侵权。为了解决这项顾虑，被授权方会要求在合约中写入不侵权担保条款（Warranty of Non - Infringement），而授权方当然不希望有这种条款存在。实践中常见的折中方式则是加入不侵权担保条款，但对于赔偿额度设限制，例如仅限于直接损害（direct loss）而不包含间接损害（indirect loss），更重要的机制是设定赔偿上限（limitation of liability），常见的上限是授权人实际上自被授权人处所收取许可费的总额，也就是说，一旦发生侵权而造成被授权人损害时，授权人最多就是将许可费全数退回而已。

（五）授权期限

授权期限的长短，对于被授权人的价值往往因案而异，主要取决于技术本身的市场价值，例如电子技术通常生命周期较短，此时设定长的授权期限对被授权人未必有利。但以生物医药行业而言，专利技术的市场生命周期非常长，被授权人当然希望授权期限越长越好，从实践来看最理想的条款是约定授权期限终止于授权目标中最后一个专利到期日。

我们可以综合以上说明，用图 12 表示实践中医药专利产业化的模式。

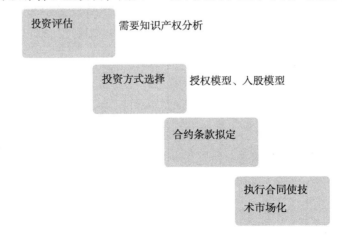

图 12　实践中医药专利产业化的模式

第三节　医药专利产业化的困难与所需的配套

本章一开始就论证了我国医药产业欲升级时需依赖医药专利的产业化，其后也介绍了国外比较成熟的做法。从现实上而言，中国在这方面还没做好，主要在于实行医药专利产业化有其难度。本节将探讨推动医药专利产业化的难点。

从宏观角度来看，在这么多的技术、专利、初创企业中，真正能够做到商品化与产业化的其实很少。根据美国麻省理工学院（MIT）的统计，利用专利真正能够成功的产品不到6%，这个数字和美国初创企业能够存活下去的比率统计相差不远。这一方面体现了专利产业化的困难，另一方面说明实现专利技术的产业化，必须由很多外部环境、组织、人才、内部条件等形成和配合才能成功，而非单靠专利就行。❶ 这些条件中，特别重要的因素，包含大众市场、团队的执行力、技术的持续创新、财务的保证与资源的有效整合等。具体来说，可以再分成以下几点。

一、全球资源整合能力

在全球化的趋势下，"世界是平的"❷ 已经是大家耳熟能详的。这一点在医药行业特别明显。医药行业由为数极少的几家超大型跨国企业所把持。他们之所以有如此巨大的市场掌控能力，主要在于拥有强大的全球资源整合能力。在现今全球化的竞争下，企业所需的资源是全球化，特别是跨国研发能力、全球化的专利布局能力，乃至强大的行政、财务与公关等能力。而这一切资源又需要整合，而整合所代表的意义就是企业的国际化管理能力。有学者指出，知识产权商品化及产业化，除了技术世界和商业世界两大领域外，更须将管理能

---

❶ 周延鹏. 虎与狐的智慧力，智慧资源规划九把密钥 [J]. 天下文化，2006：206.

❷ 《世界是平的：一部二十一世纪简史》（The World Is Flat：A Brief History of the Twenty – first Century）是一本由汤马斯·佛里曼（Thomas L. Friedman）所撰写的畅销书，书中分析了21世纪初期全球化的过程。书中主要的论题是"世界正被抹平"，这是一段个人与公司通过全球化过程中得到权利的过程。

力（administrative capabilities）摆在中间，而不是将技术摆在中间。[18] 以上所述都是跨国药厂的强项，但却是中国国内药厂的弱点。

产业化是需要通过企业作为媒介来实现的。企业运作则是一种有机整合的过程，整个企业从决策、管理、人力资源、财务、法务、专利、研发、制造、营销业务等均环环相扣，缺一不可。目前中国的大学或研发机构的医药研发成果之所以很难产业化，很大原因在于他们只意识到研发，却没有意识到企业运作所需的其他环节功能。

二、市场定位

中国的药厂几乎都把市场放在本地，极力关注海外市场。目前中国对于医药专利仍以弱保护为主，使得着重中国本地市场的企业，基本上不太需要特别顾虑专利问题，从事仿制药（特别是原料药或中间体）的企业更是如此。就著者的经验来说，除非本地公司愿意走出中国，特别是进入美国市场，否则一般很难期待他们会自发地注重专利。[19] 然而，若参考美国的经验，不注重专利，制药企业不可能真正茁壮成长。

三、商业模式的创新

中国制药企业目前侧重于仿制药与 API 的生产，同质化情况严重。很少有企业真正从商业模式上进行创新。[50] 然而，从产业经济的角度而言，商业模式的创新往往才是真正最有价值的，例如目前世界上最大的仿制药厂 Teva pharmaceutical Industries（Teva）。依据过去原研药厂种类的习惯，可分为品牌药厂（或专利药厂）与仿制药厂，但随着药厂间的竞争，品牌药厂逐渐步入仿制药厂的市场范围，仿制药厂则积极开发专利新药，两者间的界线逐渐模糊，不再是泾渭分明。就如 Teva，其经营仿制药与专利药市场的方式不同于诺华（Novartis）以子公司 Sandoz 专注仿制药市场，或是其他大型制药公司采取合资的

---

[18] 周延鹏. 虎与狐的智慧力，智慧资源规划九把密钥 [J]. 天下文化，2006：206.

[19] 主要是因为美国客户非常关注中国企业产品的侵权问题，且在美国侵权诉讼的成本极高。而迫使欲走进美国市场的中国企业不得不重视知识产权。

[50] 比较详尽的整理参见：孟博. 中国医药企业的商业模式研究 [D]. 北京：北京工业大学，2010。

方式进入仿制药市场，而是直接涉入仿制药与专利药市场，这种营运模式让 Teva 一直不同于其他制药公司。若将 Teva 认定为仿制药厂，它则是全球营收最高的仿制药厂，且在全球最大的仿制药市场美国，拥有 12% 的市场份额，然而，Teva 的主要盈利来源却不是仿制药。

2014 年，Teva 在专利药方面的盈利是仿制药的 2.13 倍，也就是近 7 成的盈利是来自于专利药品。这样的获利结果与市场不同有关，仿制药的售价往往因为过度竞争，导致售价只有原专利药的 15% ~ 30%，且市场被许多竞争者瓜分，使得利润极低。在专利药市场，专利权的保护使得药厂拥有相当程度的议价力量，从而可维持较高的利润。❺❶

更需要注意的是，Teva 深知，想在制药行业中突围，就必须充分运用专利等法律制度，Teva 采取非常积极挑战其他原研药厂所拥有专利的商业模式，该公司目前是利用美国 Hatch – Waxman 法案中第Ⅳ阶段声明（Paragraph 4 Certification）申请量最高者（见图 13），❺❷ 这项策略也为该公司带来巨大收益。

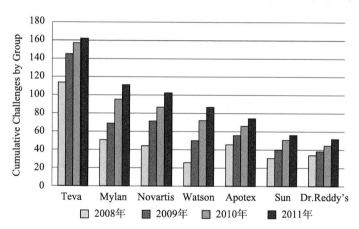

图 13　美国 Paragraph 4 Certification 申请量统计

数据源：Newport Premium。

❺❶　林孝桦. 制药公司跨界经营模式——以 Teva 为例，同时面对专利药与仿制药市场改变的反应 [EB/OL]. ［2015 – 09 – 04］. http：// www. phycos. com. tw/ articles/181.

❺❷　关于美国 Hatch – Waxman 法案中 Paragraph 4 Certification 制度的介绍，详见本书第四章，此处不再赘述。

四、忽略知识产权与创新

我国目前新药创新基础薄弱，医药技术创新和科技成果迅速产业化的机制尚未完全形成。❸ 而且我国绝大部分药厂都是以低端仿制为主，生产的品种重复性很高。总体来说，我国目前的药厂大多不注重创新，强烈需要政府引导进行产业升级。这也是本书的主题，希望我国真正做到医药产业升级与创新，一定要从法制层面（特别是专利制度方面）下手，进行深度改革。

---

❸ 中国医药行业现状存在问题及发展趋势分析 ［EB/OL］. ［2013 - 06 - 20］. http：//www. ask-ci. com/news/201306/20/201895632278. shtml.

第三章　中美医药专利法律制度的比较

本章把主题从产业层面拉回到法律层面，着重介绍中国和美国的专利制度，并对其进行比较。为求论述体系清晰，本章则以整理性质为主。

第一节　我国医药专利、药品注册制度及相关政策

本节可以分为三部分。一是我国的专利制度；二是我国的药品注册制度，它虽然不是专利制度本身，但影响药品上市与制药企业的垄断权利，这些制度与专利制度共同制约了药品的上市及产业化；三是相关政策。

一、我国的专利制度

我国的第一部《专利法》施行于 1984 年，其后历经 1992 年、2000 年的修正，目前施行的专利法则是 2008 年修正的专利法（以下简称《专利法》）。

为了更好地促进创新，我国专利法将专利要件中的新颖性，由原来的相对新颖性，改为绝对新颖性。也就是现有技术（Prior Art）将不限于中国本地的技术文献，世界各地的技术文献均可引用为现有技术以挑战可专利性，从而有助于提升我国专利的质量，但是增加了专利审查员的检索难度。

第一，遗传资源披露原则。

《专利法》第 5 条第 2 款规定，"对违反法律、行政法规的规定获取或者利用遗传资源，并依赖该遗传资源完成的发明创造，不授予专利权。"关于这一条规定，在《专利审查指南（2010）》中有进一步说明，"遗传功能是指生物体通过繁殖将性状或者特征代代相传或者使整个生物体得以复制的能力。

遗传功能单位是指生物体的基因或者具有遗传功能的 DNA 或者 RNA 片段。取自人体、动物、植物或者微生物等含有遗传功能单位的材料，是指遗传功能单位的载体，既包括整个生物体，也包括生物体的某些部分，例如器官、组织、血液、体液、细胞、基因组、基因、DNA 或者 RNA 片段等。发明创造利用了遗传资源的遗传功能是指对遗传功能单位进行分离、分析、处理等，以完成发明创造，实现其遗传资源的价值。违反法律、行政法规的规定获取或者利用遗传资源，是指遗传资源的获取或者利用未按照中国有关法律、行政法规的规定事先获得有关行政管理部门的批准或者相关权利人的许可。"

第二，创立保密审查制度。

《专利法》第 20 条第 1 款规定，"任何单位或者个人将在中国完成的发明或者实用新型向外国申请专利的，应当事先报经国务院专利行政部门进行保密审查。"这项制度的用意是防止涉及国防军事及国家重大利益的机密技术外泄他国而对我国产生不利影响。其中规定了"任何单位或个人"，即扩大了旧法规定的"中国单位或个人"，加以"在中国完成"，是视发明创造的完成地是否在中国而定，也就是说，不论是哪国国籍，任何单位或者个人，在我国管辖所属的法域内完成的创造发明，欲向外国申请专利的，都应先进行保密审查，至于如何判断完成地是否在中国，法规则尚未有明确规定。

著者认为，随着专利布局的全球化，每个行业与不同公司都会有不同考虑，若要求所有人（包含外商）在中国完成的发明都要先申请保密审查，会对全球专利布局产生不利影响，例如先申请美国暂时案的方式以期最快取得申请日，再向他国主张优先权。以跨国企业来说，要规避这个规定，最好的方法就是把发明完成移到海外，如此一来，对我国原本希望藉此引进海外技术将有所不利。总之，著者建议保密审查制度应仅限缩在合适范围内，例如仅限于特定军工或与国家安全有关领域的专利技术。

第三，扩张强制许可的范围。

医药专利强制许可制度源于《巴黎公约》，详见于《多哈宣言》的具体规定，● 我国《专利法》也规定了强制许可的类型，同时把在规定时间内未实施或未充分实施其专利等列为强制许可的理由之一。强制许可制度主要是针对落后地区的医药品需求，具体内容详见于 TRIPS。

依据 2001 年 WTO 多哈回合谈判《与贸易相关的知识产权协议》（The Agreement on Trade – Related Aspects of Intellectual Property Rights，TRIPS）与《公共卫生宣言》及 WTO 总理事会 2003 年 8 月 30 日决议，当欠缺或无制药能力的 WTO 成员，因艾滋病、疟疾、肺结核及其他重大传染病等公共卫生疾病而导致国家处于紧急危难时，可进出口经强制授权所制造的低价仿制药。2005 年 12 月 8 日，WTO 总理事会通过将该决议纳入 TRIPS，而成为"TRIPS 与多哈公共卫生宣言第六段执行决议"。所谓低价仿制药的强制授权，是指药品以特定化学式申请专利，专利权人根据专利法将享有排除他人未经其同意而制造、使用、许诺销售、销售或为上述目的而进口该物品或该方法直接制成物品的排他权（right to exclude）。一般而言，使用人须先向专利权人取得"自愿授权"（voluntary license）；如果无法取得，才可使用"强制授权"（compulsory license），而药品专利权人因专利权的享有，使得他人不得依据相同化学结构再次申请相同内容的专利权。

发展中国家由于其国内公共卫生、环境以及人民健康等问题，大部分依靠专门药品来解决。发展中国家通常无能力自行制造所需的药品；依赖进口又非其能力范围所及，因此药品强制授权自然有其必要性，且与多哈发展议程以促进发展中国家发展为目标的方向一致。卢旺达曾于 2007 年 7 月 17 日率先向 WTO 提出，希望在 TRIPS 药品强制授权模式下，进口低价仿制药品以缓和国内严重公共卫生问题，向 WTO 申请进口 26 万份治疗艾滋病的药品 Tri – Avis，并委托加拿大药厂生产。加拿大则于 2007 年 10 月通知 WTO，将依据 WTO 协议出口 1560 万颗药，因而成为自 2003 年 WTO 总理事会决议以来，第一个利

● WTO 于 2001 年 11 月多哈回合谈判后，联合发表 TRIPS 与《公共健康宣言》（又称《多哈宣言》）协助欠发达地区成员保护公共卫生及传染病药品取得。于 2005 年作出决议修改《多哈宣言》第 31（f）条：专利药品强制授权之实施不再以供应国内市场之需要，允许强制授权药品进口国再次出口至在同一区域贸易协议（regional trade agreement）内之其他发达国家和欠发达国家。参见：林瑞芬. 专利强制授权对专利权人权益影响之研究：以医药品专利为中心［D］. 南台科技大学财经法律研究所，2011。

用"TRIPS 与公共卫生宣言"进行药品强制授权进出口的 WTO 成员。❷

值得关注的是，顺应卢旺达案的发展，2017 年 1 月 23 日，随着列支敦士登、阿联酋、越南的同意，WTO 对 TRIPS 修正正式生效。这是 WTO 成立 21 年来，首次经 WTO 成员 2/3 以上同意，成功修改的现有协议。此修正案同意在面临公共健康危机且医药生产能力不足的情况下，有生产能力的成员不仅可以强制本国企业在国内销售药品，也可以出口至有需求的成员境内。同时修正案对进出口成员定义、进出口医药范围、数量、强制许可的补偿金等内容作出规定。旨在正式确定一项方便贫穷的 WTO 成员获取廉价药品的决定。议定书允许出口国家为仿制药供货商授予强制许可（未经专利权权利人同意而授予的许可），让其为不能制造必要药品的国家制造和出口更多药品。❸

第四，提高法定赔偿额度。

法定赔偿额度的议题一直是我国历次专利法修正的重点，而且朝着提高赔偿额度的大方向发展。我国现行专利法的最高法定赔偿额度已从 50 万元人民币提高到 100 万元人民币。我国《专利法》第 65 条规定，"侵犯专利权的赔偿数额按照权利人因被侵权所受到的实际损失确定；实际损失难以确定的，可以按照侵权人因侵权所获得的利益确定。权利人的损失或者侵权人获得的利益难以确定的，参照该专利许可使用费的倍数合理确定。赔偿数额还应当包括权利人为制止侵权行为所支付的合理开支。权利人的损失、侵权人获得的利益和专利许可使用费均难以确定的，人民法院可以根据专利权的类型、侵权行为的性质和情节等因素，确定给予 1 万元以上，100 万元以下的赔偿。"

第五，允许平行进口。

TRIPS 并未对专利权权利耗尽（Exhaustion）❹ 有所限制，根据多哈回合谈判，再次确认了各成员为解决其公共健康问题，有权自行决定其对专利权利耗

---

❷ 李保仪. TRIPS 之下首例药品强制授权，加拿大将 700 万颗学名药品输往卢旺达 [EB/OL]. [2008 - 09 - 24]. http：//www. pitdc. org. tw/knowledge/knowledge. asp？id = 418.

❸ 参考中国国际贸易促进委员会 [EB/OL]. [2017 - 05 - 18]. http：//www. ccpit. org/Contents/Channel_4133/2017/ 0224/765776/content_765776. htm.

❹ 美国专利权耗尽原则为一经案例法长久发展而建立之法律原则，于专利物之首次有权销售后，耗尽原则限制专利权人继续控制该物品的权利。参见：林伯如，王立达. 美国专利权耗尽原则之研究，以联邦最高法院 Quanta v. LGE 判决造成之冲击与反思为中心 [D]. 台北：交通大学管理学院，2009。

尽问题的立场。鉴于我国仍属于技术输入国，在产业技术上仍相当依赖从国外引入专利技术，因此现行专利法乃采取允许平行进口的立法原则，《专利法》第69条第1款规定，"有下列情形之一的，不视为侵犯专利权，（一）专利产品或者依照专利方法直接获得的产品，由专利权人或者经其许可的单位、个人售出后，使用、许诺销售、销售、进口该产品的。"

允许平行进口，我国可以在必要时从国外进口至其国内不能制造或难以制造的专利药品，它有利于市场竞争和价格下降，从而有利于缓解我国现阶段公共健康上的药品需求。

第六，规定了试验例外（Bolar例外）。

Bolar例外一直是仿制药与专利药利益平衡的重点，早年几乎一律禁止仿制药企业在专利期限内使用专利技术以进行试验或注册申报，现在大多数国家都已开放。❺ 现行专利法也引进这项制度，明确在专利期限内以试验及申报注册为目的的仿制行为的合法性，此举有利于我国仿制药企业早日开始仿制所需的试验与申报，从而让社会大众可以在最短时间内取得较廉价的仿制药品。《专利法》第69条第4～5项规定，"有下列情形之一的，不视为侵犯专利权；（四）专为科学研究和实验而使用有关专利的；（五）为提供行政审批所需要的信息，制造、使用、进口专利药品或者专利医疗器械的，以及专门为其制造、进口专利药品或者专利医疗器械的。"需要指出的是，上述规定对于行为人的资格并没有设限，换言之，仿制药企业或科研单位固然可以主张本条免责，而且为仿制药企业或科研单位提供审批所需之信息或进行试验者，同样可以主张该条之免责。❻

二、中国的药品注册制度

药品注册是指一个国家的药品注册管理部门，基于药品的安全、有效、质量可控等特性给予该药品上市许可的过程，也是生物医药公司经历长周期、大投入与高风险研发创新项目的成果验收过程。❼ 因此，药品注册审批制度会影

---

❺ 关于试验例外的详细介绍，可参见：张睿麟. 制药产业之实验实施免责研究［D］. 政治大学法律科际整合研究所，2007。

❻ 张晓东. 医药专利制度比较研究与典型案例［M］. 北京：知识产权出版社，2012：140.

❼ 倪娜. 药品专利政策对生物制药业的影响研究［D］. 军事医学科学院，2010：14.

响药品的质量，进而影响国民健康，也会对从事相关行业的企业有决定性的影响。❽

我国关于药品注册的主要法律依据《药品注册管理办法》，该办法于 2007 年 6 月 18 日经国家食品药品监督管理局局务会审议通过并公布，自 2007 年 10 月 1 日起施行迄今，2017 年已有公开征求意见的修改稿，❾ 不久的将来，可望完成正式修订。根据该办法第 3 条规定，"药品注册，是指国家食品药品监督管理局根据药品注册申请人的申请，依照法定程序，对拟上市销售药品的安全性、有效性、质量可控性等进行审查，并决定是否同意其申请的审批过程。"据此可以看出，我国目前药品注册管理的几项特色：第一，没有专法规范，而是用办法处理，位阶较低。第二，药品注册属于一种行政审批程序，是政府为了保障上市药品的安全有效而制定的一套行政规章制度，从性质上讲是行政许可。

除了《药品注册管理办法》之外，与药品相关的行政管理法规还包括：

- 《中华人民共和国药品管理法》（2015 年 4 月修正）
- 《药品管理法实施条例》（2016 年 2 月修正）
- 《化学药品注册分类改革工作方案》（2016 年颁布）
- 《药品技术转让注册管理规定》（2009 年颁布）
- 《药品注册特殊审批管理规定》（2009 年颁布）
- 《药品注册现场核查管理规定》（2008 年颁布）
- 《中药注册管理补充规定》（2008 年颁布）

---

❽ 药品审批政策对于生物医药行业，特别是仿制药行业，有巨大影响。往往一个政策调整，会导致整个行业的兴起或灭亡。2015 年 8 月 18 日，《中国国务院关于改革药品医疗器械审评审批制度的意见》（以下简称《意见》）正式发布。《意见》包含 5 个主要目标、12 个主要任务和 4 个保障措施。其中，提高仿制药品质、加快创新药审评审批、开展药品上市许可持有人制度试点三项规定尤为引人关注。多名分析师表示，此次《意见》强调提高药品质量、鼓励创新，必然会引发仿制药行业的洗牌。不过，短期内原研药还是能保持竞争优势，但是长期来看必然会被首仿药取代。目前国内仿制药行业产能严重过剩。这一新政实施之后，中小厂家不仅要面对 GMP 改造，还要分批次对产品进行一致性评价，加上审批制度的严格，会逐渐被市场淘汰。对于行业来说，药品质量提高了、行业集中度提高了，优秀的企业可以借机做大，是利大于弊的。中国产业竞争情报网. 药品审评改革启动仿制药行业洗牌在即 [EB/OL]. [2015 - 08 - 20]. http://big5.chinastock. com. cn/yhwz _ about. do? methodCall = getDetailInfo&docId = 4981647。

❾ 公告及征求意见稿全文请参见国家药监局网站（http://www.sda.gov.cn/WS01/CL0778/160300. html）：为贯彻落实《国务院关于改革药品医疗器械审评审批制度的意见》（国发〔2015〕44 号），国家食品药品监督管理总局组织对《药品注册管理办法》进行了修订，起草了《药品注册管理办法（修订稿）》，现向社会公开征求意见。

●《医疗机构制剂注册管理办法（试行)》（2005 年颁布)

三、医药专利领域的最新政策

截至 2016 年 5 月 31 日前，我国对医药行业出台了相关政策，用意在于规范医药市场的发展，其中，仿制药一致性评价所引起的反响较大。其涉及知识产权部分的政策整理如下：

（一)《关于开展仿制药品质和疗效一致性评价》❿

2016 年 2 月，国务院办公厅公布了《关于开展仿制药品质和疗效一致性评价》的意见。意见指出，开展仿制药品质和疗效一致性评价（以下简称"一致性评价"）工作，对提升中国制药行业整体水平，保障药品安全性和有效性，促进医药产业升级和结构调整，增强国际竞争能力，都具有十分重要的意义。现就开展一致性评价工作提出六条指导意见。

第一，明确评价对象和时限；第二，确定参比制剂遴选原则；第三，合理选用评价方法；第四，落实企业主体责任；第五，加强对一致性评价工作的管理；第六，鼓励企业开展一致性评价工作。

中国药监部门对药品质量加大监管，出台此次意见将督促一些仿制药企业也开始重视自身生产水平，期待仿制药品质提高，发挥与原研药一样的积极作用。

（二)《中药品种保护条例》

根据《中药品种保护条例》的规定，国家食品药品监督管理局首次批准了 12 个中药品种为中药二级保护品种，⓫保护期限自公告日起 7 年，并给予 11 家企业生产的 11 个中药保护品种继续延长保护期。

（三)《化学药品注册分类改革工作方案》⓬

为鼓励新药创制，严格审评审批，提高药品质量，促进产业升级，对当前

---

❿　[EB/OL].　[2017 - 02 - 09].　http：//www. sda. gov. cn/WS01/CL1748/.

⓫　[EB/OL].　[2017 - 02 - 09].　http：//chuansong. me/n/1497231451130.

⓬　[EB/OL].　[2017 - 02 - 09].　http：//www. sda. gov. cn/WS01/CL0087/146140. html.

化学药品注册分类进行改革，特制订本工作方案。

第一，调整化学药品注册分类类别。

对化学药品注册分类类别进行调整，化学药品新注册分类共分为五个类别，具体如表7所示。

第二，相关注册管理要求。

《化学药品注册分类改革工作方案》规定的几个重点：

（1）对新药的审评审批，在物质基础原创性和新颖性基础上，强调临床价值的要求，其中，改良型新药要求比改良前具有明显的临床优势。对仿制药的审评审批，强调与原研药品质量和疗效的一致性。

（2）新注册分类一、二类别药品，按照《药品注册管理办法》中新药的程序申报；新注册分类三、四类别药品，按照《药品注册管理办法》中仿制药的程序申报；新注册分类五类别药品，按照《药品注册管理办法》中进口药品的程序申报。新注册分类二类别的药品，同时符合多个情形要求的，须在申请表中一并予以列明。

（3）根据《中华人民共和国药品管理法实施条例》的有关要求，对新药设立3~5年监测期，具体如表7所示。

表7　化学药品新药监测期期限

注册分类	监测期期限
1	5 年
2.1	3 年
2.2	4 年
2.3	4 年
2.4	3 年

（四）国务院发布关于落实政府工作报告重点工作部门分工意见❸

根据国务院发布关于落实政府工作报告重点工作部门分工意见，政府将推动以下改革：①实现大病保险全覆盖，政府加大投入，让更多大病患者减轻负担；②扩大公立医院综合改革试点城市范围，协同推进医疗服务价格、药品流

---

❸　国务院发布关于落实政府工作报告重点工作部门分工意见［EB/OL］．［2017 - 02 - 09］．http：//www. gov. cn/ zhengce/content/2016 - 03/29/content_5059540. htm.

通等改革；③深化药品医疗器械审评审批制度改革；④加快培养全科医生、儿科医生。在70%左右的地市开展分级诊疗试点；⑤鼓励社会办医；⑥发展中医药、民族医药事业；⑦建立健全符合医疗行业特点的人事薪酬制度，保护和调动医务人员积极性；⑧构建和谐医患关系；⑨完善一对夫妇可生育两个孩子的配套政策；⑩加快健全统一权威的食品药品安全监管体制。

（五）《药品上市许可持有人制度试点方案》❶

《药品上市许可持有人制度试点方案》（以下简称《试点方案》）于2016年6月经国务院同意发布，这是有关上市许可持有人制度真正落地的标志性文件，试点方案充分体现了药品注册管理制度向上市许可持有人制度转变的核心理念，即鼓励新药创制，促进产业升级，优化资源分配，落实主体责任。很多业界人士预言，试点方案解放了研发型的医药企业，将促使我国国内医药行业产生本质的改变，由以往工厂主导的模式，向研发为主的模式发展。该方案具体涉及以下几方面。

第一，改变药品批准文号与生产企业捆绑的模式。第二，上市许可持有人资质依申请获得。第三，允许跨试点区域委托生产。第四，简化技术转让与受托生产企业审批。第五，试点范围涉及面广，涵盖了化学药品、中药和生物制品。第六，申请人、持有人与药品生产企业责任明晰。第七，药品上市后监督管理措施有力。

这项方案对于推动医药专利的产业化具有深远意义。在过去的制度下，研发型企业虽然可以申报专利以保护其研发成果，但无法取得药品生产许可证，药品生产许可证仅有制剂企业才能申请和持有，没有工厂的研发型企业不能拥有药品生产许可证。它导致医药企业在专利与药品生产许可证这两项权利的分离。在过去的制度下，研发型企业的估值往往被低估，因为其不拥有药品生产许可证。在新的政策下，研发型企业即使没有工厂也能拥有药品生产许可证；这项办法公布后，我国的新药研发企业出现了"井喷"现象，估值大幅提高。主要是因为新制之下，许可人不必拥有工厂就可以取得药品生产许可证，不必再受制于只有工厂才能取得药品生产许可证的规定，研发型的医药公司也不再

---

❶ ［EB/OL］.［2017-02-09］. http：//www. sda. gov. cn/WS01/CL1913/.

被迫让利给工厂。⑮ 因此，新政策将大幅提高研发型药厂的估值与获利能力，也鼓动更多资源往研发型药厂投入，从而间接促使其研发成果（主要以专利形式）转化并产生更大经济效益。

四、中国药品知识产权保护体系

本书以探讨专利为核心，但除了专利法之外，还有包含商标法、著作权法等诸多法律对药品知识产权提供保护。为便于讨论，著者仅综合中国各种法规对药品知识产权的保护，如表 8 所示。

表 8　中国药品知识产权保护体系

形式	保护对象	保护内容	保护的特征	保护期限	获得保护的条件	保护的目的及作用
专利保护	药物化合物、药品及其制备方法、剂型、新用途、微生物发明等	禁止以生产经营为目的的制造、使用、销售、许诺销售、进口其专利产品或使用其专利方法和依照该专利方法直接获得的产品	独占性地域性时间性	发明专利为20年；实用新型和外观设计为10年	发明和实用新型具有新颖性、创造性和实用性	1. 激励发明创造 2. 促进情报交流 3. 推动成果产业化 4. 优化技术进出口环境
商标保护	区别商品、服务的可视性标志，用以证明该商品或服务的原产地、原料、制造方法、质量或者其他特定质量的标志	任何人未经注册商标所有人许可，都不得在同一种药品或者类似药品上使用与注册商标相同或近似的商标	独占性地域性时间性相对永久权	注册商标的有限期为10年，期满可以续展注册	其他人没有在同类商品上注册	1. 表彰商品来源、广告宣传 2. 维护市场秩序及厂家信誉 3. 便于消费者选择

---

⑮　上市许可人制度落地 2017 年中国新药井喷期 ［EB/OL］. ［2016 - 11 - 22］. http：//m. compa-nies. caixin. com/m/2016 - 06 - 12/100953373. html.

形式	保护对象	保护内容	保护的特征	保护期限	获得保护的条件	保护的目的及作用
药品行政保护	人用药品	保护期内，药监部门不得批准他人制造或者销售该药品	独占性地域性时间性	7 年 6 个月	1993 年 1 月 1 日前依照中国专利法的规定其独占权不受保护的；1986 年 1 月 1 日到 1993 年 1 月 1 日期间，获得禁止他人在申请人所在国制造、使用或者销售的独占权的；同时申请日前未在中国销售的	扩大对外经济合作交流，对外国药品专利给予适当补偿
中药品种保护	中药品种（包括中成药、天然药物的提取物及其制剂和中药人工制成品）	保护的中药品种必须是列入国家药品标准的品种。在保护期内，只限由取得该品种证书的企业生产，其他非持有保护证书的企业一律不得仿制和生产	无独占性具有时间性	一级保护，30 年、20 年或 10 年二级保护，7 年	质量稳定、疗效确切的中药品种，产业化水平高	1. 提高产品质量 2. 规范市场，淘汰劣质药品 3. 扩大优质品种市场

形式	保护对象	保护内容	保护的特征	保护期限	获得保护的条件	保护的目的及作用
新药监测期保护	新药产品（原料药或制剂）	药品监督管理部门不得批准其他企业生产、改变剂型和进口	无独占性具有时间性	根据新药类别分为 3 年、4 年或 5 年，最长不得超过 5 年	未曾在中国境内上市销售的药品	规范新药研制与审批，保证新药的用药安全，维护公众健康
商业秘密保护	保密的生产、技术和经营信息，如产品的配方、制作工艺、方法	任何人不得采取不正当手段侵犯他人的商业秘密	不具有完全的排他性，不对抗正当竞争	取决于权利人的保密措施	信息具有秘密性、价值性、保密性和实用性	保障市场经济健康发展，制止不正当竞争行为，保护经营者和消费者的合法权益

数据源：郎跃武. 中国的药品研究与知识产权保护［D］. 中国海洋大学，20，本书参考现行法规增删而成。

第二节　美国医药专利制度

一、宪法基础

美国应该是世界上第一个也是迄今极少数把专利写进宪法的国家。美国联邦宪法第 1 条第 8 款第 8 项规定了国会的权限，其中包括对于著作家及发明家保证其作品及发明于限定期限内享有专利权，以鼓励科学和文化。根据这项宪法委托（Constitutional entrust），国会在 1790 年 4 月 10 日正式通过第一部专利法，正式名称为促进实用技艺进步法。其后经过多次修订，具有现代精神的专利法制定于 1952 年，其后又在 1984 年、1994 年、1999 年、2011 年进行 4 次重大修订。❶ 美国是极重视专利的国家，美国总统林肯曾说，"专利制度是在天才的火苗上加上利益的燃料"（The Patent system added the fuel of interest to the fire of genius），这句话也刻印在美国专利商标局（USPTO）的大门上，既反映了美国对专利制度的重视程度，也提示了发明创新与专利制度的互动关系。

二、专利法对可专利客体的宽松态度

根据美国专利法第 101 条，专利所赋予的权利是指专利权人有权"排除（right to exclude）他人在美国境内制造、使用、许诺销售或销售"其发明，或排除他人"进口"其发明。

以实用新型专利（utility）而言，其可专利客体（subject matter）包含，发明或发现任何新颖而实用的方法、机器、制品、物的组合或以上各项之任何新颖而实用的改良。专利法所定义的"方法"（Process），是界定一种工艺、动作或方法，主要包括产业或技术方法；"制品"（Manufacture）是指制造的物品，包括一切制品；而"物的组合"（Composition of Matter）是指相关化学组合物，可能包括成分（ingredients）混合物和新化合物。

由以上条文可以看出，美国的专利法基本上并未对可专利客体作太多积极限制。在实际上运作上，美国基本上是采取负面表列的方式，也就是除了自然规律、物理现象和抽象观念，❶ 以及核材料与原子能❶之外，其余之物皆可申请专利。美国联邦最高法院在 Diamond v. Chakrabarty 案中更表示，"太阳底下所有为人类所制造出来之物品，均为专利法保护之客体"，这一判例中的名句常常被后来立法或判决所引用，用以支持新的可专利客体，例如人造微生物、植物、动物、商业方法等。就医药专利而言，对于化学药品、生物药品，美国

---

❶　最近一次修正于 2011 年 9 月 16 日，美国总统奥巴马签署了对美国专利法进行全面修订的美国发明法案（America Invents Act，AIA）。这一法案的颁布，意味着美国将专利权的申请从"发明优先制"改为"申请优先制"。同时，这也是美国近 150 年来对专利法做出的最大一次修改。由于部分未直接关涉本书主题，故暂不深入介绍，有兴趣的读者可以参考：张智能. 美国发明法案（America Invents Act，AIA）纵观美国专利法之修订［EB/OL］.［2016 - 05 - 01］. http：//www. deepnfar. com. tw/c hiness/monthly/DFMAG241/DEEP241 - 206 - n. htm。

❶　Diamond v. Chakrabarty，447 U. S. 303（1980）.

❶　42 USC §2181.

当然准予专利，更有特色的是，美国对于人体诊断与医疗方法等也给予专利保护，❿ 对于疾病诊断和治疗相关的基因专利的态度也相当开放。

三、Hatch – Waxman 法案——新药与仿制药的利益权衡

美国 1984 年通过的《药品价格竞争和专利期补偿法》（Drug Price Competition and Patent Term Restoration Act），⓴ 实践中一般称为 Hatch – Waxman 法案，堪称美国医药史上最重要的法案，该法案的目的在重新调整专利药与仿制药的关系，并兼顾社会公众的用药权益。

其背景是在 20 世纪七八十年代，专利处方药的价格昂贵，且与社会公众的用药权益所产生的矛盾日益严重，甚至对于美国的医药保险体系造成巨大压力，仿制药的低廉售价受到用药者与保险公司的青睐，然而又不能一味地开放仿制药，会造成专利药厂丧失继续研发新药的动力，在斟酌与权衡这些利益之后，美国在 1984 年通过了 Hatch – Waxman 法案，该法案重点如下：

（一）肯定 Bolar 例外

在 Hatch – Waxman 法案之前，美国联邦巡回法院在 Roche Products, Inc. v. Bolar Pharmaceutical Co. ㉑ 案中"使用"（use）他人的专利 API 以进行 FDA 仿制药申报所需的实验，构成专利侵权。这项决定对仿制药企业而言是一大打击，因为等于要求仿制药企业必须等到专利到期后才可以开始进行 FDA 申报

---

❿　医疗方法与本书主题的药品专利不算完全相关，所以本书暂不深入介绍，仅以此脚注略加阐释。美国是世界上极少数准予医疗方法专利的国家，于 Becton Dickinson v. Scherer 案（106 Fed. Supp. 665，1952），美国联邦最高法院指出，"方法具有可专利性，即使它们是由医疗或者外科的方法构成。"之后，USPTO 就依照一般的可专利性标准（新颖性、创造性与实用性）来审查医疗方法的专利申请。1994 年的 Pallin v. Singer 案是美国历史上第一个医疗方法专利侵权诉讼案，专利权人 Pallin 医生要求其他医生在施行其专利的手术方法时给予 3 ~ 4 美元的许可费。此案在美国引起轩然大波，也导致了 1996 年美国专利法的修正，增加了第 287（c）条，"With respect to a medical practitioner's performance of a medical activity that constitutes an infringement under section 271（a）or（b）of this title, the provisions of sections 281, 283, 284, and 285 of this title shall not apply against the medical practitioner or against a related health care entity with respect to such medical activity. "需指出的是，上述免除侵权的规定仅适用于外科手术方法和纯医疗方法专利，不适用于应用药物治疗疾病的方法、组合物的药物用途以及生物医疗技术方法，而且上述免除仅限于专业医疗人员。关于美国医疗方法的可专利性议题，可以参考：科学技术部社会发展科技司. 生物医药发展战略报告：专利篇 [M]. 北京：科学出版社，2009：60。

⓴　21 U. S. C. Chapter 9 §301.

㉑　733 F. 2d. 858（Fed. Cir.），cert. denied, 105 S. Ct. 183（1984）.

所需的试验工作，如此无异于变相延长专利权人的独占期限。这项判决在 Hatch – Waxman 法案中被明文推翻，且赋予溯及既往的法律效果，实务上被称之为"Bolar 例外"。根据 35 USC 第 271（e）（1）条，仿制药公司为了申报需要，可以在专利有效期内，不经专利权人的事先同意，制造及试验专利药品。这项规定大幅减少仿制药上市的速度。Hatch – Waxman 法案通过后，在司法上更进一步将法案的适用，通过解释扩张到医疗器材领域，并且，即使试验带有商业目的，只要与向 FDA 提交审批所需数据有关，就可以主张"Bolar 例外"。

（二）创立简化新药审批程序（ANDA）

在 Hatch – Waxman 法案之前，美国仿制药上市所需提交的试验等数据，几乎与所仿制的专利药相同，代表着仿制药也要进行重复的试验并提交大量的研究成果，它往往造成仿制药上市审批时效的延迟。为了解决这个问题，Hatch – Waxman 法案在原有的"新药上市审批程序"（New Drug Application, NDA）之外，[22] 创设了"简化新药上市审批程序"（Abbreviated New Drug Application, AN-DA），主要针对仿制药，被仿制的新药已经上市但无专利，或专利已经到期，或专利尚未到期但仿制者预计在到期后才上市，或专利虽尚未到期但仿制者认为专利无效或其不侵权。美国的 ANDA 申请包括了药品化学成分和生产质量控制的材料，但不需要临床前动物试验和人体试验数据，只要证明其仿制成分和所仿制的原研药有相同的活性成分、给药途径、剂型、剂量及药代动力学特性，达到所称的生物等效性（bioequivalence），即可获得上市审批。[23] 这个方式大幅减省上市所需的时间与金钱，对美国仿制药企业的蓬勃发展带来极大贡献。

（三）创立医药专利期补偿制度

由于前述的 ANDA 程序大幅减轻仿制药申请上市的负担，Bolar 例外更允许仿制药企业在专利有效期内提前为未来仿制药上市审查做准备，凡此种种都明显对仿制药企业有利。为了补偿专利药厂家，Hatch – Waxman 法案创设了专

---

[22]　NDA 是一种新药申请，通常是全新的药物，该药物之前没有以任何形式上市。NDA 也适用在已知药物以新配方、新剂型、新规格、新的给药方式和用于新的适应症而提出的申请。参见：陈清奇. 美国药品专利研究指南［M］. 北京：科学出版社，2008。

[23]　张晓东. 医药专利制度比较研究与典型案例［M］. 北京：知识产权出版社，2012：52.

利药的专利期补偿制度，让当初新药开发商在向 FDA 申报时进行临床试验与研究等所耽误的时间，可以在一定限度内给予补偿。

总之，一般认为 Hatch - Waxman 法案虽然创设了专利期补偿制度，但总体上仍是一个比较偏向于仿制药的法案，正因如此，这个法案通过后，美国仿制药产业因而蓬勃发展。根据 2011 年的统计资料，世界十大仿制药企业，美国占了 4 家，并呈现快速的成长率。❷

四、美国药品上市的专利链接制度

所谓的"专利链接"（Patent Linkage），是指将仿制药的上市审查程序与其参考的原研药厂专利药的专利有效性信息加以链接，藉此确认该仿制药的上市申请是否有侵害原开发药厂专利权的疑虑，❷ 并确保仿制药不会因为在药品的专利保护期内上市而被控侵权败诉，而面临到药品被回收、销毁，进而造成患者用药供给断绝，以及其所衍生的公共卫生问题。❷

（一）提交新药之专利情况

根据美国专利法第 355（b）（1）条规定，当新药申请人为专利权人时，

---

❷ 2011 年全球前 10 大仿制药厂（前 10 大仿制药厂占全球市场近 50%）：

仿制药厂	总部	销售额（百万美元）	成长率
Teva	以色列	10255	− 12.4%
Sandoz	瑞士	9473	21%
Mylan	美国	6242	34.8%
Hospira	美国	4020	38.1%
Watson	美国	3320	46.3%
Apotex	加拿大	2555（估）	5.7%
Actavis	冰岛	2500	171.1%
Ranbaxy	印度	2189	13.4%
Dr. Reddy's	印度	1137	42.7%
Par Pharma	美国	965	5.3%

MoneyDJ ［EB/OL］．［2015 - 12 - 19］．http：// www. moneydj. com/kmdj/ wiki/wikiviewer. aspx？Title = % E5% AD% B8% E5% 90% 8D% E8% 97% A5# ixzz3l4Kue5eD.

❷ 陈蔚奇. 论美国专利链接制度于中国实行之妥适性［D］. 交通大学科技法律研究所，2010：6.

❷ 黄慧娴. 专利链接（Patent Linkage）：药品研发与竞争之阻力或助力？谈药品查验登记程序与专利权利状态链接之发展（上）［J］. 科技法律透析，2009，21（2）：26.

其在递交新药申请书时，"申请人必须同时提供权利要求覆盖该药品或覆盖该药品制造方法的所有专利号和到期时间，以便他人未经许可而制造、使用或销售该药品时，能够有理由主张其构成专利侵权。若在已提起申请尚未批准的这段时间内获得该药品或制造该药品方法的专利授权，则申请人必须修正该申请书。申请获准后，FDA 应该向大众公布上述专利信息。"

目前，美国采纳 The International Conference on Harmonisation of Technical Requirements for Registration of Pharmaceuticals for Human Use（ICH）所建议新药申请通用技术文档（Common Technology Document，CTD）的形式，根据 CTD 的要求，新药申请的第一部分"行政管理和处方信息"中的第 1.2 项就要求提交"专利信息和专利证书"。❷

前述药厂提供的专利信息，由 FDA 调整后列于"具有相同药效之核准药品名录"（Approved Drug Products with Therapeutic Equivalence），❷ 在早期只有纸件可以查询的年代，该目录的封面为橘色，因此被通称为"橘皮书"（Orange Book），目前 FDA 已通过网站公告相关的"橘皮书专利信息"。❷

除了原开发药厂在新药上市申请时须提交相关专利信息之外，由于"橘皮书"建立的目的之一在于提供医师、药剂师、消费者是否选择具同等疗效制药的依据，因此"橘皮书"中也包含仿制药的疗效、安全性等药品信息，也就是所有经 FDA 许可上市的药品都会登录在"橘皮书"。❸

"橘皮书"登录制度的建立，仿制药厂因而得以通过检索"橘皮书"提早进行回避他人专利权的预防措施，对新药开发企业而言，由于 FDA 在审查仿制药上市申请时会一并进行形式审查，例如专利到期日等信息审查，若仿制药厂不拟通过第Ⅳ阶段声明进行诉讼以挑战专利权，也可发挥防止侵害新药开发企业专利权的功能。此外，由于所有经过 FDA 核准上市的药品均须登录与药品相关的专利于"橘皮书"，因此，"橘皮书"上的公开信息往往成为新药开

---

❷　王建英. 美国药品申报与法规管理［M］. 北京：医药科技出版社，2005：137.

❷　FDA 官网［EB/OL］.［2017 – 03 – 09］. https：//www. fda. gov/Drugs/InformationOnDrugs/ucm129662. htm.

❷　FDA. Orange Book：Approved Drug Products with Therapeutic Equivalence Evaluations［EB/OL］. http：//www. accessdata. fda. gov/scripts/cder/ob/.

❸　THOMAS J R. Pharmaceutical Patent Law［M］. 2 ed. Arlington, Va.：Bloomberg BNA, 2010：15.

发企业与仿制药商之间进行专利诉讼的有力材料。**[31]**

（二）仿制药

根据美国 FDA 的定义，仿制药（generic drug）是指在安全性、剂型、剂量、给药途径、质量与服用后产生效果的特性等方面，均与原研药厂新药相同的药品，换言之，仿制药就是原研药厂新药的复制本。**[32]** 根据 21 USC 第 355（j）条，仿制药要在美国上市须提出简易新药上市申请（Abbreviated New Drug Application，ANDA），而在申请过程中，申请人须提出以下四种申请之一：**[33]**

- Paragraph Ⅰ：被援引的原研药无相关专利登录于"橘皮书"。
- Paragraph Ⅱ：被援引的原研药虽有相关专利，但专利保护期已经届满。
- Paragraph Ⅲ：被援引的原研药尚在专利保护期限内，惟申请 FDA 在专利保护期届满后核准仿制药上市。
- Paragraph Ⅳ：被援引的原研药虽然有专利保护，但仿制药商主要系争专利无效，或未构成侵权。

以上四者中，第四项是最关键的，也是实务上诉讼之所在。本书主题不在于介绍第四段的相关解释与争议，在此仅提醒读者注意三个时间点。

第一，45 天的起诉期限。专利权人在收到仿制药申请人所提的第Ⅳ段申请后，必须在 45 天内起诉，否则视同弃权，FDA 将可直接核准该仿制药申请上市。

第二，30 个月的诉讼停止期间。一旦专利权人在前述 45 天内对仿制药申请人提起专利侵权诉讼时，根据 Hatch - Waxman 法案，将产生法定申请程序停止（Stay）的效果，在此 30 个月期限内，FDA 将暂停对该仿制药上市申请的审核以静待诉讼结果。

第三，180 天的独占期。对于第一个提出第Ⅳ阶段声明且胜诉的仿制药申请者，法律给予 180 天的市场独占期，在此期间内，FDA 将不再批准其他相同

---

[31] 理律法律事务所. 美国专利链接与橘皮书制度研究，2014 年，页 12。

[32] 此为 FDA 的定义，原文为 A generic drug is identical—or bioequivalent – to a brand name drug in dosage form, safety, strength, route of administration, quality, performance characteristics and intended use. [EB/OL]. [2017 - 02 - 09]. http://www.fda.gov/Drugs/ResourcesForYou/Consumers/Buying UsingMedicineSafely/UnderstandingGenericDrugs/ucm144456.htm。

[33] 理律法律事务所，美国专利链接与橘皮书制度研究，页 8 -9。

的 ANDA 上市。一般的实务运作，在 180 天的市场独占期限内，仿制药通常会以专利药的 8 折价格进行销售，并尽快占领仿制药市场份额。这个设计补偿了仿制药公司在进行第Ⅳ阶段声明诉讼时所支付的法律费用，大大激励了仿制药公司去挑战专利，以推动仿制药尽快上市。❸ 图 14 简要地叙述整个第Ⅳ阶段声明的诉讼与审批流程。

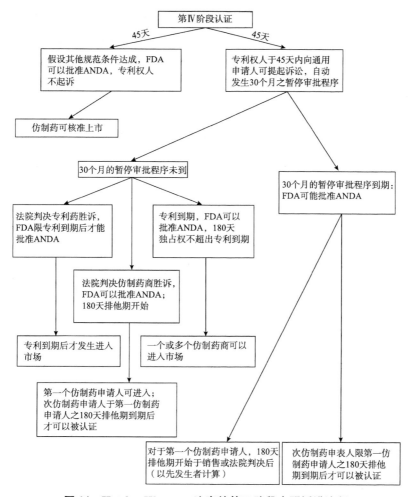

图 14　Hatch－Waxman 法案的第Ⅳ阶段声明诉讼流程

数据源：Jeremy Burlow, The Gaming of Pharmaceutical Patent, Innovation Policy and the Economy, vol. 4, p. 151.

---

❸　张晓东，前揭书，页 58。

第三节　小　　结

对中国与美国的专利法规进行详细对比，其实意义不大，因为这两个国家，其法律背后的逻辑差异太大，中国偏向欧陆法系，而美国则是海洋法。不论中国或美国，更多的法规范皆存在于形式法律之外，中国是有大量的行政规则或不成文规范的国家，而美国则拥有大量的判例法。本书的取径较偏向于政策面，所关心的是两国的法制背后的思维逻辑，或者说，是从政策层面进行考虑的。

若以先前所引的美国 Hatch – Waxman 法案，美国过去太强调创新与专利保护，一面倒地保护专利药。Hatch – Waxman 法案可说是政策上首次朝着仿制药这个方向倾斜。为何会做这样的倾斜？主要是因为仿制药产业过去十年在美国与全球的蓬勃发展，已经有超越专利药的趋势，如图 15 和图 16 所示。

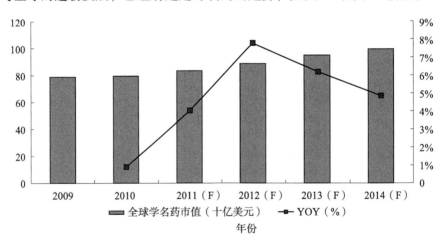

图15　全球市值超过 10 亿美元的仿制药成长趋势

数据源：IEK·玉山投顾整理（2011/06）。

美国曾经过于重视专利药，有了 Hatch – Waxman 法案之后，则往仿制药调整。至于中国，在过去一直倾向仿制药，现在则希望朝创新与新药开发发展。另外，美国整个产业大方向是朝着仿制药发展，其原因在于新药开发（特别是小分子化学药）已经越来越难突破，创新新药变得比过去非常难。此外，美国诉讼法制完备，仿制药与专利药厂很习惯通过诉讼解决很多专利问题，这也是美国国会特别针对医药行业制订 Hatch – Waxman 法案，以建构两者间诉讼的规则。但中国目前仿制药与专利药之间的诉讼尚不普遍。

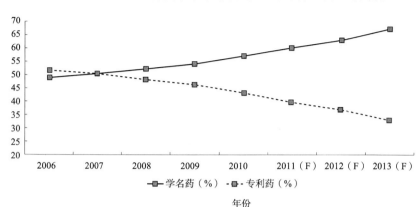

图16　专利药和仿制药的成长趋势

数据源：PhRAM·玉山投顾整理（2011/06）。

综观 Hatch－Waxman 法案，其最大特色在于鼓励仿制药企业去挑战新药专利。本书第二章谈到，中国医药产业仍以仿制药为主，中国的仿制药由于长期受制于欧美药厂的新药专利，只能苦等专利过期。它既延迟了中国药厂学习新药技术的周期，更损害了其国民健康。破解之道就在于积极引进专利无效制度。而且，学理上也已证明，不当的专利授权（unwarranted patent）将严重妨碍创新以及产业的公平竞争。❸ 若一家药厂拥有一项专利，就算该专利在法律上或许有问题，但其竞争者为了避免专利纠纷，很可能会放弃在该技术领域的进一步研发，❻ 此举无异是对社会的一项损失，它阻碍了竞争者进入市场以及竞争者站在原有专利技术基础上的进一步创新（follow－on innovation），最终将导致拥有不当专利者坐拥影响市场的不当力量。如果要促使医药领域不当专利的减少，就需要设计一套类似 Hatch－Waxman 法案中第Ⅳ阶段声明的制度，藉此鼓励仿制药企业去挑战新药专利。也只有破除掌握在欧美大厂手上的新药桎梏，中国的医药产业才有真正发展茁壮的空间。

---

❸　Unwarranted patent 的问题是目前专利法与反垄断法上最引起热烈讨论的议题之一。See：US Federal Trade Commission, To Promote Innovation：The Proper Balance of Competition and Patent Law and Policy, a Report by the Federal Trade Commission, p. 5, FTC, Washington DC, 2013.10。

❻　就算竞争者与新药专利权人取得授权，也将造成后续研发与产业化的成本因为许可费支付而上扬，最终反映到消费者采购的药价上，从站在竞争法的观点来看仍是不利于社会的。

第四章 专利法在医药专利领域
适用上的特殊问题

本章将进一步探究，作为一般性规范的专利法，适用到医药产业会有哪些特殊问题？面对这些特殊问题，在学理与实务上又会衍生出怎样的应对模式？这些模式对于医药专利产业化是否有帮助？

第一节 医药专利的信息特性

专利是技术的法律权利化，由于技术各不相同，尤其是医药专利的特点，即信息性。药物开发过程是一个不断筛选的过程，以常见的小分子化学药为例，一个化合物从发现有效到成为真正有用的新药，需要时间和资金的高投入，通常在一万个化合物中才能发现一个新药成功上市。

发现新药早期的化合物，即先导化合物（lead compound），通常需要合成上万个衍生物，并评估其活性、毒性、安全性、药代动力学之后，才可以筛选出数个具有潜力的候选药物（candidate）进入下一阶段的临床前试验。为了加快药物研发，药厂或研究机构会有不同的策略，例如利用组合化学（combinatorial chemistry）加快合成药物的数量，并采用高通量筛选（high throughput screening）评选出有效的化合物。有时需借助计算机辅助设计，从而有效降低实际合成化合物的数量与成本。[1]

当发现最终的有效药物时，其所体现的形式非常简单，用化学结构式就可以表示，其本质上是一种信息产品（information good），这些结构式一旦被发

---

❶ 邓哲明. 新药的研发流程概论 [J/OL]. [2013 - 03 - 01]. http：//scimonth. blogspot. com/2013/03/blog - post_6173. html。

现与揭露就不再属于秘密。对其他人来说，只要获得该信息就可以轻易地仿制，不需要重复当初原研药厂的研发过程。❷ 面对这种风险，人们很自然会考虑选择另一种保护信息产品的法律手段，即商业秘密（trade secret），❸ 这也是专利保护与商业秘密保护的根本区别，专利要求公开技术（disclosure），而商业秘密要求保密。这种保护方式的选择对个人权利保护来说属于个人自由，若站在公共利益乃至国家政策的角度来说，这种医药技术成为商业秘密保护的情况，则是应该试图避免的。因为这等于回到我国古代，药方都是秘方，是不传之秘，如此一来，整体国家的医药产业与全民卫生就很难实现现代化与进步？然而，如第二章所述，由于药品开发投入极大，而仿制却很容易，若要鼓励产业投入以及创新并且将成果公开，唯一可行的途径就是建立健全的医药专利保护制度，给予发明人足够的强保护，如此才能防止新药成为商业秘密的情况发生。这些特征正好印证了美国知识产权大师 Robert Merges 的名言，"当在经济中的无形资产越来越重要时，知识产权也将随之越来越重要。"❹

因此，若在法规政策上尚无法妥善处理医药产业的特殊问题，医药产业的创新者认为传统的专利法途径无法获得适当保护时，它们将放弃申请专利，而选择商业秘密来保护它们的技术创新。一旦没有形成专利，当然更谈不上医药专利的产业化。如此下去，损失的还是公共利益。因此，如何解决这个问题，对于医药产业的良性发展至为重要。有鉴于此，著者将逐一分析专利法应用到生物医药领域时产生的特殊问题。

第二节　医药专利的特殊议题

以下将逐一分析专利法的一般规则适用到医药专利时，所引发的学理与实务上的争议。

---

❷ HEMPHILL C S. Paying for Delay: Pharmaceutical Patent Settlement as a Regulatory Design Problem [J]. NYU Law Review, 2006, 81: 1562 – 1563.

❸ 关于研究成果要选择专利保护抑或商业秘密保护的分析，可以参考：李素华. 研究成果应以专利权或营业秘密保护 [J]. 生物医学, 2010, 3 (3): 449 – 453。

❹ MERGES R. In an economy where intangible asstes are more valuable than ever, IP is more important than ever [J]. Justifying Intellectual Prpoperty, 2012: 290.

一、可专利客体（subject matter）的特殊问题：方法专利

医药专利，特别是化学药的专利，往往是对制造方法，以及对用途发明给予保护，前者是指产品的制造工艺，后者则指发现产品的未知特性，进而基于该特性研发出不同于以往的用法。❺ 在过去，产品专利与方法专利虽然同样受到法律保护，但一般认为，在方法专利实质上所享有的保护比不上产品专利。

其原因在于制造方法取证不易，权利人很难确实证明侵权人是使用其专利方法以制造产品。例如发明人拥有制造某药品的方法专利，则他人销售该药品本身并不等于侵权，他人必须完全依照专利所公开的步骤来制造才会侵权；然而，一旦申请专利又必须先公开其创新技术，反而使自己暴露在他人侵权的风险之下。如此将使发明人未享其利先受其害，因此，过去乃有不少人选择使用商业秘密等方法以保障其方法技术。❻

鉴于方法专利的专利权人难以举证证明被告（被控侵权行为人）的实施行为侵害其方法专利，TRIPS 第 34 条第 1 款规定，于 TRIPS 第 28 条第 1 款第（b）项所定之专利权（即方法专利专属权）受侵害之民事诉讼，符合一定要件时，推定被告的产品系以专利权人的方法专利所制造。这里所指的特定要件的类型有二，由 WTO 成员择一制定于国内法，以衡平分配专利权人与被告间的举证责任：（a）依该方法专利制造的产品为新的（if the product obtained by the patented process is new）；（b）被告的产品以该方法专利制造的可能性相当高，而专利权人已尽合理努力仍无法证明被告确实使用该方法专利。❼

我国《专利法》第 61 条规定，专利侵权纠纷涉及新产品制造方法的发明专利的，制造同样产品的单位或者个人应当提供其产品制造方法不同于专利方法的证明。依据《最高人民法院关于审理侵犯专利权纠纷案件应用法律若干问题的解释（二）》第 27 条规定，权利人因被侵权所受到的实际损失难以确定的，人民法院应当依照专利法第 65 条第 1 款的规定，要求权利人对侵权人

---

❺ 与方法专利相对的是产品专利，二者皆受到专利法之保护。

❻ 关于研发成果要选择专利保护抑或商业秘密保护的分析，可以参考：李素华. 研究成果应以专利权或营业秘密保护 [J]. 生物医学，2010，3（3）：449 –453。

❼ [EB/OL]. http：//patent – attorney – in – taiwan. blogspot. tw/2011/03/blog – post_534. html.

因侵权所获得的利益进行举证；在权利人已经提供侵权人所获利益的初步证据，而与专利侵权行为相关的账簿、资料主要由侵权人掌握的情况下，人民法院可以责令侵权人提供该账簿、资料；侵权人无正当理由拒不提供或者提供虚假的账簿、资料的，人民法院可以根据权利人的主张和提供的证据认定侵权人因侵权所获得的利益。由此可知，我国对于专利侵权的举证责任分配原则对权利人更有利。

需特别提醒的是，以上举证责任倒置的特殊规定，仅适用于制造方法专利，并不适用于用途专利，换言之，用途专利仍应适用一般原则由原告举证证明被告确实使用了专利方法。由于用途专利有这项缺点，而且目前大多数国家对于疾病的治疗方法是不能被授予专利权，药品若以用途作为申请目标，又往往被视为是治疗方法而不能被授予专利，因此在实践中就产生几种对医药用途权利要求的不同撰写方式，以试图避免用途专利的缺点，包含：❽

（1）药品的制备方法，其表述形式为，"物质 X 在制备治疗疾病 Y 的药品中的用途（use of X for the manufacture of a medicament for Y）"。这种撰写形式也被称为瑞士型请求项（swiss – type claim），欧洲专利局扩大上诉委员会在 G5/83 决定中承认药品新用途以这种撰写形式可以被授权。但在 2010 年欧洲专利局扩大了上诉委员会的 G2/08 决定中已规定对于医药用途请求项不再使用瑞士型写法，改采用物质用途的形式撰写医药用途请求项。目前我国仍允许医药用途请求项以这种表述方式撰写。

（2）物质的用途表述形式为，"物质 X 用于治疗疾病 Y（use of X for the treatment of Y）"。这是德国在 1983 年的"氢化吡啶"案判决中认可药品新用途发明具有可专利性时，当时该药品用途请求项的撰写方式。

（3）用途限定的产品表述形式为，"含化合物 X 的治疗 Y 疾病的药品组合物，其特征在于……"。日本和韩国均是将药品新用途专利请求项撰写成用途限定的产品请求项。

---

❽ 林柳岑. 剂量与给药途径特征限定的医药用途发明的可专利性：两岸制度比较［EB/OL］. http：//www. taie. com. tw/tc/p4 – publications – detail. asp？ article_code = 03&article_classify_sn = 64&sn = 773.

（4）疾病的治疗方法表述形式为，"一种治疗疾病 Y 的方法，该方法包括……"。这是美国常见的药品用途请求项的撰写方式，因为美国没有禁止授予疾病治疗方法专利权的规定，所以对于药品新用途的请求项可依此直接撰写为药物的使用或服用方法。

二、专利要件的特殊问题，产业可实用性

专利要件中的工业可实用性（utility usefulness），❾ 对于一般专利来说往往只是个形式要件。一般专利技术只要能提出该技术可以达到任何实际效果就足够了。❿ 具体来说，以美国法为例，美国法院在适用工业可实用性时，区分成三种情况：⓫

第一种是实用性（Practical Utility），即专利是否有任何实际效用（substantial utility）？它主要涉及化学专利的效用争议。第二种是可操作性（Operability），即专利是否确实达成其宣称的功效？它涉及的专利技术是否违反基本的物理定律，例如永动机的不可专利性。第三种是有益性（Beneficial Utility）：专利是否对社会有益，该专利是否为社会所需？以上三者与医药专利特别有关的是第一个。因为相对于一般专利，医药专利的发明人在开发一种化合物时，有时往往并不确实知道其具体应用？或者可以达到什么样的效果？因此这类专

---

❾　各国皆有关于产业上可利用性之类似规定。美国：SEC. 101 of the Patent Act，"Whoever invents or discovers any new and useful process, machine, manufacture, or composition of matter, or any new and useful improvement thereof, may obtain a patent therefor, subject to the conditions and requirements of this title." 我国《专利法》第 22 条，授予专利权的发明和实用新型，应当具备新颖性、创造性和实用性。……实用性，是指该发明或者实用新型能够制造或者使用，并且能够产生积极效果。

❿　Mitchell v. Tilghman, 86 U. S. （19 Wall. ）287, 396 （1873）.

⓫　MERGES, DUFFY. Patent law and policy: cases and materials ［M］. 3 ed. LexisNexis, 2002: 212. 我国台湾专利规定采取与美国相同的处理模式，其专利审查基准规定，若申请专利之发明在产业上能被制造或使用，则认定该发明可供产业上利用，具有产业利用性；其中，能被制造或使用，指在产业上实施具有技术特征之技术手段，即能制造所发明产品或能使用所发明之方法。具有产业利用性之发明并非仅指制造产品或使用方法而已，只要该发明能加以实际利用，而有被制造或使用之可能性即符合产业利用性，并不要求该发明已经被制造或使用。唯理论上可行之发明，若实际上显然不能被制造或用户，亦不具产业利用性，例如为防止臭氧层减少而导致紫外线增加，以吸收紫外线之塑料膜包覆整个地球表面的方法。我国在专利法中进行了明确规定，中国《专利法》第 22 条规定：实用性，是指该发明或者实用新型能够制造或者使用，并且能够产生积极效果。

利申请常常有因欠缺工业可实用性而被驳回的风险。**⑫**

在分析产业利用性要件对医药专利的影响之前，应先补充说明一点，即医药或化学专利对于化学家或医药发明人是非常重要的，他们强烈希望越早申请专利越好。众所周知，医药化合物在实际上市之前，要经过大量试验与官方审评。在发明人投入更多资源以进行试验或临床试验之前，发明人希望先将其创新的化合物通过专利进行保护，即使发明人对该化合物的实际用途还没有完全掌握。然而，当技术还停留在实验室阶段时即提出专利申请，发明人往往会遇到无法举证在产业上可利用性的障碍而难以获取专利。**⑬**

关于这个议题，美国有两个著名案例。

第一个是 *Brenner v. Manson* 案。**⑭** 该案事实为发明人 Manson 申请了一种用途已知的类固醇化合物的制造方法。虽然 Manson 专利中的类固醇化合物是被熟知的产品，但当时化学家对于如何可以有效或有价值地利用该产品还不了解。不过，该领域的科学家已经知道与 Manson 专利中的类固醇化合物类似的一项类固醇，对于抑制老鼠的肿瘤生长有效果。Manson 所提出的新的制造方法，在科学界中引起不少研究人员的兴趣。

该案却被 USPTO 驳回，审查员认为 Manson 无法提出一项该类固醇确定的用途，因此不具备产业可利用性要件，所以不能取得专利。该案最终上诉到联邦最高法院，联邦最高法院采取较严格的标准，认为申请化学制备工艺专利时必须提出其产品具有既存实际用途才能符合实用性要件。**⑮** 因为发明具有实质实用性，社会公众才可取得利益，这是宪法与国会考虑授予专利权的基本

---

⑫ 此为以化学为基础的专利特色。例如，WD－40（NASDAQ，WDFC）是一种注册商标的多用途润滑防锈石油制剂品牌，由总公司位于美国加州圣地亚哥市的 WD－40 公司制造销售。WD－40 原本被开发作为一种隔水抗锈剂，但产品上市后人们渐渐发现它也可以被当作轻度润滑用油或是溶剂、除胶剂、清洁剂，进而渐渐转变用途。由于其多用途的特性，WD－40 是一种很难被严格归类或定义的特殊商品，但在全世界拥有极高的知名度。WD－40 的配方是一个商业机密，为了避免配方被公开，WD－40 并没有申请任何专利。（引自维基百科 http：//zh. wikipedia. org/wiki/WD－40）这个例子可以看到两件有趣的事，一是化学品常常其应用领域出乎原创者之意料。二是用途发明有时会选择商业秘密来保护而不是专利。

⑬ WENDY H. S，JOHM R. T.　Patent Law and Its Application to the Pharmaceuti In dustry［R］. CRS Report for Congress，2015：18－23.

⑭ 385 U. S. 419（1966）.

⑮ An invention may not be patentable until it has been developed to a point where specific benefit exists in currently available form.

"交换"（quid pro quo）、"专利不是狩猎执照。它并非研究的奖赏，而是成功结果的补偿。""专利制度必须与商业世界相关，而非哲学王国。"❶ 并确立"对研究有益尚非实用性""化学中间产物不符实用性"与"由已知成分具有实用性无法推定相近成分具有实用"。

第二个采取较宽松看法的案例是 1995 年的 *In re Brana* 案。❶ 与 *Manson* 案类似，发明人 Brana 申请一项化合物专利并宣称其可用作抗肿瘤用途。当时的科学界已知与 Brana 类似的化合物，在实验室组织样品的活体试验以及老鼠的活体试验上都显现出抗肿瘤的效果。

在 *Brana* 案中 USPTO 以欠缺产业可利用性为理由而驳回了专利申请。该案上诉到联邦巡回上诉法院，法院判决认为，"发明人不需等到动物或人体自然发生了疾病之后，才可以去找解药。"又认为："较小程度的实用性即为已足""发明仅需提出有益功能即可证明实用性""发明不会仅因所公开实施例不完美而丧失实用性""证明实用性不需提出产品在商业上获得成功""部分成功即足以证明实用性"。❶ 法院的这项判决，学者认为是试图创造一个比联邦最高法院较为自由宽松的标准。❶

三、公开要求（disclosure requirement）上的特殊问题，可实施性（enablement）与过度试验（Undue Experimentation）

专利制度是一种妥协式的交换，政府授予发明人一定时间的垄断权，而条件是发明人必须充分公开其技术。我国台湾的专利规章规定承袭自美国专利法第 112 条，其专利规章规定，说明书应明确且充分公开，使该发明所属技术领

---

❶　"A patent is not a hunting license. It is not a reward for the search, but compensation for its successful conclusion. A patent system must be related to the world of commerce rather than to the realm of philosophy."

❶　51 F. 3d 1560（Fed. Cir. 1995）.

❶　An inventor needs not wait until an animal or human develops a disease naturally before finding a cure. ⋯ proof of utility did not demand tests for the full safety and effectiveness of the compound, but only acceptable evidence of medical effects in a standard experimental animal.

❶　MACHIN, NATHAN. Prospective Utility: A New Interpretation of the Utility Requirement of Section 101 of the Patent Act [J]. California Law Review（1999）, 87: 421 - 432.

域中具有通常知识者，能了解其内容，并可据以实现。[20] 此项可据以实施（enablement）的要求，在医药专利上特别引起适用上的争议。这是因为医药专利（特别是化学药专利），往往是用化学式或是药品成分所描述，他人若要根据说明书中的描述而实施发明的技术，往往还需要经过若干实验，[21] 若是他人（例如仿制药商）需要经过大量的试验才能确定或仍是无法确定专利所公开的技术时，一般认为此时专利公开不充分，而将导致专利无效，这项原则称为过度试验（Undue Experimentation）。这项原则在美国法有很长的历史，例如 *Wood v. Underhill*[22] 案，涉及一项化合物，但未公开其不同成分的比例，法院指出，当专利说明书只提到将予以混合之构成化合物成分的名称，但未提及各自的比例时，法院应宣告该专利无效；若比例虽有公开，但公开得很模糊时，亦同。理由在于，面对这种模糊的说明书，任何人都无法在不经过试验的情况下就能取得各自成分的比例而实施该发明。

这个原则经过100多年的发展已经越趋细腻，一项专利说明书所公开的技术，他人需要试验并不必然导致专利无效，重点在于他人所需的试验是否过度（undue）。目前根据美国法 In re Wand（858 F. 2d 731（Fed. Cir. 1998）），判断试验是否过度的因素有：①基于揭示内容实施该发明所需进行实验的量；②是否有操作实施例（working examples）；③发明说明书所提供教导的量；④请求发明之本质；⑤现有技术的情况；⑥熟习该项技术者之一般知识水平；⑦所属技术领域之可预测程度；⑧申请专利范围的宽度。[23]

最后，可据以实施的要件还涉及举证责任的问题，这也可以从申请层面与侵权层面来说明。就专利申请来说，原则上，在专利审查中，若审查员认为一项专利欠缺可据以实施的要件时，应由审查员提出合理解释其为何认为该专利

---

[20] 所谓可据以实施的一般定义，可以参考智慧财产法院97年度民专诉字第9号判决，按"专利法"第26条第2项规定，使该发明所属技术领域中具有通常知识者，能了解其内容，并可据以实施，指发明说明之记载，应使该发明所属技术领域中具有通常知识者在发明说明、申请专利范围及图式三者整体之基础上，参酌申请时的通常知识，无须过度实验，即能了解其内容，据以制造或使用申请专利之发明，解决问题，并且产生预期的功效。

[21] 这也就是仿制药企业仍需有若干技术基础才能真正利用专利药之技术，以及仿制药上市还是需要通过审核的原因。

[22] Wood v. Underhill, 46 U. S. 1 (1847).

[23] 此8项要件最早是归纳自 In re Forman 案，230 U. S. P. Q. （BNA）at 547.

的公开无法让相关从业人员据以实施。❷ 只有当审查员确实提出相关事证后，举证责任才转到发明人。这项规则使得一些原创发明（pioneer inventions）得以享有较广的权利请求（claims），因为这些技术的原创性，让审查员虽然怀疑但很难具体举证其不得据以实施。❷ 学者指出，这项举证责任设定的理由在于，若不采取这种规则的话，将会造成一项技术是否可以据以实施的认定，将会受到个别审查员对未来技术发展的主观预测。❷ 就专利侵权而论，在侵权诉讼中欠缺可据以实施，常被被告当作一项抗辩理由，以期能根本推翻原告的专利。此时，应由被告负举证责任，也就是被告必须提出清楚且有说服力的证据（clear and convincing evidence），以证明原告的专利不可据以实施。❷ 结合申请与侵权的举证责任分配规则，专利申请人基本上对于其专利得据以实施几乎都不必负担举证责任。

四、侵权诉讼的问题：试验使用（experimental use）❷

由于医药专利有涉及国民健康的特性，针对这项特性，国家制定了严格的法律法规，从药品制造、上市及销售都有详尽规范，例如新药开发至少需要经过临床前试验，以及Ⅲ期临床试验，才有可能申请上市。❷ 研发与审批的流程让药品上市所需的时间往往极长。但治病的需要却是分秒必争，如何让新药或仿制药尽快上市，对国民健康至关重要，因此国家有责任在兼顾药品安全的前提下尽量缩短流程。

不论是美国还是我国的专利法，都赋予专利权人在专利期限内对专利技术的独占使用权，不过，任何人在专利期限内使用专利技术时，都将侵害专利权

---

❷ In re Wright, 999 F2d 1557, 1561 – 62, 27 U. S. P. Q. 2D（BNA）1510（Fed. Cir. 1993）.

❷ In re Armbruster, 512 F. 2d 676, 680, 185 U. S. P. Q.（BNA）152, 155（C. C. P. A. 1975）；In re Geerdes, 491 F. 2d 1260, 1265, 180 U. S. P. Q.（BNA）789, 793（C. C. P. A. 1974）.

❷ Ellen P. Winner, Enablement in Rapidly Developing Arts—Biotechnology, 70 J. PAT. & Trademark OFF. SOC' Y, 608, 622（1988）. 该作者指出，"to reject claims for lack of enablement of embodiments that were only imagined by the examiner does not seem fair".

❷ Atlas Powder Co. v. E. I. Du Pont de Nemours &Co. , 750 F. 2d 1569, 1577, 224 U. S. P. Q. 409（Fed. Cir. 1984）.

❷ 张瑞麟. 论制药产药之实验实施免责［D］. 政治大学法律科际整合研究所, 2008.

❷ 详尽的药品开发与上市流程可以参考：张瑞麟，前揭文，页10以下。

人的专利。❸ 因此，若严格执行此项规定的话，仿制药企业也必须等到专利药过期后才可以开始进行必要的研究、试验以及提出上市审批；然而，虽然各国对于仿制药的上市审批都有简化规定，但难免耗费时间，若是能在原研药专利届满之前，仿制药厂商就开始进行前置的研究或实验，一旦专利到期，就可以尽快地让仿制药上市，那么，对于需要但无力负担高价专利药的国民不啻是一大福音。在这个背景下，不论是国际公约还是各国立法纷纷提出试验使用（experimental use）作为专利侵权的例外。以下分别介绍美国与中国有关试验实施的规定。

（一）美国专利法

美国法对于试验使用之例外，采取较严格的立场，最有代表性的案例是 *Roche Products, Inc. v. Bolar Pharmaceutical Co.* 案❸在该案中，Roche 销售一种名为 Dalmane 的处方药，Roche 并拥有该药的活性成分（active ingredient）——flurazepam hcl 的专利。Bolar 则是一家仿制药厂商，对生产销售 Dalmane 很有兴趣。Bolar 知道 FDA 的审核流程耗时较长，但又希望在 Roche 的专利到期后立即销售 Dalmane 的仿制药。因此，Bolar 在 Roche 的专利尚未到期前，就开始对 flurazepam hcl 进行新药上市（NDA）所必要的试验。此举引起 Roche 对 Bolar 提起侵权诉讼，案子最终上诉到联邦巡回上诉法院，最终法院判定，Bolar 有意的试验使用完全是出于商业目的，而非娱乐、好奇或哲理探究等目的。因此，Bolar 有意使用 flurazepam hcl 以求获得 FDA 所要求之 NDA 资料乃构成侵害 Roche 的专利。虽然 Bolar 只是进行试验，但未经事先授权而出于有益于试验者商业目的所进行的试验，是违反专利权人排除他人使用其发明之权利。很明显，此种情况下称这种试验是微不足道是违背事实的。即使试验的量很小，但它对当事人的经济影响很大。这个判决大幅限缩试验使用原则的可适用性，对于仿制药产业产生相当大的冲击。对此，法院也注意到这个问题，但法院认为这个问题的解决办法是通过国会立法，"国会才是辩论这个议题合适的地方，国会拥有权力使这项立法生效，而我们的角色仅仅在于解释并

---

❸　35 USC §271（a）.

❸　773 F. 2d 858（Fed. Cir. 1984）.

且适用这样的立法，适用还没制定出来的法律并不是我们的工作，而我们也不会在这里改写专利法。"❷

面对 Bolar 案的冲击，美国国会在 Bolar 案之后短短数月就通过了《药品价格竞争与专利期限补偿法》（Drug Price Competition and Patent Term Restoration Act of 1984），❸ 依据这个法案的发起议员姓氏，这法案常被称为 Hatch - Waxman Act。❹ 根据该法第 271 （e）（1） 条，❺ 仿制药制造商将可以在专利有效期的任何时刻进行仿制药的研制，只要其目的是合乎 FDA 的规定。该法案通过后，法院的态度也随之改变，法院在 *Intermedics，Inc. v. Ventritex，Inc.* ❻ 案中采取相当自由宽泛的态度，法院认为，当一项试验是否是为了合乎 FDA 的要求而不清楚时，当事人在认定上应该拥有若干程度的裁量空间，法院对于当事人的判断应尽量尊重。

（二） 中国专利法

关于实验实施例外，我国也作了相应的规定。2008 年我国《专利法》进行了第三次修改，在这次修改过程中，增加了 Bolar 例外的规定。即《专利法》第 69 条第（5）项规定，为提供行政审批所需要的信息，制造、使用、进口专利药品或者专利医疗器械的，以及专门为其制造、进口专利药品或者专利医疗器械的。

Bolar 例外的目的是克服药品上市审批制度在专利权期限届满之后对仿制药品上市带来的迟延。因为，在药品专利权的保护期届满后，即使其他企业仿制该药品按照各国对药品上市审批制度，仍然必须提供其药品的各种实验资料和数据，证明其产品符合安全性、有效性等要求，才能获得上市许可。如果只有在专利权保护期限届满之后才允许其他企业开始进行相关实验，以获取药品

---

❷ 张睿麟，前揭文，页 35。

❸ 21 U. S. C. Chapter 9 § 301.

❹ 虽然现在大家习惯使用 Hatch - Waxman Act，但在该法案刚通过时，一般却称其为 Waxman - Hatch Act. See：Wendy H. Schacht and Johm R. Thomas，supra note 13，p18.

❺ 该条原文如下，"It shall not be an infringement to make，use，offer to sell，or sell within the United States a patented invention… solely for uses reasonably related to the development and submission of information under a Federal Law which regulates the manufacture，use or sale of drugs or veterinary biological products."

❻ 775 F. Supp. 1269 （N. D. Cal.），affirmed，991 F. 2d 808 （Fed. Cir. 1993）.

行政管理部门颁布上市许可所需的资料和数据，就会大大延迟仿制药品的上市时间，导致公众难以在专利保护期限届满后及时获得价格较为低廉的仿制药品，从而在客观起到了延长专利权保护期限的效果。

作为公共健康问题较为突出的人口大国，我国在《专利法》中增加有关规定，可使公众在药品专利权保护期限届满之后及时获得价格较为价廉的仿制药品，这对我国解决公共健康问题具有重要意义。此外，《专利法》还新增加一条强制许可条款，即"在特定情况下国务院专利行政部门可以给予制造并出口专利药品的强制许可"。

由此可见，我国《专利法》对药品起初并不给与专利保护，随着我国加入 WTO，承诺加强对药品给予专利保护，但是，将强制许可与 Bolar 例外也随之规定在《专利法》之中，多年来，虽然相关行政部门并没有颁发一件强制许可，但是，立法者的态度是明确的，即对于药品这种特殊产品，为了公共利益的考虑，在保护创新的同时，更加强调仿制。

五、反垄断法的问题，仿制药上市专属权

药品、专利与上市审批之间纠缠让医药专利的议题更加复杂。在医药行业高度发达的美国，因前述《药品价格竞争与专利期限补偿法》给予挑战原研药品专利的企业 180 天的独占期规定，使得其牵扯的法律问题更加复杂，其中特别值得提出的，是其所衍生的反垄断法的问题，一是关于180 天独占期的交易所涉及的联手互利问题，二是授权上市的仿制药问题。

关于前者，是源于 1984 年的 Hatch－Waxman 法案所创造的递交专利第Ⅳ段声明（Paragraph Ⅳ），❸ 即申明向专利挑战并获胜（该申明没有受到专利药持有者的法律申诉，或仿制药公司法律胜诉）的第一家仿制药申报者，法律赋予其 180 天的独家销售权，即 180 天独占期，是从该仿制药上市的第一天，或从仿制药获得法律胜诉的当天，依照其中较早的日期为准。在此期间，FDA

---

❸ 即仿制药上市所需申报之简易新药上市书（ANDA）中，需要表明其对该药专利之态度，其中第Ⅳ种申明为，"（4）that the patent is invalid or will not be infringed by the manufacture, se or sale of the drug for which the ANDA is submitted."

不再批准相同的 ANDA 上市。

180 天独占期的立法目的鼓励了仿制药企业去挑战专利药的专利有效性，让企业有动机去销售仿制药，藉由在独占期的销售所得以弥补诉讼成本。[38] 不过，在 1988 年 FDA 所发布的准则，删除了胜诉（successful defense）这一要件。[39] 从此第一个挑战专利的企业，即使只是随意挑战而没有真正想在法庭上胜诉，仍可以享有这项保护。由于这项改变，促使有心人找到漏洞。一旦有人提出前述第 4 项申明以挑战专利权，FDA 在 30 个月内将不批准 ANDA。然而，就算 30 个月的诉讼时限到期，FDA 进行审查后也批准了仿制药上市，但是只要官司还在继续，原研药公司仍可能与拥有 180 天独占期的首仿药公司达成协议，以期暂缓其仿制药的上市，这样的话，首仿企业 180 天的独家销售期将向后顺延（因为这 180 天的独家销售权原则上是从仿制药上市之日起算），而 FDA 对其他同一品种仿制药的批准也将因此延迟，利用该策略，原研药公司达到了实质上延长其专利药品的保护期限的目的。这种协议是由原研药公司付款给首仿药公司，作为拖延其仿制药上市的报酬，美国学界称之为"逆向的和解协议"（reverse settlement agreement）。在拖延期限时，原研药公司可以继续以高价销售其专利药，首仿者拿到高额和解费，双方都能拿到好处，这种做法又称为"瓶子里的软木塞"（cork in the bottle）策略，但是这种策略受害最大的是其他仿制药企业，将延滞仿制药进入市场的时间，也将造成消费者继续受高药价之苦，从而有违反反垄断法的问题，美国联邦贸易委员会（FTC）曾调查好几起这样的例子并给予法律起诉，目前以支付现金方式为对价的"逆向的和解协议"已很难通过 FTC 或法院的合法性审查。[40]

其次，所谓授权仿制药（Authorized generics），是指原研药厂以"专利许可合约"（patent license agreement）形式授权某仿制药公司合法生产销售其专

---

[38] New FDA Guideline Raises Anticompetitive Concerns, Says National Association of Pharmaceutical Manufacturers, Business Wire, June 23, 1998.

[39] FDA 删除 successful defense 系源于 Mova Pharmaceutical Corp. v. Shalala（140 F. 3d 1060（D. C. Cir. 1998））一案，该案判决指出 FDA 所要求之 successful defense 要件明白与法律的文字及体系相抵触（gravely inconsistent with the text and structure of the statute）。

[40] AVERY M. Continuing Abuse of the Hatch－Waxman Act by Pharmaceutical Patent Holders and the Failure of the 2003 Amendment [J]. Hastings Law Journal, 2008, 60: 170.

利产品，但仍以一般仿制药的低价进行销售。⑪ 采用这项策略的目的，是借此降低潜在仿制药公司去挑战原研专利的动机。通常的做法是在专利挑战者的180 天仿制药独占期之前或期间，原研药商跟与其有合作关系的某仿制药公司签署专利授权合同，以使经授权的仿制原研药品抢先占领仿制药市场，因为市场上已经有一家先进入的仿制药者，所以造成市场大饼已被先占，这将使得其他专利挑战者不再有独家的市场经济优势。这种做法引起了 FTC 的重视，FTC 鉴于近期授权仿制药上市申请频率剧增，且授权仿制药专利和解协议频频出现，自 2009 年起，FTC 积极展开一系列调查行动，先后于该年 3 月首度对授权仿制药和解协议案件作出处罚裁决。⑫

在美国授权仿制药法规（Hatch – Waxman 法案）架构下，首次提出简易新药审查（ANDA）申请取得仿制药上市许可的第一申请者（first – filer），享有 180 日的市场独占保护期，除了授权仿制药之外，在保护期限内，其他药厂一概不得推出相同仿制药。美国仿制药市场专属保护期限的设计，原本希望藉此加速仿制药研发与上市，达到降低药品价格的效果，根据 FTC 调查显示，由于授权仿制药在市场专属保护期内依法进入市场，受到授权仿制药介入竞争的压力，第一申请者仿制药零售价格会比原先下降 4.2%，经销价格会下降 6.5%，并减少该第一申请者药厂 47% ~51% 的收入。在此背景下，越来越多的第一申请者药厂倾向采取拟与原研药厂达成延迟仿制药上市协议的策略，藉此互为其利。根据 FTC 统计，2004 ~2008 年，约有 25% 的专利和解案件涉及授权仿制药条款，76% 的和解来自第一申请者仿制药药厂，25% 的和解是由授权仿制药厂与第一申请者药厂约定一定期限（平均约为 34.7 月）不进入市场作为承诺。

FTC 目前唯一的监管机制，是依据医疗照护现代化法（The Medicare Pre-

---

⑪ 关于授权仿制药的问题，最重要的文献为 FTC 发布的 "Authorized Generic Drugs: Short and Long – Term Competitive Effects"，出版日期为 2012 年 9 月。关于该报告的中文介绍可以参考：孙世昌. FTC 公布授权仿制药策略对市场影响的最终评估报告 [J]. 法源法律网，2011。根据孙世昌文中引用之 FTC 主席 Jon Leibowitz 之说法，FTC 该报告最重要的发现是，根据 FTC 所搜集的证据显示，某些专利药品厂商，正转而利用在市场导入授权仿制药以实质影响竞争仿制药商业利益此种方式，作为驱使竞争仿制药厂同意将其所开发之仿制药品迟延上市的另一种手段。

⑫ AVERY M. Continuing Abuse of the Hatch – Waxman Act by Pharmaceutical Patent Holders and the Failure of the 2003 Amendment [J]. Hastings Law Journal, 2008, 60: 170.

scription Drug, Inprovement, and Modernization Act of 2003, MMA)，要求原研药厂若与仿制药厂达成任何专利诉讼和解协议或相关协议时，应于协议生效10日内向FTC通报，以供FTC决定是否展开反不正当竞争调查。FTC对于此类协议的审查，终于在2009年3月有所进展，宣布必治妥（Bristol - Myers Squibb, BMS）应就其与Apotex公司间所达成专利诉讼和解协议缴纳210万美元。[13]

六、专利期限的问题，医药专利的专利期限延长

凡是研究医药专利者必然会提及专利法对于医药专利延长其专利期限的特殊规定。例如根据我国台湾的专利规定，申请专利的发明自公告日起给予专利权，并自申请日起算20年届满。然而，对于医药产品而言，则须经过冗长的安全试验及通过法定审查程序才可上市。医药产品在获得许可上市时，大多已丧失部分专利权期限。为了弥补医药产品及其制法专利无法实施的期限，我国台湾自1994年参考欧美法导入了专利权期限延长制度。藉由延长专利权期限来增加专利权人经济利益的回收，促进制药企业研发新药的意愿，进而达成鼓励、保护、利用发明，以促进产业发展的目的。根据我国台湾相关规定，医药产品、农药产品或其制造方法发明专利权之实施，依其他法律规定，应取得许可证，其于专利公告后取得时，专利权人得以第一次许可证申请延长专利权期限，并以一次为限，且该许可证仅得据以申请延长专利权期限一次。前项核准延长之期限，不得超过为取得许可证而无法实施发明的时间；取得许可证时间超过5年者，其延长期限仍以5年为限。另外，根据专利权期限延长核定办法规定，医药产品或其制造方法获得申请延长专利权的时间包括：①为取得相关机关核发药品许可证所进行的临床试验期限；②申请药品审查期限。前项临床试验，以经专利负责机关送请相关机关确认其为核发药品许可证所需者为限。依第一项申请准予延长期限，应扣除可归责于申请人的不做为期限、临床试验重复期间及临床试验与审查重复期限。需要注意的是，经核准延长专利权者，在延长专利权期限的权利范围，仅限于申请专利范围中与药证上所载的有效成

---

[13] 杨一晴. 联邦贸易委员会公布授权仿制药报告，并展开调查及处罚裁决 [A]. 资策会科技法律研究所，2009.

分及其用途所对应之物、用途或制法，不及于申请专利范围中有记载而许可证未记载的其他物、其他用途或其他制法。

以上是文献常见的叙述，不过，这种因为医药许可证申请而给予专利期限延长的做法，在美国法已经引起不小的反思，美国学者对于规定是否还合乎时宜的反省，首先是 1984 年 Hatch - Waxman 法案通过迄今已近 30 年，当时的立法背景是否还适用在现在的大环境？该法是否确实达到其立法目的？

美国偏向于肯定医药专利的延长规定，例如美国国会预算委员会（US Congressional Budget Office）的报告中所引用的，专利延长对于保护新药开发企业的研发获益是至关重要的。若没有专利延长的规定，自从 1984 年 Hatch - Waxman 法案通过后，仿制药市场占有率的增加将大幅降低新药的获利能力，并进而导致制药企业降低新药的研发支出。而且新药销售达到高峰后逐渐被仿制药侵蚀其 40% 的市场份额。假如 1984 年之前的研发投入是我们期待的，那么专利期限延长将因能保留最多的利益给新药销售而最终有利于社会整体。[14] 然而学者的看法却不尽。有学者指出，持续的大规模投资于新药研发的事实可以证明，1984 年 Hatch - Waxman 法案中延长专利权的规定，对于促进研发和公众可以用平价方式购买仿制药是没帮助的，并且导致前述涉及反垄断法的问题。[15] 因此，美国国会预算委员会进行了很有价值的反思，尽可能缩短 FDA 的上市审批时间（例如缩短到一年）会比专利权延长对新药开发者帮助更大。美国国会预算委员会报告指出，1984 年 Hatch - Waxman 法案中延长专利权的规定并不能有效保障新药销售的获利。缩短 FDA 的审批时间到一年左右，反而可带给新药约 2200 万美元的净利润。[16]

第三节　小　结

本章针对医药专利所涉及的特殊专利法的问题作了梳理。医药产品因其技术上多涉及化学，而产品又对国民健康有重大影响，所以，医药产品专利与其

---

[14]　Wendy H. Schacht and John R. Thomas, supra note 13, p. 37.

[15]　Special Patent Provisions for Pharmaceuticals: Have They Outlived Their Usefulness?

[16]　How Increased Competition from Generic Drugs has Prices and Returns in the Pharmaceutical Industry.

他种类的专利有诸多不同，从而造成很多专利法的原则适用到医药产品专利时需要特殊处理。不过，无论专利法规适用到医药领域如何调整、做多大的调整，专利制度对于医药产业，不仅重要，而且很必要，这应是国内外学者的一致看法。❶ 著者特别在表9整理了专利制度对医药专利化的影响。此外，也特别摘引 PhRMA 成果，即研究一国知识产权制度要能发挥其功能所必须符合的3项要件：❸

（1）其必须提供公平与有效动机以促进创新。

（2）其必须让发明人确定其拥有的权利。

（3）其必须让专利权人有强有力的武器以对抗侵权。

表9 专利制度对医药专利化的影响

	问　　题
专利客体（subject matter）的特殊问题，方法专利	方法专利可分为制造方法与用途二种。 方法专利往往面对侵权发生时难以取证的问题。 但发明人却需要先公开其技术，未蒙其利，先受其害，致使过去不少人选择使用商业秘密来保护其方法发明
	研究发现
	我国《专利法》第57条第2款规定，专利侵权纠纷涉及新产品制造方法的发明专利的，制造同样产品的单位或者个人应当提供其制造方法不同于专利方法的证明……；最高人民法院证据规则第4条第1款也作出同样的规定，因新产品制造方法专利引起的专利侵权诉讼，由制造同样产品的单位或者个人对其产品制造方法不同于专利方法承担举证责任。根据上述规定，被告应当证明，未经原告许可而制造出的产品，非依原告之方法专利所制造。亦即，举证责任的倒置仅限于原告无法举证的、被告使用的产品制造方法。 我国台湾专利相关规定对制造方法设有举证责任倒置的条款。但不包含用途专利。 用途专利有此项缺点，而且目前大多数国家对于疾病的治疗方法是不能被授予专利权，而药品若以用途作为申请目标往往被视为治疗方法而不能被授予专利，因此实践上产生了几种对医药用途请求项的不同撰写方式，以试图避免用途专利之缺点

---

❶　张瑞麟，前揭文，页67。

❸　［EB/OL］. http：//www. phrma. org/innovation/intellectual – property.

续表

专利要件（patentability）的特殊问题，实用性（utility）	问　　题
	产业上可利用性可以分为3个方面。 第一种是 Practical Utility，即专利是否有任何实际效用（substantial utility）？此主要涉及化学专利的效用争议。 第二种是 Operability，即专利是否确实达成其宣称之功效？此涉及的专利技术是否违反基本的物理定律，例如永动机的不可专利性。 第三种是 Beneficial Utility，专利是否有社会价值，该专利是否为社会所需？ 以上三者与医药专利特别有关的是第一个。因为相对于一般专利，医药专利之发明人在创造一种化合物时往往并不确实知道其将如何运用？或可以达成如何之效果？因此这类型的专利申请常常有被因欠缺产业上可利用性而被驳回之风险
	研究发现
	Brenner v. Manson 案 美国联邦最高法院采取较严格之标准，认为申请化学制备工艺专利时必须提出其产品具有既存实际用途才符合实用性要件。因为发明具有实质实用性，社会大众方可取得利益，此系宪法与国会考虑授予专利专有权的基本交换（quid pro quo），"专利不是狩猎执照。它并非研究的奖赏，而是成功结果的补偿。""专利制度必须与商业世界相关，而非哲学王国。"并确立对研究有益尚非实用性、化学中间产物不符实用性与由已知成分具有实用性无法推定相近成份具有实用性。 Federal Circuit：*In re Brana* 案 发明人不需等到动物或人体自然发生了疾病之后，才去找解药。又认为：些微程度的实用性即为已足，发明仅须提出有益功能即可证明实用性，发明不会仅因所公开实施例不完美而丧失实用性，证明实用性不须提出产品在商业上获得成功，部分成功即足以证明实用性。联邦巡回上诉法案此项判决学者一般认为是试图创造一个比联邦最高法院较为自由宽松的标准
公开要求（disclosure requirement）上的特殊问题，可据以实施（non-enablement）与需过度试验（Undue Experimentation）	问　　题
	我国《专利法》第26条第3款规定，说明书应当对发明或者实用新型作出清楚、完整的说明，以所属技术领域的技术人员能够实现为准，必要的时候，应当有附图。摘要应当简要说明发明或者实用新型的技术要点。 此项可据以实施（enablement）的要求在医药专利上特别容易引起适用上争议。这是因为医药专利（特别是化学药专利），往往是用化学式或是药品成分所描述，他人若要根据说明书中之描述而实施发明之技术往往还需要经过若干测试，若是他人（例如仿制药商）需要经过大量的试验才能确定或是无法确定专利所公开的技术时，一般认为此时专利公开即有所不足，而将导致专利无效，这项原则被称为过度试验（Undue Experimentation）。但要如何认定"是否过度"呢？

	研究发现
公开要求（disclosure requirement）上的特殊问题，可据以实施（non-enablement）与需过度试验（Undue Experimentation）	根据美国法 *In re Wand*（858 F. 2d 731（Fed. Cir. 1998）），判断试验是否过度的因素有：①基于揭示内容实施该发明所需进行之实验的量；②是否有操作实施例（working examples）；③发明说明书所提供之指引的量；④请求发明之本质；⑤现有技术的情况；⑥熟悉该项技术者之一般知识水平；⑦所属技术领域之可预测程度；⑧申请专利范围之宽广度。 举证责任，申请阶段由专利局举证，侵权阶段由原告举证。由此可知，专利申请人基本上对于其专利得据以实施几乎都不必负担举证责任
侵权诉讼上的问题，试验使用（experimental use）	**问　题**
	美国或中国的专利法都赋予专利权人在专利期限内对专利技术之独占使用权，任何人在专利期限内使用专利技术时都将侵害专利权人之专利。❹ 因此，若严格执行此项规定的话，仿制药企业也必须等到专利药过期后才可以开始进行必要的研究、试验以及提出上市审核，然而虽然各国对于仿制药的上市审核都有简化规定，仍难免耗费时间，所以若是能在专利药还没失效前，仿制药企业就能开始进行前置的研究或实验，等专利一失效就可以无缝接轨地让仿制药上市则对需药但无力负担高价专利药之国民不啻是一大福音。法制上要如何克服此项困境呢？
	研究发现
	美国《药品价格竞争与专利期限补偿法》（Drug Price Competition and Patent Term Restoration Act of 1984）。根据该法第 271（e）（1）条,❺ 仿制药制造企业将可以在专利其中的任何时刻进行仿制药的研制，只要其目的是合乎 FDA 的监管。该法通过后，法院的态度也随之改变，法院在 Intermedics, Inc. v. Ventritex, Inc. ❺ 案中采取相当自由宽泛的态度，法院认为当一项试验是否合乎 FDA 的要求不清楚时，当事人在认定上应该拥有若干程度的裁量空间，法院对于当事人的判断应尽量尊重

---

❹　35 USC §271（a）.

❺　该条原文为，原文如下，"It shall not be an infringement to make, use, offer to sell, or sell within the United States a patented invention... solely for uses reasonably related to the development and submission of information under a Federal Law which regulates the manufacture, use or sale of drugs or veterinary biological products."

❺　775 F. Supp. 1269（N. D. Cal.），affirmed, 991 F. 2d 808（Fed. Cir. 1993）.

反垄断上的问题，仿制药上市专属权	问题一：180 天保护期之交易
	Hatch – Waxman Act 给予递交第Ⅳ段专利申明且向专利挑战并获胜（该申明没有受到专利药持有者的法律申诉，或仿制药公司法律胜诉）的第一家仿制药申报者以 180 天的独家销售权，此项期限从该仿制药上市之日，或从仿制药公司胜诉的当天，按二者较先之日为起算日。在此期间，FDA 不再批准相同的 ANDA 上市。 诉讼中，原研药公司可能与拥有 180 天保护期的首次仿制药公司达成协议，暂缓其仿制药的上市，则 180 天的独占期向后顺延（因为 180 天原则上是从仿制药上市的第一天起算），而 FDA 对其他同一品种仿制药的批准也延迟，原研药公司实质上延长了其专利药品的保护期限
	研究发现
	较易认定违反不正当竞争法。 这种策略被称为逆向和解（Reverse Settlement）策略，以其他仿制药公司和消费者的利益做为代价，明显有违反反垄断法之虞，美国联邦贸易委员会（FTC）与法院已多次表达反对立场
	问题二：授权仿制药
	所谓授权仿制药（Authorized generics），是指拥有专利之药企以专利许可合约（Patent License Agreement）形式许可一家或数家仿制药公司得合法生产销售其专利药品。其目的是借此降低敌视性仿制药公司去挑战原研专利的诱因。通常做法是在专利挑战者的 180 天仿制药专卖期之前或期间，原研企业与其有合作关系的某一家或数家仿制药公司签署专利许可协议，许可该仿制药品抢先占领仿制药市场，因为市场上已经有一家甚或数家先进入的仿制药企业，造成市场大饼已被他人先占，这将使其他敌意专利挑战者抢占市场的先机丧失
	较难认定其违反不正当竞争法。 FTC 目前唯一的监管机制，系依据医疗照护现代化法（The Medicare Prescription Drug, Improvement, and Modernization Act of 2003, MMA），要求专利药厂若与仿制药厂达成任何专利诉讼和解协议或相关协议时，应于协议生效 10 日内向 FTC 通报，以供 FTC 决定是否展开反竞争调查。FTC 对于此类协议审查，终于 2009 年 3 月有所进展，宣布必治妥（Bristol – Myers Squibb, BMS）应就其与 Apotex 公司间所达成专利诉讼和解协议缴交 210 万美元

专利期限上的问题，医药专利之专利期限延长	问　题
	医药许可证申请而给予专利期限延长的做法，在美国法已经引起不小的反思，美国学者多从两点反省该规定是否还合乎时宜，首先是 1984 年 Hatch – Waxman 法案通过迄今已近 30 年，当时的立法背景是否还适用在现在的大环境？接着是该法是否确实有达到其立法目的？
	研究发现
	美国国会预算委员会指出一点很有价值的反思，或许尽可能缩短 FDA 的上市审查时程（例如缩短到一年）会比专利权延长对新药开发者帮助更大。美国国会预算委员会报告指出，1984 年 Hatch – Waxman 法案中延长专利权的规定并不能有效保障新药销售的获利。缩短 FDA 的审查时程到一年左右，反而将可带给一项新药约 2200 万美元的净利润

第五章 中国医药专利法律制度的完善

本章从促进医药专利产业化的角度，在法制改革层面探讨，有哪些方向可以用来修改与完善中国当前的法制。

第一节 健康权置入宪法

美国专利制度的先进性，与其自始就将知识产权置诸宪法息息相关。在法治国家下，宪法凭借其法位阶最高者的地位，可以发挥风行草偃的广泛影响力。所以，探讨法制革新者，必应先从宪法入手。

中华人民共和国宪法第一章总纲，就有若干条文是与知识产权的促进与保护，以及人民医药卫生有关，例如第 13 条第 1 款规定，公民合法的私有财产不受侵犯。此谓私有财产，可以扩充解释为包含知识产权。● 而第 14 条规定，国家通过提高劳动者的积极性和技术水准，推广先进的科学技术，以及第 20 条规定，国家发展自然科学和社会科学事业，普及科学和技术知识，奖励科学研究成果和技术发明创造。这两条可以解释为国家应促进科技创新，当然也包含医药技术之创新。第 21 条规定，国家发展医疗卫生事业，发展现代医药和中国传统医药，鼓励和支持农村集体经济组织、国家企业事业组织和街道组织举办各种医疗卫生设施，开展群众性的卫生活动，保护人民健

● 学者许安标同意这种看法，其认为，现实生活中有各种不同类别的财产。从物的角度，可以将财产划分为有形财产和无形财产。其中，有形财产包括动产和不动产，无形财产包括著作权、专利权、商标专用权等知识产权。按照财产的用途，可以将财产划分为生活数据和生产数据。这次宪法修正案对公民的私有财产形态不再——列举，采取概括的方式，改用私有财产和私有财产权加以表述，实际上扩大了私有财产的保护范围。参见：许安标. 保护公民的合法的私有财产不受侵犯［N］. 人民日报，2004－04－08（9）。

康。其是与医药最相关的条文，明确规定国家应发展现代医药。以上条文的涵盖面可以说相当充足，可以用来呼应本书所关心的主题，即医药创新及其成果产业化。

然而，中国的宪法规定仍有其缺失，其最主要的，在于以上的规定都是放在总纲里，而总纲的条文不论依其文字表现或依其逻辑体例，都比较接近德国法上所说的基本国策条款，而不是直接的人民权利义务。❷ 根据德国法通说见解，基本国策原则上是没有直接的法律效力，而依其性质可以是施政方针（方针条款说），也可能是宪法委托而有待立法者立法落实（宪法委托说）。❸既然没有直接法律效力，其功能自然无法彰显。

就本书所涉及医药产业化的问题而言，与宪法相关者，除了提示专利的重要性之外（强调此点将对新药开发企业有利），尚应注意公民的基本健康权（强调此点将对仿制药企业有利）。❹ 总之，著者建议，中国应该追随世界潮流将医疗人权直接入宪，也就是将它置于第二章公民权利中。按所谓医疗人权（Rights of Patients and Health Care）泛指公民有要求政府增进国民健康，普遍推行保健事业及健全医疗制度的权利；并能以人格主体者之地位，要求尊严、自由、平等地接受妥当之医疗护理及拒绝医疗之权利，以维护民众之尊严、隐私与健康，如《世界人权宣言》（Universal Declaration of Human Rights，UDHR）第 25 条❺的规定，医疗人权的观念便逐渐自人权体系中独立出来，而被视为具有独立特征的人权体系。而该条文所揭示的权利内容（including food，clothing，housing and medical care and necessary social services），也使得与健康有关的种种基本需求（basic needs）——包括食物（包含干净之饮用水）、居住、衣物等不同面向——超越传统狭义对健康的定义，而成为医疗人权讨论中最广泛的医疗人权内涵。

其后，在 1946 年《世界卫生组织宪章》（Constitution of the World Health

---

❷ 我国《宪法》在第二章开始规范公民的权利和义务。

❸ 杨智杰. 从基本国策执行检讨违宪审查模式，兼论财产权与基本国策冲突 [J]. 中正大学法学集刊，2010，28：121 - 185.

❹ 详参本书第二章所述新药开发企业、仿制药企业以及一般用药大众三者的利益冲突。

❺ UDHR §25，Everyone has the right to a standard of living adequate for the health of himself and of his family，including food，clothing，housing and medical care and necessary social services.

Organization）的前言里确认"可达到的最高水平"（highest attainable standard）的健康状态为不分种族、宗教、政治信仰、经济及社会地位的基本人权，并主张健康的定义为"生理、心理、社会之完适状态"（health is a state of complete physical，mental and social wellbeing）而非单指疾病的排除（not merely the absence of disease or infirmity），某种程度地呼应了世界人权宣言中所定义的广泛医疗人权内涵。世界各国因社会基本权对社会发展与民众权益的积极保障功能，亦持续将医疗人权的内容纳入宪法中保障，例如芬兰宪法第19条、南非宪法第27条、日本宪法第25条等。尽管有不少国家（如美国）并不视医疗人权为宪法所保障的基本人权，但与医疗人权相关的下位权利概念，却仍散见于相关的医疗法规范或社会福利法规范中。❻

目前学者一般将医疗人权依其功能与作用的不同，就传统古典的权利体系分类，搭配国家的义务类型加以修正，将医疗人权区分为以下两种类型，以建构医疗人权的权利体系：

1. 核心医疗人权（Core Contents of the Right to Health Care）

包括防御性权利、程序保障、具防御性质之受益性权利。其中防御性权利的内容包含自由权、平等权、隐私权、知情权；程序保障则包括投诉及诉讼的权利、医疗政策参与权；具防御性质的受益性权利则包括预防接种请求权、孕妇及儿童的健康照护服务请求权、紧急医疗请求权。

2. 一般医疗人权（Scope Contents of the Right to Health Care）

包括具受益性质的受益性权利及其他权利。其中受益性质的受益性权利包括健康权、卫生服务请求权、医疗质量权、个人尊严权；其他的权利则包括健康的工作或生活环境请求权、干净饮水及空气请求权、适当居住住宅请求权等权利，著者将依次论述该等医疗人权的意涵。❼

然而，在宪法中引进公民健康权，对于医药产业的影响也是巨大的。就本书观点而言，健康权是一个明显带有社会主义色彩的基本权利。既然强调社会主义，相对地，必然对自由主义或资本主义有所压缩，而后者正是新药开发的

---

❻❼ 吴全峰，黄文鸿. 医疗人权之发展与权利体系［J］. 月旦法学，2007（77）：113 – 131.

温床。特别是，健康权入宪后很自然会推出公民有廉价医药的基本权利，❽ 而低价药品的需求往往是要靠仿制药来满足，换言之，健康权入宪后整体法律的天平会较倾向于仿制药企业，这是可以预见的。

若现阶段国家在政策上希望扶持仿制药产业，那么，如前述建议，加入国民健康权已足。但若国家希望平衡兼顾鼓励创新的新药研发，著者则建议应学习美国法制，在宪法中同时将知识产权保障纳入公民基本权利中，如此将可同时照顾到新药开发企业的利益。

第二节　专利法

本节探讨专利法中与医药专利产业化有关的议题，以及怎样的修改方向将有帮助于医药专利的产业化。

一、引进美国的 IDS 制度对医药专利产业化是否有帮助？

专利法的修改，有人建议可以纳入美国专利法的 IDS 制度。所谓 IDS 制度规定在美国专利法施行细则（37 CFR 1. 56）中，乃指任一美国专利案申请人，或是与该案相关的人士，包括发明人、发明人的美国代理人、本国国内代理人等，在专利申请的审查过程中，有义务将其已知的任何相关先前技术或可能影响该案专利性的相关事实告知美国专利商标局（USPTO）审查委员；如果违反这项规定，有可能导致已获准的专利权不能修正、执行或无效。为符合这项规定，申请人可根据美国专利法施行细则（37 CFR 1. 97 及 1. 98）规定，呈送数据公开声明（Information Disclosure Statement，IDS）。

---

❽　药品之可及性（accessibility）乃攸关人类公共健康的维持及生命的延续，更是实践基本人权（健康人权）的重要部分。参见：吴全峰. 从健康人权之角度论国际药品知识产权制度之发展 [M] // 洪德钦. 欧盟与美国生物科技政策，台北：中央研究院欧美研究所，2011：589 – 600。WHO 进一步运用整合性概念，发展出四项重要观察指标，作为评估国家是否满足适当提供民众基本药品义务（包括可利用性与可近性）之依据，其中首要的就是可负担之药价。According to the WHO, access to essential drugs is part of the human right to health, and "depends on：（1）rational selection and use of medicines.（2）sustainable adequate financing.（3）affordable prices and（4）reliable health and supply systems." WHO, Meeting Report：Network for Monitoring the Impact of Globalization and TRIPS on Access to Medicines, 20, WHO/EDM/PAR/2002. 1（February 19 – 21, 2001）.

简单来说，IDS 的意义就是专利申请人有协助审查的义务，因此对于自己所知悉的现有技术，若认为与案件的可专利性有关，就应该如实提交。若申请人明知有相似的在先申请存在，尤其是影响可专利性的在先申请，却刻意不主动提出，便会被认为具有欺瞒 USPTO 的意图（intent to deceive），想在不当意图之下取得专利权或更大范围的专利权。

在美国专利诉讼过程中，他人可以使用合法于段查到专利权人是否遵守 IDS 公开义务，提报符合呈报 IDS 要件的信息。一旦他人知悉某一专利申请案未合法呈报 IDS，并取得具有欺瞒 USPTO 意图的相关证据，就有可能导致已取得的专利，其专利权为不可实施。

美国专利诉讼在证据调查方面的能力很强，尤其是专利诉讼使用的证据开示程序（discovery procedure）及口头证词笔录（deposition）特别显著，证据开示程序又以电子数据的证据发现程序（e‑discovery）的能力最强。在合法手段下，这些程序可以让他人掌握到我们是否有刻意欺瞒原本已知悉极为相似的在先申请的证据；也就是说，在实务上，一个专利申请案若存在没有向 USPTO 诚实申报已知悉且对该专利申请案的可专利性具有重要影响的现有技术的瑕疵，就有机会导致已取得专利权的专利被裁定为不可实施其权利。

一般专利背景技术所描述的现有技术，并非判断可专利性的关键要件。专利申请案的可专利性判断，需对于申请案的个别权利范围所描述的所有组件、限制、技术特征等进行综合判断，并非仅因申请人提供的现有技术就能对申请案的可专利性要件造成致命的伤害。

若申请人未提供已知悉的现有技术，同时审查委员自己亦未能检索到足以驳回申请的相关现有技术前案而授予专利权；他日，由他人得悉，就有可能被作为控告该专利不可实施的证据，届时将会是一场漫长的争讼。

▌CAFC 判决案例 ▌

有些人会问，在实务上，未诚实或完整呈报 IDS 而导致专利不可实施的可能性高吗？

著者找到 5 起美国联邦巡回上诉法院（CAFC）判决案例，❾ 作为支持"呈报 IDS 方为专利申请上策"论点的参考。

---

❾　以下判决皆为本书通过美国法院判决搜索引擎 Findlaw（www.caselaw.findlaw.com）检索而得。

【案例 1】 *McKesson Information Solutions v. Bridge Medical*（Fed. Cir. 2007）

在 McKesson 公司的美国专利号 4857716（'716 专利）审查时，该案负责的专利律师也同时负责处理其他两起类似的关联案（'149 申请案及 '195 申请案）。在 '149 申请案审查时，的确曾提交一笔"Baker 专利"（4456793）呈报 IDS，但在 '716 专利仍为申请案被审查时，并没有依法将"Baker 专利"呈报 IDS。

由于证据显示出"Baker 专利"对该 '716 专利申请案的可专利性具有重要的关系，有欺瞒 USPTO 之意图，因此 CAFC 判 '716 专利在申请时有不正当行为（inequitable conduct），致使其专利无效。

【案例 2】 *Nilssen, et al. v. Osram Sylvania, Inc., et al.*（Fed. Cir. October 10, 2007）

该案的争议点是，'806 专利在申请案的审查期间，没有在呈报的 IDS 内列举一件 Franke 专利（US4266134）。尽管该 Franke 专利是应用于不同的领域（X - ray device），而并非该案的气体放电灯（gas discharge lamp）的领域内，但是 CAFC 仍认为 Franke 专利的应用范围，对于本领域技术人员是显而易见、可替换的现有技术，因此 Franke 专利应当作为呈报 IDS 的在先申请信息。

【案例 3】 *Praxair, Inc. v. ATMI, Inc.*（Fed. Cir. Sept. 29, 2008）

CAFC 判定 Praxair 公司的美国专利 6045115（'115 专利），由于不正当行为导致该专利不可实施。CAFC 认为，该不正当行为是来自其中一件关于限制流量流孔（RFO, Restricted flow orifice）且已被公众使用的现有技术/在先申请证据（evidence of use of RFO）没被 Praxair 公司提报 IDS。

CAFC 法院先认定 RFO 的确是需呈报 IDS 的案件，并从调查结果推断，申请人具有欺瞒 USPTO 的意图：①RFO 与该 '115 专利的专利相关度非常密切；②申请人知道或应当知道 RFO 对于该 '115 专利的专利性评估的重要性；及③该专利权人没有提出任何可信的合理理由，用来解释为何申请人未披露该现有技术 RFO。

【案例 4】 *Monsanto v. Bayer Bioscience*（Fed. Cir. 2008）（*Monsanto III*）

该案中，Bayer 公司的 Mariani 博士按照一则公开展示海报抄取一篇笔记（Mariani notes），虽然文献本身不能作为现有技术，由于海报也算是现有技术的一种形式，因此 Mariani 博士由海报所抄取的笔记绝对可视为现有技术信息

（information about prior art），所以，当需呈报 IDS 条件时，申请人也有责任且必需将该篇笔记呈报 IDS；否则，该专利被判为涉及不正当行为且无法实施（unforceable）。

【案例5】*Bruno Independent Living Aids，Inc. v. Acorn Mobility Services，Ltd.*（*Fed. Cir. 2005*）

该案的 Acorn 公司指控 Bruno 公司在专利申请时，有故意隐瞒一些对 Bruno 公司本身不利的在先申请。CAFC 也同意 Acorn 公司的看法，且认为 Bruno 公司有隐瞒告知法院其另一家叫 Cheney 的公司所生产的 Wecolator 品牌的 stairlift 产品；CAFC 也认为，其 Wecolator 所列举的现有技术，明显不符合申请人所考虑的专利性论点之立场，也必须呈报于 IDS 内。

CAFC 法官说，"The record supports the district court's finding that Bruno possessed actual knowledge of the Wecolator—and that it knew or should have known of its materiality." CAFC 推论，USPTO 的审查员若是在该案专利申请时就发现 Wecolator 品牌的 stairlift 产品（prior art），Bruno 公司即无法引用其发明的一个重要特征（front offset swivel）为其专利性的依据。

另外，法院认为，因为 Bruno 公司也提不出任何合理解释来说明为何不呈报 Wecolator 在先申请作为反驳，所以该故意隐瞒 Wecolator 在先申请之推论是应当成立的。

以上是美国专利法上关于 IDS 制度的介绍。站在有利于医药专利产业化的角度，IDS 制度确实有其优点。如本书第二章所述，在进行医药专利产业化时，医药专利的稳定性是非常重要的，而 IDS 制度则有助于提高专利审查质量，也降低了医药专利事后被无效的风险。

值得提出的是，目前世界上似乎只有美国采取这项制度，著者对于我国是否借鉴这项制度也是持保留的立场，主要原因有两点。第一，这种强制专利申请人公开其所知的重要信息的制度有执行上的困难，毕竟如何认定申请人所知以及重要信息都不明确。例如申请人是否必须提供所有他持有和专利技术有关的文件？提供到什么程度？专利代理人或律师提供给专利申请人的评估或分析报告是否也要提供？若未来有争议时，对方律师可否传唤专利申请人的专利代理人或律师作证并进行诘问？第二，由于其执行上的困难，这种制度必然造成法律成本大幅提高，事实上，这也是美国施行 IDS 制度的实践经验。诚如学者所说，这个制度并没有太大的实践作用，因为若存在对于案情相当重要的数据，不论在专利申请过程还是专利诉讼过程中的检索，一般都会自然随案情发展而出现。❿

二、专利审查程序的改革

生物医药产业的研发周期长且投入高，必须依靠专利垄断来回收其经济利益。所以，时间因素在生物医药产业里扮演极其重要的角色。站在药厂的立场，必然希望在最短时间内研发成功，也希望在最短时间内取得专利，如此才能将其经济利益最大化。因此，若能针对生物医药专利的审查程序加以改良，可以用较短的时间取得医药专利，对生物医药行业绝对是利好。

专利审查时间往往需要数年，以中国目前的情况来说，发明专利的审查周期需要21.8个月。⓫另外，不少人批评，现今的专利审查实务产生许多垃圾专利，有必要提高专利审查的质量，以达到专利申请是否获得批准的应有的适当性与合理性。然而，理想总不免要向现实妥协。实际上，世界各国和地区专利申请的数量逐年增加，随着企业在世界各大局地布局专利的意识越来越强，使得专利需进行全球检索的要求也变得越来越高，这些都给专利审查机构带来难以克服的挑战。⓬ 这是普遍存在的问题，而非仅存在于医药专利领域。要解决这问题，就必须全面改革，专利主管机构不可能为了医药专利而特别订立不同的审查标准。必须提醒的是，垃圾专利的问题，绝对不是只存在于医药专利，任何领域的专利都会有这种现象。

为了解决垃圾专利的问题，不少人指出，之所以会有垃圾专利的产生，是因为审查员欠缺足够时间仔细研究每件申请，因此有必要给予审查员更充足的审查时间，以期提升审查质量。不过，这种建议未必可行，关键仍在于专利局本身并未遍及所有技术领域，而且也没有足够的人员，再者，专利局并没有司法机关所具有的调查权限，专利审查是"纸上谈兵"的工作，审查员只能就

---

❿ Rd. Hon. Sir Robin Jacob. Patents and Pharmaceuticals.
⓫ 国家知识产权局的统计［EB/OL］.［2016 - 03 - 09］. http：//www. sipo. gov. cn/gk/ndbg/2014/201504/P020150414553847604891. pdf.
⓬ 事实上各国专利局普遍面临现实的审查压力，因此除了本文所探讨的给予审查员更充足时间来审查的提议之外，另一个方向的提议是全面放弃实质审查。

文字来推敲是否符合专利要件（patentability），然而要区别很多技术上细微的要点，却往往需要进行试验比对才能得出结果。这也是实践中常常出现的现象，因为专利申请人通过文字技巧创造出某项专利，专利审查员针对文字审核时，往往无法发现问题而授予专利，一旦日后产生诉讼，该专利在诉讼程序上往往被对方律师用实验证据而轻易推翻。

需要明白的是，专利局的审查工作本来就是一种初步筛选的工作，主要是剔除一些明显不能授权的专利。专利证书在法律上最多只能说有推定专利有效的功能，但不等于是专利绝对有效的证明。很多技术细节的审查与争议，还必须通过诉讼来解决。不过，就这点而言，医药专利至少不会是个负担，因为相对于医药专利的商业价值而言，诉讼成本只是九牛一毛。因此，著者对于针对医药专利设计较短的审查流程，是持相对保守的立场。

三、药品专利期限延长制度

时间对生物医药产业至关重要，不仅影响药厂利益，对于专利权取得后能享有的垄断期长短，更是药厂极为关心的议题。这就涉及学理上所谓医药专利延长制度（Patent Term Restoration）的议题。

在中国，一般药品的技术创新大多是申请发明专利，专利期限自申请日起算 20 年，这与美国、日本等国相同，但它们对药品专利分别设计了一套专利期限延长制度。

要了解专利期限延长，首先了解有效专利期限（effective patent life）这个词，它是指从药物审批主管机关（如美国的 FDA）批准药物上市，至该药物专利到期的那一段时间。[13] 理论上，有效专利期限有可能超过 20 年，例如在专利局核发专利之前，药物审批主管机关就先批准了药物上市，当然，实际上这种情况几乎不会出现。当有效专利期限少于 20 年时，这种时间损失通常都是花费在药物审批主管机关对新药上市的审批阶段。我们可以用图 17 来表示。

---

[13]　JAMES J W. Generic Competition and Pharmaceutical Innovation: The Drug Price Competition and Patent Term Restoration Act of 1984 [J]. 35 Cath. U. L. Rev., 1986 (433): 451.

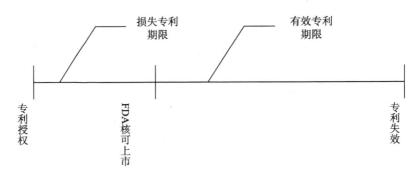

图 17　有效专利期限

了解了专利有效期限，美国和日本对于该议题有哪些规定呢？

美国是世界上第一个实施药品专利期限补偿制度的国家，早在 1984 年，美国就通过《药品价格竞争与专利期限补偿法》（Drug Price Competition and Patent Term Restoration Act of 1984），❶ 该法第 2 条规定，人用药品、医疗器械、食品添加剂和色素添加剂的发明专利权人可补偿部分因其专利产品等待联邦售前批准而失去的专利保护期限。美国的延长期等于 1/2（临床试验期限）＋申报期限，延长期一般不超过 5 年。自 FDA 批准后，其实际的专利保护期不能超过 14 年。❺

日本专利补偿期限，则以专利登记日、临床试验开始日作为起算日，且以二者之中较后的日期为准，并终止于获得行政许可之日，总补偿期限不得超过 5 年。专利期补偿的申请必须在接到上述行政许可后的 3 个月内提交，若原始专利保护期已届满，将不得提交该申请。日本的专利期限补偿适用于人用或兽用药物、人用或兽用诊断试剂或材料，即日本的专利补偿期限制度仅限于药，而不适用于医疗器械或装置。❻

中国台湾地区也借鉴了美国的药品专利补偿制度。其也有类似规定：医药品、农药品或其制造方法发明专利权之实施，依其他法律规定，应取得许可证

---

❶　实务上常用推动这法案的两位议员姓名 Hatch – Waxman Act 来称呼这法案。

❺　以下这篇文献将该法案的历史和争议点等整理得很完整，可以一读。Mattew Avery, Continuing Abuse of the Hatch – Waxman Act by Pharmaceutical Patent Holders and the Failure of the 2003 Amendments [J]. Hastings Law Journal, 2008, 60：171.

❻　日本药品专利补偿法制的介绍引自药品的专利保护期限和延长方法 [EB/OL]. [2016 – 06 – 05]. http：//cht. 86722. com/licai/i47005/.

者，其于专利案公告后取得时，专利权人得以第一次许可证申请延长专利权期限，并以一次为限，且该许可证仅得据以申请延长专利权期限一次。

前项核准延长之期限，不得超过为向主管机关取得许可证而无法实施发明之期限；取得许可证期限超过 5 年者，其延长期限仍以 5 年为限。

第一项所称医药品，不及于动物用药品。第一项申请应具备申请书，附具证明文件，于取得第一次许可证后 3 个月内，向专利主管机关提出。但在专利权期限届满前 6 个月内，不得为之。

由于新药的研发过程漫长，20 年的保护期限相对而言远远不够，通常许多医药专利产品是在专利期限届满后的一段期限内才能获得丰厚的经济回报。医药专利期限补偿制度则能有效保护新药开发者的利益，目前中国还没有这项制度。然而中国是否要在现阶段引进这项制度，仍值得进一步研究。其中最根源的问题在于新药、仿制药以及公众用药的利益冲突，藉由法规调和彼此的冲突，根据国家现阶段产业的发展情况，如果直接将美国专利链接制度照搬至中国，必然容易发生水土不服的现象。

我们首先应该回到专利制度之目的来思考，如本书一再引用与申述的，专利制度是一种不得已的妥协，是一种必要之恶，藉由授予专利权人一定期限的垄断权，换取其公开发明技术。[17] 因为新药研发的巨额成本，所以法定的专利垄断期限是否足以弥补其研发支出，须考虑两个主要因素：一是产品的生命周期，二是需要收回研发支出所需的时间。就前者而言，医药产品的生命周期一般都很长，根据学者研究，一般处方药的生命周期都超过 30 年。[18] 就后者而言，有学者研究，一般需要 12 ~ 19 年的有效专利期限，才足以让新药开发企业收回研发支出。

其次，需要注意的是，专利到期之后，如果专利权人不会立即面临激烈竞争，则专利的重要性自然不高。然而，随着市场对仿制药的需求越来越高，它正逐渐侵蚀新药开发企业的有效专利期限。当有效专利期限较短时，专利权人自然会较早面临竞争，而因为竞争产品的出现所造成的损失，其净现值（Net

---

[17] 何建志. 生物技术专利之最适范围：产业政策与法律分析［M］//生技时代的智慧财产与公共卫生议题. 台北：新学林出版社，2006：113.

[18] M. Statman. Competition in the pharmaceutical industry［EB/OL］. https：//catalogue. nla. gov. au/Record/657704.

Present Value）也会较高。简单地说，1 万元的损失，不论用哪个折现率，5 年的折现率必然高过 10 年。

专利期届满后，新药开发企业所面对的仿制药竞争，从政策来看，是否对于专利期的延长有重大影响呢？当仿制的竞争越强，给予新药开发企业专利期补偿的要求也会越高。若是我们给予新药开发企业专利期补偿的时间越多，折现之后其专利到期后的损失也会越小，也就是说，较长的专利期限可以抵销新药开发企业因面对仿制药竞争而可能减损的开发动力（the monetary disincentive to innovation）。总之，是否给予新药开发企业专利期补偿是一种政策权衡，取决于政策偏向于廉价医药，[19] 还是偏向于鼓励新药创新。[20]

当然，若给予药品专利期限补偿，在具体做法上可以有两种选择。一种是全面性补偿，也就是只要是药品专利就一律按照法定标准给予专利期限补偿。另一种做法是，只针对法定的特殊疾病药品（例如孤儿药）才给予专利期补偿，其余的一般药品专利则不享有此项优惠。

最后，药品专利延长保护的议题，不仅是一国国内产业政策的问题，还牵涉复杂的国际因素。目前主要的医药专利技术仍掌握在欧美等国家和地区手上，它们也常以专利为手段来迫使其他国家（包含中国）开放市场，甚至是让其合法垄断市场。其他国家为了保障其国内医药产业，以及其国内低廉的药价，因而有充足的理由拒绝开放市场。因此，医药专利的议题往往成为发展中国家与发达国家较量的焦点。其中的关键点就在于医药专利延长制度，欧美在各种谈判中，一再要求包含中国等国家引进美国式的专利延长制度，以保障其国内新药开发企业的专利权益。[21] 发展中国家与发达国家的利益冲突关系如图 18 所示。

---

[19] 美国通过医药专利补偿制度时，抗议最激烈的就是消费者团体，他们主张，延长专利可能带来的好处，其实都是用消费者负担高额药价为代价。James J. Wheaton, supra note 2, p. 456.

[20] James J. Wheaton, supra note 2, p. 455.

[21] 之前谈判过程中争执不断的环太平洋伙伴协议（Trans - Pacific Strategic Economic Partnership, TPP）的核心争议问题就是医药专利延长制度。根据路透社的新闻报导，跨太平洋伙伴协议（TPP）谈判，主要为了生物制剂的专利保护期限问题而陷入胶着。路透社报导，两名谈判圈的消息人士透露，美国致力保障生物新药的专利拥有者延长保护 8 年，然而参与谈判的 6 国坚持专利保护期为 5 年。参与跨太平洋伙伴协议谈判的 12 国贸易部长在亚特兰大迈入第 3 天谈判，目前卡在生物制剂的专利权期限。这类新一代药物由活细胞所制，用来治疗癌症与其他疾病。对多国而言，药物的市场垄断期是敏感的政治议题，若较便宜的仿制药晚点进入市场，就会面临较高的公卫支出。药厂则主张，增进专利权的保护能鼓励投资 [EB/OL]. [2017 - 02 - 05]. http：//udn. com/news/story/5/1226146.

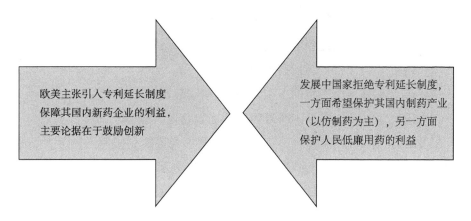

图18　发达国家与发展中国家关于医药专利延长制度的冲突

四、侵权赔偿的额度

罗马法法谚有云："有权利，即有救济；有救济，斯为权利"（Ubi kus, ini remedium：Ubi remedium, ibi jus），"有救济，而无实效，即形同无救济"（Ein Rechtsschutz ohne Effektivitaet ist kein Rechtsschutz），"权利保护必须完善"（Rechtsschutz muss vollstaendug und schoen zu sein）。这些法谚简洁易懂地揭示出法律体系应赋予权利人所应有的救济。若以这种标准来评估现行的中国法制，则似有不足。因为生物医药产业是对专利最为依赖的产业，其重心在于利用专利的财产权特性，也就是排他权，以排除他人侵权，藉以在专利期限内独享专利技术所带来的经济利益。因此，一国侵权诉讼制度是否能够妥善保护生物医药企业的专利技术，对于生物医药企业的利益影响至关重大。

我国法律体系受到欧洲大陆法系的深刻影响，以民法为私法的根本大法，凡是特别法（例如专利法）未规定的事项，皆回归适用民法。以专利侵权而言，即应受到民事一般侵权行为法则的补充适用。中国民法对专利侵权的损害赔偿是采民事侵权的一般原则，即填平原则，也就是对侵权人的侵权行为，不论主观上是故意还是过失，不论行为人是否需受刑事或行政制裁，均应根据因其行为所造成的财产损失与精神损害，确定其赔偿额。具体来说，依据现行专

利法^㉒及相关司法解释,^㉓ 计算基准有下列 4 种:

(1) 专利权人因被侵权所受到的实际经济损失;

(2) 侵权人因侵权行为所获得的全部利润额;

(3) 该专利许可使用费的 1~3 倍合理赔偿数额;

(4) 人民币 1 万元以上 100 万元以下确定赔偿数额。

在中国的具体司法实践中,其认定赔偿数额的计算是依照上述排列顺序而来,㉔ 主要乃是为了贯彻全面赔偿之目的,体现全面赔偿原则,并在最大范围内尽可能保护专利权人的权利,使专利权人的权益得以复原或者充分得到满足。这项原则与 TRIPS 关于侵权行为人应向知识产权权利人支付足以弥补因侵犯其知识产权而给权利人造成的损失的规定基本一致。㉕

虽然中国专利法列出了以上 4 种计算专利侵权赔偿的方法,但根据学者的

㉒　我国《专利法》第 65 条规定,侵犯专利权的赔偿数额按照权利人因被侵权所受到的实际损失确定;实际损失难以确定的,可以按照侵权人因侵权所获得的利益确定。权利人的损失或者侵权人获得的利益难以确定的,参照该专利许可使用费的倍数合理确定。赔偿数额还应当包括权利人为制止侵权行为所支付的合理开支。权利人的损失、侵权人获得的利益和专利许可使用费均难以确定的,人民法院可以根据专利权的类型、侵权行为的性质和情节等因素,确定给予 1 万元以上 100 万元以下的赔偿。

㉓　《最高人民法院关于审理专利纠纷案件适用法律问题的若干规定》第 20 条:人民法院依照专利法第 57 条第 1 款的规定追究侵权人的赔偿责任时,可以根据权利人的请求,按照权利人因被侵权所受到的损失或者侵权人因侵权所获的利益确定赔偿数额。权利人因被侵权所受到的损失可以根据专利权人的专利产品因侵权所造成销售量减少的总数乘以每件专利产品的合理利润所得之积计算。权利人销售量减少的总数难以确定的,侵权产品在市场上销售的总数乘以每件专利产品的合理利润所得之积可以视为权利人因被侵权所受到的损失。侵权人因侵权所获得的利益可以根据该侵权产品在市场上销售的总数乘以每件侵权产品的合理利润所得之积计算。侵权人因侵权所获得的利益一般按照侵权人的营业利润计算,对于完全以侵权为业的侵权人,可以按照销售利润计算。《最高人民法院关于审理专利纠纷案件适用法律问题的若干规定》第 21 条:被侵权人的损失或者侵权人获得的利益难以确定,有专利许可使用费可以参照的,人民法院可以根据专利权的类别、侵权人侵权的性质和情节、专利许可使用费的数额、该专利许可的性质、范围、时间等因素,参照该专利许可使用费的 1~3 倍合理确定赔偿数额;没有专利许可使用费可以参照或者专利许可使用费明显不合理的,人民法院可以根据专利权的类别、侵权人侵权的性质和情节等因素,一般在人民币 5000 元以上 30 万元以下确定赔偿数额,最多不得超过人民币 50 万元。在现行专利法中,将该司法解释直接纳入专利法第 65 条,同时将法定赔偿额的金额提升为人民币 1 万元以上 100 万元以下的赔偿。

㉔　李国光. 最高人民法院民三庭负责人就关于审理专利纠纷案件适用法律问题的若干规定答记者问 [J]. 解读最高人民法院司法解释民事卷 (1997—2002), 2003: 381.

㉕　依据 TRIPS 第 45 条规定,对已知或有充分理由应知自己从事之活动系侵权的侵权人,司法当局应有权责令其向权利人支付足以弥补因侵犯知识产权而给权利持有人造成之损失的损害赔偿费。

实证研究,❷ 实际上绝大部分的案件都采取法定赔偿额来直接认定损害赔偿的数额。法院采用法定赔偿额的原因,大多为原告举证不足,主要原因是,中国法院相对于美国法院是比较保守的,对举证责任要求较高,导致专利权人极难举证侵权人对专利权的侵害与专利产品因侵权所造成的销售量减少之间存在相当因果关系,所以法院无法以原告所受到的经济损失来核定赔偿金。另外,被告多以保护商业机密为由,不配合提出涉嫌侵权之产品的市场销售数据,以及每件侵权产品的成本与利润,造成法院很难以侵权人因侵权所得的利益来核定损害赔偿的金额。至于参考专利许可金核定赔偿额的方式,则必须考虑该专利的市场价值,然而专利的市场价值会因市场需求而变动,中国专利法与审判实务尚未形成一套适当计算许可费的法则,所以法院在无法判断适当专利许可费之前,尚无法以许可费来核定赔偿数额。

在专利侵权时难以计算合理赔偿数额的困境下,主审法官只能依据各案件的被侵权专利的性质、被告侵权的情节、时间、范围及原告为制止侵权所产生的合理费用等因素,适用法定赔偿,酌情确定被告的赔偿数额。

目前中国专利法最让人诟病的一点,就在于赔偿额过低,法定赔偿额最高只有100万元。这与生物医药企业研发一项新药技术所需投入的金额完全不成比例。

若对照美国的情况,可以发现落差有多大。根据统计(见图19),从损害赔偿额来看,2010~2013年美国专利侵权诉讼平均每案赔偿额高达430万美元。若从企业运营类型来看,可分为非专利实施实体(NPE)和一般营业公司(PE),2010~2013年NPE取得损害赔偿额为850万美元,PE为250万美元。NPE在损害赔偿金方面仍然处于有利可图且高于一般公司所得利润。

相对于美国,中国绝大多数为小额损害赔偿,高额损害赔偿非常少见,裁定的金额普遍偏低。目前中国对于发明专利损害赔偿的判决数量很有限,以中国国内企业实用新型及外观设计专利侵害的案件为绝大多数。外国企业的专利诉讼则主要以市场的占有为目的,包括以行政查处及边境保护防止侵权产品的国内与国际销售,并非以取得法院酌定之赔偿为其诉讼目的,这或多或少与赔偿额过低,进行诉讼求偿无益有关。

---

❷ 王俊凯,王文杰,李友根,等. 美国与中国之专利侵权民事损害赔偿实证研究 [J]. 科技法学评论,2009,6 (1):64.

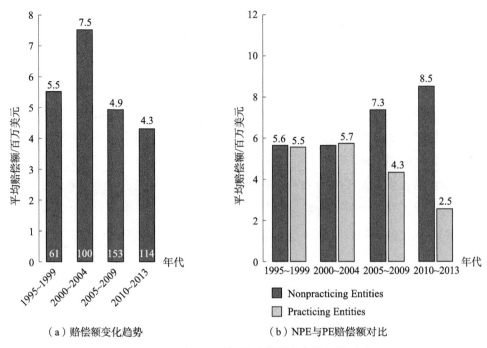

图 19　美国专利诉讼损害赔偿额变化趋势及对比

数据源：PWC. 2014 Patent Litigation Study［EB/OL］.［2016 – 01 – 20］. http：//www. pwc. com/
us/en/forensic – services/ publications/2014 – patent – litigation – study. jhtml。

综合中国《专利法》第 65 条以及美国专利法的规定，著者建议如下：

第一，条文规定以实际损失或实际获利为赔额额认定的原则，当不能证明
时，以专利许可费为补充认定标准者，可参考美国专利法。以美国法而言，损
害赔偿的计算，原则上由原告证明其实际损失（actual loss）/所失利益（loss
of profit），当难以证明时，则由法院依合理权利许可费（reasonable royalty）来
认定。❷

第二，法条的规定仅是基本原则，实际适用上究竟应该如何认定实际损失
（actual loss）以及合理权利许可费（reasonable royalty），则有待在实践中由具
体案例进行具体分析。若参考美国法的话，认定实际损失主要考虑以下几个
因素：

---

❷　此项原则奠基于 Panduit v. Stahlin Bros. , 575 F. 2d 1 152（6th Cir. 1978）。简秀如. 论专利侵
权损害赔偿范围之确定［D］. 台北：政治大学法律研究所，2003：41。

（1）对专利产品的实际需求（Demand for the patented product）；

（2）缺乏可接受的非侵权的替代品（Absence of acceptable noninfringing substitutes）；

（3）其满足这一需求的制造和营销能力（His manufacturing and marketing capability to exploit the demand）；

（4）专利权人由此可能产生的利润（The amount of the profit he would have made）。

当实际损失，例如利润损失不能证明时，专利权人有权计算合理的权利许可费。至于合理权利许可费的认定，美国法院主要考虑以下因素进行综合认定：❷

（1）专利权人因为许可专利应该收到的权利许可费；

（2）获得许可的人支付使用与该专利类似的其他专利的权利许可费；

（3）就排他性以及对地区和客户的限制而言的授权性质和范围；

（4）通过不许可他人使用该发明专利来维持垄断许可的既定政策和营销计划；

（5）许可人和被许可人之间的商业关系，比如他们是否是竞争对手或发明者和推动者；

（6）销售专利产品在促销被许可人的其他产品的过程中的影响；对许可人而言，以专利产品为契机销售其非专利产品时所存在的价值；以及由此而衍生或搭售的范围；

（7）专利期限和许可期限；

（8）基于该专利所制备的产品已经确定的收益率，商业上的成功以及目前受欢迎程度；

（9）与旧模式和设备相比，该专利产品的实用性和优势；

（10）专利发明的本质、许可人拥有并将发明实际商业化的特点、使用发明带来的利益；

（11）侵权人使用发明的程度以及使用的价值；

（12）使用此发明所带来的利润或商业上通常允许的部分；

---

❷　Georgia – Pacific v. U. S. Plywood, 69 F. 3d 512（Fed. Cir. 1995）.

（13）可实现利润的一部分归因于有别于非专利的发明要素，由侵权人增加了显著特性/改进，制造过程或业务风险；

（14）合格专家的意见证词；

（15）从侵权开始时以公平的原则进行虚拟谈判的结果。

由于在诉讼实践上确定原告实际损失颇为困难，因此合理许可费标准的运用更为常见。

第三，中国专利法与美国专利法有一重大不同，根据美国专利法，若原告无法证明实际损失或所失利益时，法院应依据合理许可费标准来计算赔偿。但依照现行专利法，就合理许可费亦课予原告举证责任，当原告无法举证时，法院依职权仅能裁量核定不高于 100 万元人民币的赔偿额。一方面课予原告沉重的举证负担，另一方面最高 100 万元的赔偿额实在过低，如此对专利权人弱保护，至少对于医药产业而言，将非常不利于专利权人，此与美国专利诉讼赔偿动辄以百万美元起，且在某些案件中还可课予 3 倍的惩罚性赔偿者，实难以相提并论。

最后需要补充的是，我国政府也切实认识到该问题的重要性。我国专利法历经多次修改，于 2015 年开始酝酿第四次大幅修正。国家知识产权局已提出专利法修改草案并公开向社会征求意见。根据专家的意见，这次修订的一大热点就是加大专利保护力度，维护权利人合法权益，对此，国家知识产权局提出说明，专利维权举证难、周期长、成本高、赔偿低、效果差，是企业创新发展的最大障碍。因此，从社会实际需要出发，进一步完善具有中国特色的专利保护制度是此次专利法修改首先要解决的问题。国家知识产权局条法司有关负责人表示，专利法修改草案围绕加强专利保护、加大执法力度，针对上述问题，提出相应措施，建立健全打击专利侵权的长效机制，促进专利行政执法和司法保护的有效衔接，提高执法效率，降低专利维权成本，营造公正公平、规范透明的法治和市场环境。其中主要建议包括，为解决专利维权举证难问题，完善相关证据规则；为解决专利维权周期长问题，明确行政调解协议的效力，规定无效宣告请求审查决定及时公告；为解决专利维权赔偿低问题，增设对故意侵权的惩罚性赔偿制度；为解决专利维权成本高、效果差问题，加大对假冒专利的处罚力度，完善行政执法手段，就群体侵权、重复侵权行为的行政处罚以及制止网络侵权作出了规定。❷❾ 根据以上修法方向，可以预期，中国未来会渐渐提高赔偿额度，法制变革还是朝符合生物医药产业需要的大方向发展。

五、强制许可的宽与严

强制许可制度（compulsory license）是极具争议性的制度，往往是各种利益冲突的焦点。如学者所言，从国家范围来看，专利强制许可平衡的是特定专利权人与使用专利的社会公众之间的利益。从国际角度而言，强制许可往往体现了掌握技术优势的发达国家与处于技术劣势的发展中国家的利益冲突与平衡，可以说专利强制许可制度集中体现了专利的公共政策面向。❸⓿

其是否使用以及如何使用，都会对专利药厂、仿制药厂以及社会公众三者的利益有巨大影响。若放宽其使用，最大获利者当然是仿制药厂和制药代工厂，社会公众也获得短期的现实利益。但此举对专利药厂打击很大，会间接降低专利药厂的投资意愿，长期来看对国民健康反而有害。对于强制授权制度实际上能发挥的功能，以往研究文献大致有两种不同的看法。❸❶ 一是认为强制授权制度虽然被《巴黎公约》与 TRIPS 等国际公约所承认，并为世界各国普遍实行，但是各国强制授权的实际案例均不多见，在准许强制授权的案件数量如此稀少，且缺乏实践案件累积的执法经验之下，该制度能否发挥其期待的制度功能，值得怀疑；二是认为，各国强制授权的申请与许可案例虽然确实不多，但是强制授权制度的存在本身，可作为专利许可方进行专利授权谈判时的有力筹码，足以增强许可方交涉时的谈判地位。其在实际上的功能虽然不易衡量，但也不可随意加以低估。因此在专利立法上，仍然必须将强制授权列为必备制度之一，这不仅有助于促成企业间的授权协议，同时在国家紧急状况或有其他公益考虑之时，也可保留充分的弹性空间足资因应。

---

❷❾　专利法修改草案五大热点备受关注 ［EB/OL］. ［2015 - 04 - 10］. http：//www. iprchn. com/ Index_NewsContent. aspx？ newsId = 84249.

❸⓿　易继明. 专利的公共政策：以印度首个专利强制许可案为例 ［J］. 华中科技大学学报，2014，28（2）：77.

❸❶　王立达. 从 TRIPS 协议与公众健康争议论专利强制授权之功能与局限 ［J］. 科技法学评论，2004（1）：220 - 221.

我国专利法直接涉及专利强制许可的条文为第 50 条：为了公共健康目的，对取得专利权的药品，中国国务院专利行政部门可以给予制造并将其出口到符合中华人民共和国参加的有关国际条约规定的国家或者地区的强制许可。根据该条规定，若某药品在中国有专利保护，其原研药企业享有在中国独占使用、制造与销售的权利，但若该药品在中国有参与国际条约的其他海外国家有迫切的公共健康需求时，中国可以利用强制许可，授权国内药厂（原则上就是仿制药厂）进行生产并出口到该特定国家。另外，2005 年中国制定了涉及公共健康问题的专利实施强制许可办法，该办法于 2012 年 3 月 15 日再次修正。

著者认为，前引的中国专利法条文，明显带有扶植其国内仿制药厂之政策目的。因为其所谓强制许可救助的对象并不是中国本身，而是海外其他国家，换言之，并不是为了中国国民的健康与用药需求而进行强制许可。著者以为，纯就法理而论，为了其他国家的国民健康，而侵夺中国国内专利权人的财产权（即专利权），是否有违不当联结禁止原则，[32] 则不无疑问？姑且不论此项规定的合宪性与合理性，纯就产业政策而论，这项条文绝对是对中国的仿制药厂的一大利多，它等于只要产品是出口到海外特定国家，就可以在国内自由生产，而不必有专利侵权的疑虑。

中国专利法中虽设有强制许可的规定，但迄今仍未出现过实施强制许可的案例。这或许是因为外国（特别是美国）施加的压力，也可能是政府有意自制，以避免有碍知识产权与私权文化的发展。姑不论其原因，但吾人赞同学者易继明的观点，其指出，专利强制许可短期内固有其效果，但长期而言却可能产生阻碍外资进入中国的负面效应。客观地说，这项制度只是解决了发展中国家对药品的一时之需，并不能根本解决其民众长期用药的需求。且发展中国家长期生产仿制药，会形成对国外制药产业的过分依赖，无法推动其创新，最终也无法摆脱被动的地位。[33]

---

[32] 所谓不当联结禁止最初源自行政法，指行政行为对人民造成不利益所使用之手段，必须与行政行为所欲追求之目的间有合理之联结关系存在。参见：李建良. 行政法上不当联结禁止原则 [J]. 月旦法学杂志, 2002, 82：20－21。但著者认为，此项原则应可以上升到法律的一般原则，而不仅限于适用于行政机关，即使立法行为亦应同受拘束。

[33] 易继明，前揭文，页 81。

六、以不转化作为无效专利的理由

依照经济学对理性人的假设，人的行为模式是趋利避害的，若要通过法规政策来影响人的行为，除了通过诱因手段（例如延长医药专利期限）之外，另一种方法就是通过惩罚手段，这就是经济学所谓"胡萝卜与棒子"（Carrot and Stick）的理论。[31] 以往的学理多集中在"胡萝卜"的议题上，比较少看到有人从"棒子"的角度来探讨制度设计。

从惩罚的角度来思考医药专利产业化，最简单的制度设计应该是让已授权但经过多年仍然没有转化的医药专利得以宣告无效。类似的设计在商标法早已存在。中国现行《商标法》第49条第2款规定，注册商标成为其核定使用的商品的通用名称或者没有正当理由连续3年不使用的，任何单位或者个人可以向商标局申请撤销该注册商标。就是对于现实上3年未使用商标的一种惩罚制度，一方面促使商标权人积极使用其注册的商标，另一方面撤销该未使用的商标，也让公众免于受到该商标之排他限制。

著者认为，专利法若为医药专利设立特殊规定时，除了前述比较法上常见的医药专利延长制度之外，亦可考虑创设医药专利未使用时得予无效的制度。这项制度，将可让医药专利权人有压力进而促使其在法定期限内转化其专利，如果未转化该专利将可能被无效。前者既促成产业化，大众又享有新药的利益；后者让原医药专利成为公众领域（public domain），医药产业中的所有厂商皆可自由使用，对公众亦是有利。

如要创设这项制度，在立法设计上，主要应该考虑：一是多少年未转化医药专利时得予以无效？著者建议，以3~5年为限较为适中，或许可以参考商标法的立法定为3年。二是无效必须由第三人提出，抑或国家知识产权局可以依职权进行宣告无效。著者倾向前者，毕竟国家知识产权局业务工作量极大，若还要监督医药专利是否在法定期限内转化，将是力有未逮。国家知识产权局的角色应尽可能中立，以取得超然独立地位，在社会上始能获得尊重。若可以自行依职权去宣告医药专利无效，则恐怕会引起不必要的舆论麻烦。

---

[31] "胡萝卜加大棒"一词最早在1948年12月11日《经济学人》发表，后收录于《牛津英语词典》增订版。

七、可专利性要件中创造性标准的提高

在传统美国专利法的新颖性与创造性标准下，任何创新（包含新药）只要与现有技术有任何的不同，就可以申请取得专利。新颖性是比较客观的标准，意指该发明以前未获公开。为了推翻一项发明的新颖性，提前公开的信息必须包含该发明的所有要素。在一篇文献中找到某发明的全部元素并不容易，因此实践中新颖性并不是拒绝专利的常见手段。比较常见的是创造性，该标准意指，某发明不仅必须包含与现有技术完全不同的因素，而且不应让本领域或技术人员（ordinary skill in the art）认为该创新显而易见（non-obvious）。创造性是比较主观的标准，因为它要求专利审查员或法官对从 A 点（现有技术）到 B 点（待审专利）所需的知识跨越进行判断。既然是主观的标准，也就说明在这点上比较有弹性。一个国家可以为创造性所需跨越的幅度设置一个高标准，也可以仅要求适度地提高。目前国际知识产权的协议中，并没有强制要求创造性的门槛究竟应该多高？❸

目前的医药专利充斥着滥竽充数的现象，很多专利申请人仍使用既有的专利化学成分，仅是稍加改进后，让改进型药能增加一些稍微有利于患者的新性能，例如原来一天需服 4 剂，减少为 2 剂，或让药品有更长的保质期等。这种创新一般被称为"渐进式创新"（incremental innovation）。这种创新并不是不好，不过站在立法政策的角度，我们是否要为这样的渐进式创新提供如此诱人的经济激励（专利保护），以至于大部分的制药企业都将资源投入在渐进式创新中，再用大量的资金去营销其渐进式创新的成果。制药企业会这样做的理由其实很简单，毕竟要有"突破式创新"（break through innovation）所需投入成本与需承担的风险都远远高过渐进式创新，因此若渐进式创新也同样能帮助药厂达到垄断市场的效果，他们自然愿意走这条比较保险的路。然而，站在公众健康的立场，或许我们更希望看到的是突破式创新，以解决许多无药可医的疑难杂症。

要达成以上目标的方法之一，就是通过提高创造性的标准，从而让那些完

---

❸ ABBOTT F M, DUKES G. 全球医药政策：药品的可持续发展［M］. 翟宏丽，张立新，译. 北京：中国政法大学出版社，2016：30.

全不同的治疗方式或新药效的药品才能获得专利。对既有药物稍加改良之类的渐进式改变，则不能获得专利保护。事实上提高创造性的标准，是美国联邦贸易委员会对美国专利体系进行完整与综合考察后所得出的建议之一。❸ 这或许是在医药领域可以刺激产生突破式药物的一个办法，值得参考。对医药专利要求较高的门槛，虽然会使专利授权率下降，但物以稀为贵，反而会使授权的医药专利价值提高，从而有利于医药专利的转化。

八、说明书公开标准的提高

专利数据库可以说是技术的百科全书，承载着内涵极其丰富的技术信息，学者认为，专利制度最大的价值就在于"技术公开的要求"（disclosure requirement）❸ 对社会的贡献。❸ 通过技术公开，可避免不必要的重复研发，且后进者可以站在既有专利的基础上再进一步研发，此举将有助于产业竞争（precompetitive）。因此，站在政策立场，应该尽可能要求专利权人公开技术信息，避免产生选择商业秘密的现象。因为，商业秘密无助于社会累积知识，且不能避免重复研发所造成的资源浪费。❸

特别是类似我国这样的发展中国家，要求高的公开标准是更为重要的，它将有助于我国本地企业学习跨国公司的先进技术。事实上，这也是国家知识产权局的一贯立场。下面以"万艾可"为例进行说明，❹ 在该药物开发之初的1991年，辉瑞公司将作为抗心绞痛药物描述的活性成分在世界各国申请了化合物专利，并在中国也提出了申请，但是，由于当时中国的专利制度对药物化

---

❸ US Federal Trade Commission. To Promote Innovation: The Proper Balance of Competition and Patent Law and Policy [R]. Washington DC, FTC, 2013: 10 - 11.

❸ CHISUM D S. Comment: Anticipation, Obviousness, Enablement: An Eternal Golden Braid [J]. AIPLA Q. J., 1987, 15: 87(explaining that primary purpose of disclosure requirements is to "put the invention in full possession of the public so the invention may be freely made and used after expiration of the patent").

❸ 早在18世纪起，人们就了解到专利制度的价值在于发明人专利所内涵的信息。See Merges & Duffy. Patent law and policy: cases and materials at 259 (… as a major change in the economic role of patents, for it shifted the emphasis from the introduction of finished products into commerce to the introduction of new and useful information to the technical arts.)

❸ SHECHTER T. Intellectual property: the law of copyrights, patents and trademarks. §13.4.1 at 288.

❹ 本案具体可以参考：13家与1家各说其理 [EB/OL]. [2016 - 10 - 03]. http://webcache. Googleu sercontent. com/search? q = cache: BZv - Pv3 _ 4uMJ: www. cpo. cn. net/zscqb/fazhi/t20020912_8333. htm + &cd = 1&hl = zh - TW&ct = clnk&gl = tw。

合物不给予专利保护，因此，辉瑞公司只得在中国申请保护其制备方法的专利，也就是说，若其他人使用不同的方法制备该药物活性成分，不会构成对辉瑞公司的专利侵权。考虑到该药在中国的巨大市场，中国国内许多单位因了解该药品在中国申请应用专利的情况，并进行多方咨询，由于该专利在中国尚未获得授权，当时的看法是，该专利存在缺陷，在中国获得授权的可能性不大。国内某单位决定在中国生产该产品，于是，在1999年就有17家单位向国家食品药品监督管理局（SFDA）申报生产。

在此期间，2000年的6月，辉瑞公司在中国申报的万艾可获得SFDA的批准，辉瑞公司的药品在经过严格的手续后上市了，每盒药品的价格为99元人民币，高于在美国的销售价格。

2001年4月，国家专知识产权局已经决定对万艾可用途专利授权，该决定在2001年9月生效。

消息传出后，国内厂家对这个消息深感震惊和意外。该决定意味着，十几家国内开发单位的产品一旦上市，就将构成对辉瑞公司的专利侵权，辉瑞公司有权向法院提起诉讼，控告这些单位专利侵权。一旦侵权成立，国内这些单位不但投入研发中的上亿元费用付诸东流，还将赔偿产品生产和销售后得到的收入。

2001年，中国国内13家机构和个人联合向国家知识产权局专利复审委员会提出请求，要求宣告美国辉瑞公司在中国获得授权的万艾可用途专利无效。

2004年6月28日，国家知识产权局专利复审委员会作出无效决定，认定其在药理实验中使用的特别优选的化合物为上述第4个层次中包含的化合物中的一种，而第4层次中包含的化合物的数量超过100种。对于本领域技术人员而言，根据该专利说明书的教导，从超过百种的化合物中筛选和确认具有治疗效果的化合物是需要花费创造性劳动的，本领域技术人员根据该专利说明书的记载无法确信该专利权利要求中要求保护的用途（在制备治疗或预防雄性动物勃起机能障碍的药物中的用途）中使用的化合物具有所希望得到的效果，因此，缺乏数据的支持。另外，从现有技术的教导也无法确认该化合物是否具有这种效果。因此，专利复审委员会以其专利违反《专利法》第26条第3款的规定，说明书应当对发明或者实用新型作出清楚、完整的说明，以所属技术领域的技术人员能够实现（即专利说明书公开不充分）为由宣告该专利全部无效。**⑪**

随后，辉瑞上诉法院，法院推翻了专利复审委员会的认定，法院的理由是该案专利符合《专利法》第 26 条第 3 款的规定，专利复审委员会此前作出撤销万艾可用途专利的决定"认定事实有误，适用法律错误"，因此判决撤销该无效决定。**⑫**

究竟是国家知识产权局还是法院的见解正确，暂置不论，但通过该案，国家知识产权局企图提高专利说明书公开要求的做法应值得赞同。特别是在医药专利的领域，若政府企图通过专利公开来辅助国内制药企业快速学习海外技术，则要求高的公开标准，应是正确的政策选择。

总之，美国学者 Harmon 主张，公开是专利的核心制度，通过该制度，专利可诱导投资在研发与营销，并引起进一步的创新，最终使专利产品落地而实践商业化，甚至是产业化。**⑬**

九、要求将提交新药有效性证明作为专利申请的要件

专利要件除了新颖性与创造性之外，还须满足实用性的要求。过去的司法实践对于实用性的要求可谓是聊备一格，只要发明人声称有任何用途，审查员大多会予以认可，而很少深度探究该发明究竟有多大用途？近年来，化学与生物技术领域的进步使得实用性要求日益重要。原因在于，使用现代研究技术，研究人员可以创造出新的分子以及生物工程产物，在创造时未必明白该创造物有何具体用途。**⑭** 为了避免专利市场上"推测性"（speculative）化学与生物技术泛滥，WPTO 开始提高对实用性要求的审查。不过，在实践中对于实用性的要求仍不算太高。例如，在美国，一个化合物的发明者，无须证明该产品能否治疗或治愈某种疾病，只需证明其能针对某种目标疾病产生生物活性、有一定程度的治疗潜力就足够了。美国联邦巡回上诉法院在著名的 re Brana 案中提出

---

　　⑪⑫　关于该案行政诉讼的过程、判决理由及分析可以参考：杨宏军. 对伟哥案专利无效行政诉讼案的思考［J］. 金杜知识产权期刊，2008。

　　⑬　See Harmon, Patents And Federal Circuit §1.2 at 11.

　　⑭　See MERGES, DUFFY. Patent law and policy: cases and material［M］. 3ed. LexisNexis, 2002: 227.

的理由是，延误专利授权将大大减弱对继续新药研究的激励。❺

WPTO 在 20 世纪 80 年代曾试图在药物化合物专利申请中引入有效性标准。所谓有效性，是指药物发明专利的申请人能够证明新药至少在临床试验中可以显示出某种确定疗效。也就是医药专利发明人必须提供临床证明，说明就同一种疾病的治疗，该发明比之前的药物有更好的疗效，对公众健康真正有用。

一旦对医药专利采取这种高的实用性标准，可以预见过去药厂大量抢占发明的情况将会减少，因为药厂在专利递交前需要先找到证据，这可能需要很长的时间。因为在Ⅱ期临床试验结果出来之前，安全性与有效性是没有临床证明的。从最初提交药品潜在有效性报告，到最终获得临床结果，可能需要耗时 6 年左右。学者之所以建议将有效性纳入医药专利实用性的考虑因素，还有一个原因，它可以促进研发领域的发展。医药专利的申请必须经历漫长的竞争才能分出胜负，只有第一个拿出临床有效性证明的发明者才能获得专利，面临有可能最终出局而无缘任何奖励的窘境，为了降低风险，除了比谁先获得临床证明之外，势必有人会另辟蹊径，采取不同的研究方法，这有可能促成更多样化的临床成果的产生，对社会无疑是有利的。❻

十、在侵权救济上以责任法则取代财产法则

针对医药专利的产业化应制订尽可能有利于许可的政策或法规。唯有通过许可，独占的医药技术才能被释放出来供多数人共享，但我国的医药产业可能遇到障碍，即涉及专利权的权能问题，特别是发生侵权行为时，专利权人可以主张何等权利的问题。

从鼓励中国仿制药企业及关注公民健康的立场而言，医药专利的侵权救济制度可以考虑强制采取责任法则（liability rule）代替财产法则（property rule）的做法。所谓责任法则，是指当侵权行为发生时，权利人仅得追究侵权人的赔偿责任，但不能制止侵权人的侵权行为，换言之，只要侵权人愿意并能负担赔

❺ re Brana, 51 F. 3d 1560 (fed. Cir. 1995).

❻ ABBOTT F M, DUKES G. 全球医药政策：药品的可持续发展［M］. 翟宏丽，张立新，译. 北京：中国政法大学出版社，2016：32.

偿金（通常是以权利许可费的形式），就可以继续其侵权行为。相反地，财产法则是指当侵权行为发生时，权利人要求法院禁止侵权人继续其侵权行为，以美国法为例，就是采取禁令（injunction）的方式，禁止侵权人的侵权行为，一旦法院签发禁令，就算侵权人希望支付权利许可费而继续其侵权行为，亦为法所禁止。❶

　　根据目前我国的法律，专利属于无形财产的一种，具有财产权的属性，当侵权事实发生时，权利人除了可以请求损害赔偿之外，也可以行使财产权的保护，例如禁止侵权人的侵权行为，即专利权人同时享有责任法则与财产法则的双重保护。然而，财产法则的保护，长年以来已经形成对中国制药企业发展的一大桎梏，因为目前比较先进的医药专利技术仍然掌握在欧美制药企业手上，但这些欧美制药企业极少愿意通过许可的方式将技术授权给中国国内制药企业使用，相反地，一旦发生侵权事实时，这些欧美制药企业几乎都会提起诉讼，要求法院制止中国制药企业的侵权行为，迫使中国国内的制药企业只能试着自主研发新药，或完全退守到仿制药。就前者来说，要完全自主研发新药，难度极高，就后者来说，对产业乃至公民健康都不是好的发展选项。若希望从根本上解决问题，可以通过专利法的修改，在医药专利的救济制度上，排除财产法则。果如此，只要任何第三方愿意支付许可费给医药专利所有人，就可以享有专利使用权而进一步生产仿制药，❷ 它可以达到扩大医药专利产业化的目的，也可以让公众较容易以合理价格取得应有的药物。

　　这种想法与强制授权的观念其实有其相通之处，都是企图排除专利权人拒绝授权或要求不合理的授权条件时，在法律上的因应之道，可在法律上强制以许可合约（license agreement）的方式取代专利排除权（right to exclude）的行使。这种做法虽有其理想，但可以预见到的，若要落实到实践中必然容易引起争议，跨国制药企业必然会通过外交手段施压我国政府，结果或许会和强制授权一样，虽有法源依据但实践应用不多，这也再次显露出如本书第一章所述的，医药专利的议题带有强烈的国际政治色彩。

---

　　❶　See：REICHMAN J H. Charting the collapse of the patent‐copyright dichotomy：premise for a re-structured international intellectual property system［J］. Cardoza Arts&Ent. L. J., 1995, 13：475.

　　❷　这种情况就是学理上所说的授权仿制药（licensed generic drugs）。

若要试图缓和欧美制药企业的反对，又希望推动责任法则，那么，发展中国医药产业可以考虑由政府主导，通过立法方式厘定合理的许可费率（royalty rate）。欧美制药企业捍卫其专利权，不外乎为了其经济利益，只要专利许可费合理，他们接受的可能性自然会提高。然而，困难点在于如何设定许可费率？它需要经济学家详细调查中国医药产业的现况，且涉及经济学上首创者与追随者的利益分配（division of rewards between the innovators and follow – on in-novators），**⑩** 以求效益最大化的问题。在这个基本架构上，学者认为采取延展性许可费率（reach – through royalties），也就是按照销售额的一定比例来抽取权利许可费，是较合理可行的方法。**⑩** 另有学者建议，若是在发达国家，许可费率可以设定在 25%，在发展中国家则应设在 5%。**⑪**

第三节　特殊立法与行政规章

在专利法之外，中国还有哪些特殊的法规涉及医药专利，以及怎样的修改方向将有帮助于医药专利的产业化呢？

一、药品注册管理法应提升位阶，以专法规范并设立专利链接制度

中国关于药品管理的根本大法是《中华人民共和国药品管理法》（最新修订日期为 2015 年 4 月），该法律包含广泛，例如还涉及药品包装、药品价格与广告等；就药品上市前的审查，该法律只有原则性的规定，至于授权行政机关则另行规定。主管机关在授权上则制订了目前中国药品注册管理的主要规范，即《药品注册管理办法》。从性质上讲，该办法仅为行政机关制定的法规，而非全国人民代表大会通过的基本法律，虽有法规范之效力，但位阶较低。

药品注册管理不仅影响国民健康，更对药品行业（新药与仿制药）有很

---

⑩ See：CHANG H. Patent Scope, Antitrust Policy, and Cumulative Innovation [J]. RAND J. ECON, 1995, 34 (2)；GREEN J R, SCOTCHMER S. On the Division of Profit in Sequential Innovation [J]. RAND. J. ECON, 1995, 20 (26).

⑩ See：To Prompte Innovation：The Proper Balance of Competition and Patent Law and Policy [R]. Federal Trade Commission, 2003：24.

⑪ ABBOTT F M, DUKES G. 全球医药政策：药品的可持续发展 [M]. 翟宏丽，张立新，译. 北京：中国政法大学出版社，2016：34.

深的影响。依据法律保留（Gesetaesvorbehalt）的通说，也就是重要性理论（Wesentlichkeitstheorie），应该提高其位阶，用基本法律来规范才合乎法治国家的要求，提升其法位阶也能够体现国家重视医药行业的态度。

专利链接制度（Patent Linkage）是值得中国借鉴的。所谓专利链接，是指将仿制药的上市审查程序与其参考原研药的专利有效性信息加以链接，藉以确认该仿制药的上市申请是否有侵害原研药企业专利权的疑虑，❺❷并确保仿制药不会在药品的专利保护期限内上市而被控侵权败诉，进而面临药品被回收、销毁，造成患者用药供给断绝产生的公共卫生问题。❺❸美国专利链接制度，源于1984年的《药价竞争及专利期限补偿法》（Drug Price Competition and Patent Term Restoration Act），即著名的 Hatch – Waxman 法案，以及美国国会于2003年通过的《医疗保险处方药与现代化法案》（Medicare Prescription Drug, Improvement, and Modernization），其中涵盖了专利链接制度的修正，以解决过去 Hatch – Waxman 法案施行中的问题，❺❹经过修法后，整个专利链接制度的内容主要包含橘皮书（Orange Book）药品的目录、仿制药的上市申请与仿制药企业180天销售独占权（180 – day Exclusivity）、30个月停止发证期（30 – month stay）与第505（b）（2）条的上市申请等。

中国目前也在初步尝试类似的专利链接制度，在 CFDA 网站上有药品注册相关专利信息公开公示的字段可以查询药品中的专利信息。❺❺但这项制度的运作，比起美国的橘皮书仍有所不足。

现行《药品注册管理办法》关于药品专利链接制度的规定，主要包括两点，一是关于公示制度的规定，申请人应当对其申请注册的药物或者使用的处方、工艺、用途等，提供申请人或者他人在中国的专利及其权属状态的说明；他人在中国存在专利的，申请人应当提交对他人的专利不构成侵权的声明。对

❺❷　陈蔚奇．论美国专利链接制度于中国实行之妥适性［J］．交通大学科技法律研究所，2010：6．

❺❸　黄慧娟．专利链接（Patent Linkage）：药品研发与竞争之阻力或助力？谈药品查验登记程序与专利权利状态链接之发展（上）［J］．科技法律透析，2009，21（2）：26．

❺❹　廖柏豪．论专利链接与数据保护对中国医药产业之影响［J］．台北大学法律学研究所，2013：6．

❺❺　国家食品药品监督管理总局［EB/OL］．［2016 – 07 – 07］．http：//app1. sfda. gov. cn/data-search/face3/base. jsp? tableId = 65&tableName = TABLE65&title = % D2% A9% C6% B7% D7% A2% B2% E1% CF% E0% B9% D8% D7% A8% C0% FB% D0% C5% CF% A2% B9% AB% BF% AA% B9% AB% CA% BE&bcId = 1243567110717576462301519298 41．

申请人提交的说明或者声明，药品监督管理部门应当在行政机关网站予以公示。药品注册过程中发生专利权纠纷的，按照有关专利的法律法规解决。二是关于仿制药的规定，对他人已获得中国专利权的药品，申请人可以在该药品专利期届满前 2 年内提出注册申请。国家食品药品监督管理局按照本办法予以审查，符合规定的，在专利期满后核发药品批准文号、进口药品注册证或者医药产品注册证。

我国根据《药品注册管理办法》，虽然初步建立了专利链接制度，但仍存在一些问题和不足之处。❺ 首先是难以核实申请人提交的专利声明。虽然依据《药品注册管理办法》注册申请人要提交药品专利状况和不侵权声明，但没有要求申请人提供相关的专利检索与分析报告，❺ 更重要的是，药品主管机构并没有专门的部门或人力对其申请进行核实，也没有与国家知识产权局进行信息交换与合作。若发生虚假申报的情况，既难以发觉，也无对应的罚则。其次，中国还未建立完善的药品注册专利纠纷解决机制。虽然现行《药品注册管理办法》第 18 条第 2 款规定，药品注册过程中发生专利权纠纷的，按照有关专利的法律法规解决。但该规定比较简略，除了在实体责任上没有罚则之外，也不似美国法律有明确的争议程序制度，这些都是有待改进的地方。

除了以上建议改革方向之外，参考美国经验，著者认为更应建立以下制度：第一，法律的基本原则是，构成要件需搭配法律效果，否则将是一纸空文。❺ 但是目前 CFDA 信息平台上的数据是由权利人或注册申请人自愿提交，从平台数据形成的机制来看，并不能保证平台上的药品专利信息的完整性与正确性。因此，要健全中国的专利链接制度，首要为制定违反申报时的法律效果。关于这一点，如果参考美国法，CFDA 同样不是专门的专利审查机关，只是单纯的行政角色（purely ministerial role），要强制其进行专利申报的把关工作，实际上很难做到。虽然依 Hatch - Waxman 法案，NDA 持有人有提交相关

---

❺ 张锡君，刘丹妮. 药品专利保护与药品行政审批之间的衔接问题［N/OL］.［2016 - 07 - 07］. http：//www. sipo. gov. cn/mtjj/2012/201310/t20131023_ 831440. html.

❺ 更严谨的做法是，未来可以考虑建立第三方核实制度，也就是要求药厂在申请药品许可证时必须同时提交由国家认可的第三方专利检索与分析单位所出具的报告。

❺ 学理上称为之完全的法条（vollstandiger Rechtssatz），意指那些在同一法条中包含构成要件与法律效力两个部分。参见：黄茂荣. 法学方法与现代民法（第五版）［M］. 北京：法律出版社，2007：132。

专利的义务，但是其中也没有关于未尽登录义务的处罚，❺ 可能产生的法律效果，也仅在与第Ⅳ段声明相关的专利侵权诉讼发生时，原研药厂或专利权人无法以未登录专利所涵盖的药品取得 30 个月停止发证期的利益而已。但是美国采取两项补充机制来处理专利申报不实的问题，一是伪证处罚，药厂在提出 NDA 申请时，FDA 会要求 NDA 申请人声明（verify）其所提出的专利信息是正确且完整的，否则 NDA 申请人若故意且明知仍为不实陈述（willfully and knowingly false statement），其需受伪证罪的刑事处罚。❻ 二是诉讼上的反诉制度，2003 年 Hatch - Waxman 法案修正后，增订 ANDA 或第 505（b）（2）条的申请人在原研药厂所提起的侵权诉讼中，以反诉请求法院命令 NDA 持有人更正或删除橘皮书上专利信息的相关规定。❻

二、中国的新药行政保护制度

中国对于新药有相当特殊的行政保护制度，并曾在《新药保护和技术转让的规定》与《新药保护和技术转让的办法》中皆有新药保护期的制度。所谓新药保护是指制药企业研制的新药在批准时，国家所给予的保护期。新药保护期的目的是让企业创制新药有动力，并鼓励科研与生产单位的研究、开发、生产新药的积极性，并避免重复研究和生产。以下简述中国新药保护制度的发展沿革。❻

为了避免与专利法冲突，同时为了防止外国制药企业利用新药行政保护阻碍中国医药企业合法仿制其专利到期药品，2002 年 8 月，国务院颁布的《药品管理法实施条例》取消新药行政保护制度，取而代之规定了 5 年的新药监测期。被批准保护的新药品种，仅得由取得批准的企业生产。这种药品监管领域

❺ DERZKO N M. The Impact of Recent Reform of the Hatch - Waxman Scheme on Orange Book Strategic Behavior and Pharmaceutical Innovation ［J］. IDEA, 2005, 221 (45)：165. 另外，所谓登录不实可能有"应登录却未登录专利"（improper refusal to list patents）或"登录不应登录之专利"（improper listing of patents）两种情形。AaiPharma Inc. , 296 F. 3d at 236.

❻ 21 C. F. R. §314 (3) (2) (Q).

❻ 21 U. S. C. §355 (c) (3) (D) (ii) Section 505 (b) (2V application); Id. §355 (j) (5) (C) (ii) (ANDA).

❻ 科学技术部社会发展科技司. 生物医药发展战略报告：专利篇 ［M］. 北京：科学出版社, 2009：32 - 33.

的制度是中国所独有的，具有浓厚的保护知识产权的色彩。与《药品管理法实施条例》相配套的《药品注册管理办法》，于 2005 年起正式施行，该办法规定，为了保护公众健康，可以对批准生产的新药设立监测期，对该新药的安全性继续进行监测。监测期内的新药，药监局不批准其他企业生产和进口。新药的监测期限是根据现有的安全性研究资料和国内外研究状况来确定的，自新药批准生产之日起计算，最长不超过 5 年。2007 年 10 月 1 日，新公布的《药品注册管理办法》仍沿用新药监测期的用语，该办法第 66 条规定，国家食品药品监督管理局根据保护公众健康的要求，可以对批准生产的新药品种设立监测期。监测期自新药批准生产之日起计算，最长不得超过 5 年。监测期内的新药，国家食品药品监督管理局不批准其他企业生产、改变剂型和进口。

从以上新药行政保护的制度来看，虽然其使用的名称略有调整，但实质内容没有太大改变。新药监测期实质上是一种独占权，在该监测期内，其他厂商不能生产与进口。就独占权的特性来说，与专利排他权有点类似。然而根据《药品注册管理办法》第 66 条，新药监测期自新药批准生产之日起开始计算，这项期限的计算与专利没有必然关连。换言之，可能新药享有专利保护又同时享有新药监测期保护，也可能新药不享有专利保护但享有新药监测保护的现象，特别是在过去我国对新药的定义，其是以是否在中国首次生产为标准时，经常发生不一致的现象。[⑱] 中国之所以采取这种特殊制度，以及这种制度所产生的与专利制度重叠交叉的现象，都和中国早年未对药品实施专利保护的历史有关，[⑲] 1984 年的中国专利法采取类似印度的做法，完全不给予药品专利保护。为了保护本国民族工业化，创设了特殊的新药行政保护制度。因此可以说，现在的新药监测制度是历史的遗迹。该制度或许有助于克服药品重复研制而导致资源浪费的优点，但长远来看，这项制度可能造成药品监管的措施混乱，增加行政监管成本，且容易与药品专利制度产生冲突。因此，如何改革此项制度往往是历次医药制度改革的重点。

---

⑱　2015 年 8 月 18 日，国务院发布了《国务院关于改革药品医疗器械审评审批制度的意见》（国发〔2015〕44 号），其中特别提到，将新药由现行的"未曾在中国境内上市销售的药品"调整为"未在中国境内外上市销售的药品"。根据物质基础的原创性和新颖性，将新药分为创新药和改良型新药。其目的是提高药品的审查标准。

⑲　宋瑞霖. 中国的新药保护制度利弊谈 [J]. 中国药业，2002，11（7）：7.

总之，中国未来对医药专利的保护必然是朝向法治化的方向发展，在法治国家，重要的事项应保留由法律来制定，未来类似新药行政保护的措施，将会渐渐被新修订的专利法或其他特别法所取代。这个方向对于医药专利的产业化也是有利的，因为医药专利若要促使其产业化，需要强而明确的法律保护。至于如如何做？或许可以参考美国的制度。根据中国的情况，如本书所介绍的Hatch－Waxman 法案，其采取的是在药品专利期到期后再给予若干年延长专利期（原则上不超过 5 年）的制度，一般学理上称为药品专利延长制。这项制度与专利保护不相冲突，而是一种与专利衔接的制度，也就是藉由延长专利的期限给予新药开发企业一定的政策红利。著者认为，中国引进专利期限补偿制度应该是必然趋势，也就是用专利期限补偿制度来取代现有的新药审查期，应该是比较正确的做法。这种做法有几个好处：其一，让整个新药专利补偿机制统一，也就是回归以专利法为主体的机制，而不是像现在既有专利制度，又有药品注册管理办法的新药监测制度，二者界线模糊，执法上也容易产生纠纷；其二，这种做法可以解决目前药品注册管理办法的新药监测制度中很多解释不清的地方，例如关于新药定义的争议。

三、药品数据专属权（Data Exclusivity）

与中国新药监测有点类似，但实质上并不相同，即所谓药品数据专属权（Data Exclusivity）制度。药品数据专属是指药品研发过程中所获得的各种药品相关资料，[65] 专属于投资开发者（通常称为原研企业）拥有之意。在数据专属的效力下，不仅有意开发相同成分药品（即仿制药）的其他企业受到了限制，负责药品审核的药品监理单位也同样受其拘束。对于仿制药企业而言，除非能获得原研制药企业的授权，否则不能直接援引原研制药企业的数据来证明自己仿制药产品的疗效（efficacy）及安全性（safety）藉以取得药品监管单位的核准上市。换言之，仿制药企业原则上必须自己进行实验以取得相关数据。对于药品监管单位而言，也不能本于先前审查原研的数据时所获知的知识，而允许仿制药企业不需进行试验也不必检送完整技术资料，而得以仅仅证明生物

---

[65] 这些数据包括成分、制造、管制、动物实验、人体试验等资料，统称为科学性技术数据。

等效性❻就予以核准仿制药。在数据专属期内，若有药厂申请仿制药的审批，除非能获得数据拥有者的授权，否则必须提出完整的药品相关数据（即完整技术资料），并以新药形式进行申请。

数据专属的存在和国家所实行的药品登记制度有关。唯有实行目前欧、美、日等发达国家和地区药品登记制度的国家，数据专属才有存在的可能。发达国家基于保障国民健康之目的，都会规定药品上市之前必须经过一定的审查程序，以确定该药品的质量、安全性及疗效，因此均会要求申请企业必须提出与药品相关包括成分、制造、管制、动物实验、人体试验等完整的技术数据进行评估。由于这些数据不仅数量庞大，而且涉及药物制造、药理学、毒理学、药物动力学、临床等众多领域，所以必须设立专门的机构，由各学科专业人员进行详细的审查及评估。但是在有些并未建立类似登记制度的国家，由于无法确实藉由审查、评估企业所检送的资料来决定是否核准该药品，一般会依据该药品在发达国家核准情形判断，如只要某药品已在欧美上市就予以核准。理论上，这类国家和地区因为登记并非凭借完整的技术数据，数据是否专属也就无关紧要了。❼ 表10 整理了世界主要国家的药品数据专属权。

表 10　世界主要国家的药品数据专属权

国家	期限/年	备注
加拿大	5	—
美国	5	—
澳大利亚	5	—
瑞士	10	—
比利时	10	(European Union) Member States are at liberty not to apply the six – year period beyond the date of expiry of a patent protecting the original medicinal product
法国		
德国		—

---

❻　生物等效性（Bio – equivalence），简称 BE。逻辑上，仿制药只要证明与原研药具有生物等效性，即可认定与原研药具有相同的疗效与安全性，因此欧美先进国家和地区均允许仿制药不必再进行完整的动物实验、人体试验，而只要证明即可申请登记。由于不必花费大笔费用进行动物实验、人体试验等研究，仿制药之价格可以大幅降低，而使其对公众公共卫生具有重大意义。

❼　林志六. 资料专属概述［J］. 医事法学季刊，12：1.

续表

国家	期限/年	备注
英国		—
日本	6	Re–examination period / Surveillance period；Approved product is subject to Good Post–marketing Surveillance Practice monitoring（including phase IV investigation）and efficacy
韩国	4 或 6	Re–examination within 3 months after 4 or 6 years from the date of issuance of the license
新加坡	5	—
中国	6	—
泰国	No	—
马来西亚	No	—
以色列	No	—
南非	No	—

数据源：IRPMA 于 2002 年所提供数据（A Review of Existing Data Exclusivity Legislation in Selected Countries）。

从表 10 可以发现，国际现况大致可以分为三类：①无条件实行，包含日本以外的新药开发国（如美国，因实行对其最有利）及部分发展中国家和欠发达国家（因无抗拒能力或实行不影响）；②有条件实行，包含日本、韩国，交换条件为于独占期内必须进行上市后评估；③不实行，包含以色列、南非、印度及部分亚洲发展中国家，其可能基于保护国内仿制药厂之目的。需要注意的是，欧盟会员国虽多订为 10 年数据保护期，但同时也允许各国可自行限制不得超过专利期限 6 年，所以实际影响并非 10 年。

这项制度一直存在争议，各国各有不同考虑，事实上，这也是 2015 年签订的 TPP 中各国最具争议的条款之一。美国坚持 12 年的数据保护期，但在澳大利亚坚决反对下，美国不再坚持 12 年的方案，在夏威夷谈判时便试探性同意接受 8 年的方案，仍不被澳大利亚接受。这个议题持续在亚特兰大谈判中扮演关键角色，在谈判压力下，为避免这项议题导致整体 TPP 协议破裂，美澳双方在最后时刻达成共识，采取如下的折中方案：

第一，以澳大利亚 5 年数据专属权的保护模式作为 TPP 成员国最低保护标准。

第二，兼顾采用美国妥协后的方案，允许 TPP 成员国提供最长 8 年的市场专属保护。换言之，在 5 年数据专属权保护外，各国自行决定是否另外给予 3 年的市场专属保护。®

以上是药品数据专属制度的简介与各国的制度比较，以下将进一步介绍我国国内的情况。

我国药品数据专属保护制度的建立，与中国加入 TRIPS 和 WTO 息息相关。TRIPS 是我国建立数据保护制度的首要法律依据。进行数据保护的重要原因是，药品注册申请人不想公开数据，因为这是他们花了大量时间与资金辛苦取得的成果，然而为了满足上市许可的安全性评价要求，必须向药品监管部门申请递交该试验数据；站在原研药企业的立场，这项资料最好保留在药品监部门而不要让仿制药企业可以免费使用。因此，TRIPS 成员的药品主管部门有义务为申请者通过自己的努力所获得的数据予以保密，以保护药品生产研发企业的合法利益和研发积极性。为了落实 TRIPS 的要求，中国在《药品管理法实施条例》第 35 条规定药品数据保护制度，国家对获得生产或者销售含有新型化学成分药品许可的生产者或者销售者提交的自行取得且未披露的试验数据和其他数据实施保护，任何人不得对该未披露的试验数据和其他数据进行不正当的商业利用。自药品生产者或者销售者获得生产、销售新型化学成分药品的许可证明之日起 6 年内，对其他申请人未经已获得许可的申请人同意，使用前款数据申请生产、销售新型化学成分药品许可的，药品监督管理部门不予许可；但是，其他申请人提交自行取得数据的除外。除下列情形外，药品监督管理部门不得披露本条第 1 款规定的数据，①公共利益需要；②已采取措施确保该类数据不会被不正当地进行商业利用。

由以上条文可以得知：第一，中国的药品数据专属保护的目标仅限于新型化学成分（New Chemical Entity，NCE）；第二，中国的药品数据专属保护的保护期限为 6 年，自药品生产者或者销售者获得生产、销售新型化学成分药品的许可证明之日起 6 年内，他人并非不得申报内含受保护的新型化学成分药品，但其仅能在取得权利人授权，或者自主独立研发的情况下才能使用，否则不予

® 杨培侃. TPP 最终关键议题，生物药品数据专属保护［N］. 自由时报，2015 – 10 – 12.

许可。

中国对于这些规定，引起不少学者批评，认为过于空泛且欠缺具体执行的准则，主要有：❻ ①仅有形式规定，缺乏对关键概念的界定，虽然中国已经建立基本的药品数据保护的法律体系，但大多是一些原则性规定，涉及具体步骤如何操作的问题，在法规中还缺少相应的明文规定。例如对于药品数据保护批准过程的规定不足，提交药品数据保护申请的形式，国家相关部门应规定什么样的统一形式批准等，在条款中缺少明文规定，没有统一的形式制定，就减弱了规定的可操作性。特别是必须确定对 NCE 的解释，因为这是制定药品数据保护政策的基础。由于在 TRIPS 第 39.3 条中没有明确对 NCE 的界定给出解释，所以多数国家在制定政策时都根据自己的理解进行了相应的解释，比如对"新"的界定，有的是以自己国家为界，有的是以国家集团为界，只要是在这个国家或者多国利益集团的内部没有申请过的，都算是新的；有的以国际上是否出现过类似申请为界定依据。中国究竟采用哪种解释，目前还没有在规定中加以明确。②缺乏获得药品数据保护的确认程序，美国的橘皮书、欧盟的产品特性概要、日本的批准概要等文件是专门用来披露有关药品数据保护信息的，像药品名称、保护期限等，都可以在上述文件查到，是一个向公众开放的信息平台。中国在这方面还存在欠缺，没有透明的机制来约束信息的披露，也没有明确的程序或者声明来公开获得保护的药品数据，所以缺少了增强信息透明度的做法。

著者赞同部分学者所提出的看法，考虑医药专利数据保护的问题，需衡量其国内现状及未来产业政策，若产业政策中将新复方或新用途制剂的开发视为重点，则适度地将数据专属的适用对象扩及于此，可达到保护愿意参与开发的国内药厂的效果。当然，在理想上扩大适用的范围（哪些类型的新药）及专属期（几年）也需视其国内产业成熟度进行适度调整，以免在国内药厂尚未茁壮之前就过度压缩其生存空间。由于中国现阶段并非新药研发大国，医保尚不健全，法律上若要承认药品数据专属，期限不宜太长，以免冲击过大。但未来可视中国产业研发状况，逐步延长期限与发达国家一致。另外，在授予数

---

❻　王健，杨悦. 完善中国药品数据保护制度的研究 ［EB/OL］. http：//www. asianjsp. com/ qi-kan/manage/wenzhang/2011－0007. pdf.

据保护的同时，应要求原研企业必须于独占期间在国内进行严谨的安全性评估（最好是完成Ⅳ期临床试验），这将对于公共卫生及用药安全都有帮助，也可视为原研企业取得保护所需承担的成本。[70]

四、关于征求加快解决药品注册申请积压问题的若干政策意见的公告[71]

本书一再强调，时间因素对医药产业的竞争影响至关重要。一项新药要成功上市，除了需要取得专利之外，还必须取得药品主管机构的审批。中国现在也遇到审批积案与拖延的问题；为了解决药品注册的时效性问题，2015 年CFDA公布了引起国内药界震撼的《国家食品药品监督管理总局关于征求加快解决药品注册申请积压问题的若干政策意见的公告》（2015 年第140 号，俗称"第140 号文"），兹摘录该文重点如下：

"一、提高仿制药审批标准。仿制药按与原研药品质和疗效一致的原则受理和审评审批。已经受理的仿制药注册申请中，国内已有批准上市原研药的，没有达到与原研药品质和疗效一致的不予批准；国内尚未批准上市原研药的，按原标准有条件批准，企业在上市后3 年内需通过与原研药的一致性评价，未通过的届时注销药品批准文号；企业可以选择撤回已申报的仿制药申请，改按与原研药品质和疗效一致的标准完善后重新申报，单独排队进行审评审批，批准上市后免于参与仿制药品质一致性评价。……七、对受《中华人民共和国专利法》保护并在专利期内的药品，国家食品药品监督管理总局在该药品专利期届满前6 年开始受理临床试验申请，前2 年内开始受理生产申请。不符合此规定的，不受理其注册申请；已经受理的，退回企业届时重新申报。"

其中第一点与美国 Hatch – Waxman 法案规定一致，要求仿制药证明与原研药的疗效一致性（bioequivalence）。第七点则直接涉及专利议题，《药品注册管理办法》第19 条明确规定，对他人已获得中国专利权的药品，申请人可以在该药品专利期届满前2 年内提出注册申请。符合规定的，在专利期满后核

---

[70] 林志六，前揭文，页3。

[71] 公告全文请参考 CFDA 网站［EB/OL］.［2017 – 03 – 05］. http：//www. sda. gov. cn/WS01/CL1434/125660. html。

发药品批准文号、进口药品注册证或者医药产品注册证。与《药品注册管理办法》相对应，第 140 号文主要增加了临床申请在专利期届满前 6 年这个期限。

很明显，第 140 号文想要处理两个问题，一是仿制药品质的问题，另一个是仿制药企业在中国因抢仿而造成过度申报，并进而造成审批积案的问题。❼❷ 著者对于第 140 号文的政策方向持肯定态度，其最大的好处有二：第一，更妥善地保障了新药专利权人的应有利益；第二，对中国目前医药产业来说，由于绝大多数都是仿制药，第 140 号文将发挥促进产业升级的效果。中国政府过去虽然很重视仿制药产业，但中国的仿制药水平不高，很多企业处于低水平重复仿制的状态。现在则须根据新规定，在专利到期前 6 年才可以提出仿制药的临床试验申请，有充裕的时间让仿制药的质量更有保障，也利于仿制药企业在原研药品专利的基础上研制新的、更好的制剂，并有可能申报新的制剂专利。❼❸

第 140 号文是中国国内新药与仿制药竞争的一项重大的制度变革，这项变革对于著者所关心的医药专利产业化，其意义在于：在第 140 号文之前，中国新药研发动力不足，处于仿制药的恶性竞争，申报仿制药的门槛不高，导致大量粗制滥造的仿制药进入市场，甚至出现劣币驱逐良币的现象，严重侵蚀新药开发企业的市场份额与利益。其结果造成少有人愿意投入资源研发新药，大家都想通过仿制来掠取他人的研发成果。❼❹ 在第 140 号文之后，对仿制药有一致

---

❼❷　参见：专利药仿制新政，扎实研究才是王道 [J]. 医药前沿，2015。正如文中所提及之，对于近几年三类新药研究的火爆情况，作为先声药业主管研发的高级副总裁殷晓进同样深有体会，国内目前具备研发能力的企业已经很多，大批规模不大的科技开发公司甚至在原研药专利到期前十多年就申报了。殷晓进向记者解释说，实际上很多专利药的专利保护非常严谨，仿制并非易事，大批企业实际研究并不翔实，申报数量的爆增已经影响了 CFDA 正常的审评节奏。殷晓进认为，目前国家公布新规定，主要是解决当前的积压问题，未到专利届满前 6 年的全部退回，这可能会涉及很多企业，那些依赖粗浅研究后申报再卖批文的研发公司可能面临较大的挑战，真正的药厂也不需要那么着急去购买批文了。

❼❸　秦卫华. 时长事宜法理使然 [N]. 医药经济报，2015 - 08 - 10（F02）.

❼❹　以经济学的角度来说，国内这种现象就是所谓"搭便车"的行为（free riding problem）。"搭便车"问题由经济学家和社会学家曼柯·奥尔逊（Mancur Olson）于 1965 年在《集体行动的逻辑》（The Logic of Collective Action: Public Goods and the Theory of Groups）一书中所提出，其基本含义是不付成本而坐享他人之利，是一种发生在公共财产方面的问题，指一些人需要某种公共财产，但事先宣称自己并无需要，在别人付出代价取得后，他们就可不劳而获地享受成果。

性评价的高要求，将会促使研发不足的仿制药企业退出市场，一方面减缓过去恶性竞争的情况，另一方面对社会公众的用药安全也是一大帮助。

五、建立仿制药企业挑战新药开发企业专利的游戏规则

目前中国制药行业仍以仿制药为主。如何保护仿制药企业的利益，必然是药监主管单位所关心的议题。著者建议，可以引入类似美国 Hatch – Waxman 法案的第Ⅳ段挑战制度，设计一套鼓励仿制药企业挑战新药开发企业专利的奖励机制，以及建立挑战新药专利的游戏规则。就这一点而言，实有必要针对当前中国的情况稍加申述。

根据经济学的证明，人是趋利避害的动物，政府若要进行政策规划，也要善于利用"胡萝卜"与"棒子"两种政策工具。若要鼓励本地的仿制药产业去迎战新药开发企业的专利，必然要提供足够的动力，否则由于挑战医药专利的难度甚高，且不论进行诉讼以及找出专利漏洞均需花费大量人力和财力，仿制药企业在没有积极动力的情况下，先自掏腰包投入法律与专利成本，其自然对于挑战专利没有兴趣。我们可以先看中国目前的统计数据（见表11）。

表 11　中国专利申请量统计

	申请量/件	无效宣告案件量/件	无效率/%
发　明	928000	747	0.08
实用新型	868000	1192	0.14
外观设计	565000	898	0.16

数据源：著者根据国家知识产权局公布的资料整理。

注：无效率＝无效案件量/申请量×100%。

由表11可以明显看出，中国专利被他人提出无效请求的比例非常低，更遑论提出后还有漫长的诉讼程序，最终真正被无效的专利可以说极少。在这种情况下，可以大胆地说，中国专利虽然目前审查质量不佳，专利代理的平均素质更是有待加强，但其产出的成果（即专利）却极难在之后被无效。

这种情况会造成两种现象：第一，专利代理的质量很难提升，因为撰写不专业，其撰写出来的专利也很难被无效，专利代理机构无须担心其不专业的后

果，也就无须积极强化其专业能力。❻ 第二，以医药行业来说，要让中国的仿制药企业有意愿对新药开发企业（通常是国际制药公司）提起专利无效宣告程序，其难度自然甚高。

相对于中国的情况，我们可以对照美国数据，如图 20 所示。

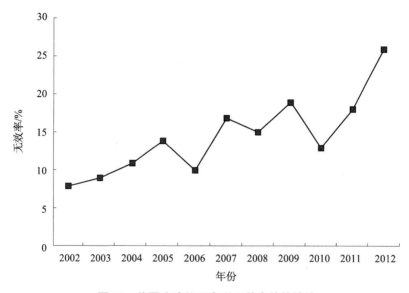

图 20　美国法院处理专利无效案件的统计

数据源：Morgan Lewis LLP，White Paper Report United States Patent Invalidity Study of 2012.

与中国相反，从美国专利诉讼的联邦巡回上诉法院的统计数据可以看出，被认定无效成立的比率是中国的数十倍，且明显呈现逐年上升的趋势。❼ 事实上，在美国所有专利侵权诉讼中，被告的首选方案必然是专利无效，根据图 20 的统计数据，显然无效选择通常可能成功。

美国之所以有强大的国家竞争优势，与其法治体系脱不了关系，特别是其专业化与现代化的司法系统。因此，一项美国专利若能通过严格的诉讼检验而

---

❻　据著者个人经验，国内甚至很多人对专利可以事后被无效根本都一无所知，甚至认为不可思议，不少人认为专利是国家知识产权局经过审查授予证书的，怎么可能事后又被宣告无效？这种看法明显透露出目前中国专利发展还处在初步阶段。

❼　不仅是美国，我们若对照德国的经验更是如此。根据德国学者统计，在 2000~2012 年，德国专利诉讼中专利被全部无效或部分无效的比率高达 75% 以上。参见：HENKEL J，ZISCHKA H. Why most patents are invalid—Extent，reasons，and potential remedies of patent invalidity［J］. Acadamy of Management Annual Meeting Proceedings，2015（1）：17115。

生存下来，必然显示该专利具有价值。若以中国与美国的情况比较，可以看出不正常现象：中国的专利很少被无效，但价值并不高，从而造成专利代理质量低下；美国的专利很容易被无效，若能通过诉讼检验，其价值必然大增。同时，只要专利有任何瑕疵就很容易被他人无效，从而促使美国专利代理的高度专业化和严谨性。**❼**

综上所述，著者呼吁，中国政府应加强知识产权宣传教育，让公众了解专利是可以事后无效的。这不仅无损政府威信，反而有助于专利行业朝专业化的方向发展。

专利无效诉讼在医药专利行业的重要性远超过其他行业，医药专利因其特性，享有专利的新药开发企业利用专利的独占性，在专利期限内尽可能攫取利益，以回收其投资。若是一旦其药品的专利被人挑战成功并宣告无效，等于新药开发企业过去数十年的投资都付诸流水。由此可知，无效诉讼对药厂的威胁性很高。因此，在美国只要对药厂专利的挑战构成威胁的，药厂都希望通过和解解决，避免进入诉讼。**❽** 相反地，仿制药厂为了求得仿制药尽早上市，势必希望有机会挑战专利成功，这也符合公众对低价药品需求的利益。基于这两点考虑（即扶持本地仿制药产业以及尽早为公众提供低价药品），美国在Hatch – Waxman 法案中设计出第Ⅳ段挑战制度。

过去几十年仿制药的发展，已对专利药构成威胁，逐渐侵蚀原来由专利药独占的市场。政府既要鼓励专利药的创新研发投入，又需要对有助于降低药价的仿制药提出激励，因此，美国 Hatch – Waxman 法案及 2003 年对该法案进行的修正案，其核心目的在于设法平衡仿制药和专利药的利益。这部法案被认为

---

❼ 知名专利实务家周延鹏律师说出了"没打过仗，就不会有优质专利"重要内涵。首先，诉讼是检验专利质量的重要场所。好的诉讼环境（例如美国）能检验出争议专利质量，较差的诉讼环境（例如中国）不易检验出争议专利质量。而各国诉讼环境的好坏，与该国知识产权制度息息相关。其次，好的诉讼经验积累，可以促使企业强化专利布局的能力。也就是说，通过专利诉讼，可以让企业修正与重建本身技术质量与专利质量。其中，技术质量即是研发程序严谨度，专利质量即是技术权利化过程的质量。通过专利侵权诉讼程序，可检验争议案件专利代理人（专利诉讼律师）与鉴定人（技术专家）专业水平、专业伦理、专业信用与信赖关系，也就是专利诉讼代理人等的专业质量。参见：智慧财产的战术与战略（五）：谈打过仗专利［EB/OL］. http：//cdnet. stpi. narl. org. tw/techroom/pclass/pclass019. htm.

❽ HEMPILL C S. Paying for Delay，Pharmaceutical Patent Settlement as a Regulatory Design Problem［J］. NYU Law Review，81：1553 – 1616.

是 25 年以来，美国最受欢迎的法案。⑦ 自此以后，美国的仿制药行业经历了一次革命，仿制药开始摆脱种种障碍广泛上市，和专利药同台竞技，在该法案建立的游戏规则中挑战新药专利并享有 180 天独占权的利益，最终达到降低药价让社会公众共享利益的目的。

以上这两点的考虑在中国也都存在，目前中国高药价的问题已经是社会问题。⑧ 目前中国的制药产业仍然以仿制为主，而且以低端仿制居多。因此，如何设法藉由制度设计，让中国仿制药产业升级，并满足国内民众对于低价药的需求，这应是中国急需解决的难题。

然而，真正值得深思的是，若中国引进鼓励仿制药企业挑战新药专利的制度后，那么，应该设计怎样的奖励机制和诉讼规则？是套用美国 Hatch – Waxman 法案的第Ⅳ段挑战制度吗？还是创造一套适合中国的制度呢？若是，那会是怎样的一种制度呢？

六、以税收作为政策手段的立法，兼论医药专利授权权利许可费收入的免税问题

在美国的立法⑧中，著者认为，在特殊立法中，应特别注意以税收为政策手段的做法。根据经济学的基本假设，人是趋利避害的理性生物，因此税收优惠往往是有效的行政手段，可通过税收减免工具鼓励投资，加速资本形成，促进经济成长。⑧ 而以税收手段来推动生物医药产业的发展来说，则有几种做法：

---

⑦ 鲁周煌. 仿制药专利成功之路的美国借鉴 [J]. 中国知识产权杂志，2010 (35).

⑧ 买药贵是医疗领域老百姓反映最强烈的问题之一。成本只要几元钱的药品，零售价可达到几十元甚至上百元。一位长期从事医药销售的业内人士告诉记者，药品价格虚高已经是公开的秘密，由于药品流通环节过多，层层加码，层层注水，往往到患者手中的价格比出厂价会高 2.5 倍以上。引自：药价的秘密，高价药为何横行？低价药去哪里了？[EB/OL]. http：//news. xinhuanet. com/politics/2014 – 03/04/c_ 119606499. htm。

⑧ 建立抵税制度是美国生物制药产业优惠的主要方式，实验室研究支出或者 65% 的合同研究产生的费用，在计算所得税时予以减免。同时，对研发费用的增加额予以 20% 的抵扣。另外，给予从事生物技术工作人员工资税减免，生物技术消费和使用税退税政策等。美国使用税收结构调整改善生物医药产业成长环境，鼓励私人资本进入生物技术产业，减轻了企业的税收负担。

⑧ 然而，税收优惠减免措施引起有关效率及公平的争议颇多。经济学家认为应就公共资金边际成本（marginal cost of public funds）与税制设计等问题加以研究。参见：EDWARDS J. Cost – Benefit Rules for Public Good Provision with Distortionary Taxation [J]. Su，J. R.，2001，544.

（1）订立一般性的促进产业发展的法律，给予研发型公司（包含新药开发企业）研发支出在法定比例下得以抵税的优惠。这种做法影响面比较广，受惠者也不单限于生物医药企业。

（2）为鼓励药厂针对特定品种的药（特别是孤儿药❸）进行新药开发，可以专门立法，授予进行法定品种孤儿药开发的企业若干税收优惠。也可以搭配给予孤儿药比其他品种要更长专利期限的特殊保障。

（3）可以参考我国台湾制订鼓励生物医药行业发展的方案，为促进生物医药产业升级需要，我国台湾生物医药公司在投资于研发及人才培训所支出之总额不超过35%的范围内，于应缴纳所得税之年度起5年内抵减各年度所应缴纳所得税。这种税收优惠值得借鉴。

若更具体谈到医药专利的产业化，税收也是一个有力手段。其实，任何产业化的问题都不能脱离现实的环境，医药专利的产业化也不例外。以中国的情况而言，中国仍以仿制药为主，仿制药一般以专利到期后上市为原则，但在美国，专利期内上市的授权仿制药（licensed generic drug）也相当普遍，授权仿制药是指仿制药企业与专利权人达成授权协议，以支付权利许可费的方式，取得可以在专利期内上市仿制药的权利。这种模式的仿制药在中国还相当罕见。

著者认为，授权仿制药在政策上是值得推广的项目，一方面它让公众提前可以获得除原研药企业以外其他选择，另一方面因为授权仿制药进入市场，也会与原研企业竞争而使药价下跌。若要通过政策手段来鼓励出现授权仿制药，可行的做法之一，让仿制药厂能够以所支出的许可费抵税，❹ 甚至可以考虑让收取许可费的专利权人，就此项收入免税。❺ 如果能够借鉴这两种税收优惠，

---

❸ 孤儿药（Orphan drug，亦称为罕见病用药）指的是一些专门用于治愈或治疗（控制，treat）罕见疾病的特效药物。取自孤儿孤苦无依且无人重视的概念。由于药物的开发需要成本，若药物的市场需求太小，除非开出天文数字的售价，正常情况下药物开发企业难以收回成本，经常导致罕见疾病患者无力负担购买所需药物的费用。为了鼓励开发企业投入资源开发此类药物，各国在社会福利方面多规定该类药物的开发企业可以享有一系列优惠政策。

❹ 目前我国台湾采取税收优惠方案。企业因引进新生产技术或产品，或因改进产品质量，降低生产成本，而使用国外企业所有专利权、商标权及各种特许权利，经主管机关项目核准者，其所给付国外企业的许可费；暨经主管机关核定重要生产事业因建厂而支付国外企业之技术服务报酬均属免税。

❺ 我国台湾目前也在研议是否开放让外商的权利许可费收入可以免税。参见外商许可费收入拟免税，经济日报，2011年11月3日。

著者相信，医药专利在中国的交易或授权的情况将大幅增长，它将有利于医药专利产业化的发展。事实上，根据《中华人民共和国促进科技成果转化法》第22条规定，国家对科技成果转化活动实行税收优惠政策，说明政府将使用税收作为奖励科技成果（当然包含医药研发成果）转化的手段，至于如何使用税收奖励，还有待行政部门通过规章制度落实。

七、《中华人民共和国促进科技成果转化法》

（一）简　　介

医药专利产业化也是研发成果转化的一种，中国针对研发成果转化特别制定了《中华人民共和国促进科技成果转化法》，该法主要是以高校与科研单位的研发成果转化为规范对象，目前中国的科研资源主要集中在高校与科研单位，[⑩] 因此，若要促进生物医药技术的产业化，高校和科研单位是非常重要的角色，如何将这些单位研发的成果予以转化，将是促进中国医药技术产业化的关键。然而，这些机构的成果转化仍然不理想，以医药研发成果为例，根据学者的整理，改革开放以来，中国取得重大医药科研成果180多项，但其医药科技成果转化率不足8%。医药院校的科研成果中，科学理论成果占大多数，应用技术成果占整个科技成果的比例不到30%，在较大范围内推广应用的技术约占15%。[⑪] 与西方发达国家50%~70%的转化率相比，中国医药科技成果转化水平明显偏低。为了寻求解决医药技术成果转化瓶颈的对策，中国制定了不少法律法规，特别值得一提的就是《中华人民共和国促进科技成果转化法》，在2015年第12届全国人民代表大会第16次会议通过了修订《中华人民共和国促进科技成果转化法》。修订后的该法共52条，删除了涉及政府审批、政府职能方面的内容，同时增加的重点内容有：

第一，该法增加、修改了关于技术转移、成果转化方面的条款。第43条

[⑩] 中国生物医药研发的现状分析与建议 [EB/OL]. [2016 – 04 – 04]. http：//www. askci. com/freereports/ 2008 –08/20088115175. html. 该文提到，中国的科研力量主要集中在高校，研究成果转化率低。中国的生物技术研究一直以院所、高校为中心，应用研究力量很弱，即使是企业所设立的研究机构也与学校合作。同时，成果转化渠道不畅通，转化率长期低于0.5%。

[⑪] 樊志萍，凌沛学. 医药技术成果转化的瓶颈与对策 [J]. 食品与药品，2011，13 (9)：330.

提出了"国家设立的研究开发机构、高等院校转化科技成果所获得的收入全部留归本单位，在对完成、转化职务科技成果做出重要贡献的人员给予奖励和报酬后，主要用于科学技术研究开发与成果转化等相关工作。"

第二，加强了对科研人员的激励。例如第45条规定："科技成果完成单位未规定、也未与科技人员约定奖励和报酬的方式和数额的，按照下列标准对完成、转化职务科技成果做出重要贡献的人员给予奖励和报酬，（一）将该项职务科技成果转让、许可给他人实施的，从该项科技成果转让净收入或者许可净收入中提取不低于50%的比例。"

第三，强调了知识产权的作用和要求。《中华人民共和国促进科技成果转化法》鼓励开展知识产权质押贷款，还提出利用财政资金设立的科技项目的承担者应当按照规定及时提交相关科技报告，并将科技成果和相关知识产权信息汇交到科技成果信息系统。

科技成果转化与本书所谈的产业化在一定方面是相通的，唯产业化的概念比科技成果转化更广泛些，可以说科技成果转化是产业化的基础，而产业化是科技成果转化的更进一步。《中华人民共和国促进科技成果转化法》第2条指出，本法所称科技成果转化，是指为提高生产力水平而对科学研究与技术开发所产生的具有实用价值的科技成果所进行的后续试验、开发、应用、推广直至形成新产品、新工艺、新材料，发展新产业等活动。从以上规定可以看出，所谓科技成果转化是指将前沿科学技术引导至商品化的过程。

该法第16条给出了知识产权转化的几种方法：

（1）自行投资实施转化；

（2）向他人转让该科技成果；

（3）许可他人使用该科技成果；

（4）以该科技成果作为合作条件，与他人共同实施转化；

（5）以该科技成果作价投资，折算股份或者出资比例。

根据《中华人民共和国促进科技成果转化法》规定的方法主要三种：一是通过资金补贴的方式（该法第33条规定），二是通过税收优惠（该法第34条规定），三是通过鼓励贷款的方式（该法第35条规定）。

其次，根据该法第9条规定，国务院和地方各级人民政府应当将科技成果的转化纳入国民经济和社会发展计划，并组织协调实施有关科技成果的转化。

根据该条，协助科技成果之转化成为国家任务的一部分，这应当属于中国法制的特点。

（二）《中华人民共和国促进科技成果转化法》的不足

从《中华人民共和国促进科技成果转化法》的条文中可以发现，其以政策倡导为主，比较少强制或禁止规定。例如该法第 25 条规定，国家鼓励研究开发机构、高等院校等事业单位与生产企业相结合，联合实施科技成果转化，它为产、学、研合作提供了法律依据，但是该规定属于倡导性的原则性规定，迄今为止，还没有相关的实施细则对产、学、研合作进行具体规范。该法第 45 条属于颇具重要性的核心条文，其规定，科技成果完成单位将其职务科技成果转让给他人的，单位应当从转让该项职务科技成果所取得的净收入中，提取不低于 50% 的比例，对完成该项科技成果及其转化做出重要贡献的人员给予奖励。该条文适用范围不限于大学，但与大学密切相关。根据该条文，若大学将教师的职务发明转让给第三人时，转让费用中至少 50% 以上要由完成科技成果之人与对转让有重要贡献之人共享。然而，有疑问的是，对完成科技成果与对转让有重要贡献之人，此二者如何区分？另外，如何认定重要贡献？以上疑问均未得到明确规定，在解释适用上容易引起纠纷。

也就是说，该法过于空泛，也不是针对生物医药行业的特殊性所设立的专法，所以应用到生物医药行业时难免产生障碍。学者建议，❸ 做到以下两点，才能真正对生物医药产业化发展有帮助。

第一，建立全国性的生物医药技术转让信息平台。

信息科技（Information Technology）是所有技术开发之载体，特别是医药产业，非常依赖信息的提供，比如 Scifinder、Thomson Reuters 等大型信息提供业者的兴起。欧美国家和地区在进行任何新技术开发时，都会投入精力关注如何建构信息系统以辅助技术开发。如美国政府为了促进科研成果的产业化，以

---

❸ 樊志萍，凌沛学. 前揭文，页331。

政府之力建立全国性的技术转让网络，[⑧] 值得我国借鉴和学习，我国应试图利用政府的力量来搭建全国性的医药技术信息平台。

第二，建立新药研发项目标准化评估体系。

国际上通用的新药研发项目评估方法有 3 类：成本分析法、市场价值法和预期收益法。目前仅中国医药科技成果转化中心是以预期收益分析法为基础，建立新药技术价值评估体系，化学药及生物药都还没建立全国统一的新药研发项目标准化评估体系。

著者建议，未来中国应参考美国 Hatch – Waxman 法案的做法，针对生物医药产业，参考本书所整理的生物医药行业特色与需求，制定一部特殊的专门法以规范其成果转化与产业化。

第四节　行政手段

我国目前仍以行政手段作为强有力的制度工具，行政手段对于原研新药的产业化更具有促进作用。

一、鼓励专利申请并进行海外布局

专利，特别是生物医药的专利，若不进行全球布局，其价值将难以彰显，也将严重影响到医药专利的产业化。因为世界经济一体化趋势已经非常明显，特别是医药业属于技术高度密集的产业，更需要高度重视全球市场；医药专利的产生成本巨大，需要投入大量时间与精力，一旦产生有价值的新药，各家药厂莫不希望通过专利制度，在全世界尽可能垄断其经济利益。然而，目前中国

[⑧] 美国联邦政府为了提高科研成果商品化的比例，增强其在国际上经济的竞争力，加快国家实验室、大学和私人研究机构的科研成果向社会和工业界的转移，以美国航空航天局（NASA）技术转让系统为基础，并和国防部、商务部、能源部等 17 个联邦政府部门合作，建立了全国性的技术转让计算机网络，将联邦政府资助的 700 多个科研开发的有工业应用前景的技术成果并入这个网络。通过这个服务网络将研究成果迅速向私人企业转让，为全社会和工业界提供技术转让信息服务。该网络从 1992 年 7 月开始运行，到 1994 年底已为全美 5000 多个用户提供各种技术信息服务。这个全国性网络由国家技术转让中心（NTTC）和 6 个区域技术转让中心组成。此外，还包括 NASA 分布在各州的 9 个研究中心的技术转让办公室、信息中心、NASA 技术应用大队、NASA 计算机软件管理和信息中心、地球数据分析中心以及美国技术计划。更进一步的介绍请参考该中心网站 http：//www. nttc. edu，需要特别注意的是，该中心目前特别重视生物技术产业，特别专注在电子医疗领域（Health IT）。

的医药产业不仅对知识产权认知不足，能意识到进行全球知识产权布局的企业更少，导致许多重要的医药研发成果，在海外的专利权上只能拱手让人，❶造成中国的医药研发成果仅有国内专利保护，从而使其估值不高。

国内专利仅代表在国内享有独占权，无法藉由专利瓜分世界上其他国家市场。估值不高的专利也会影响到产业化的可能性。因为医药研发成本巨大，若其预期的回收无法数倍和超过前期投入，将造成在事前立项阶段就不容易过关，就算立项通过且顺利产生研发成果，也因市场占有率受到局限而不容易吸引买家进行转化。

以行政角度而言，若要鼓励中国的医药发明人进行全球专利布局，一方面可以通过培训与政策倡导方式，将这种观念导入企业；另一方面比较见效快的方式就是提供补贴。目前中国各省市皆有对专利申请补贴的政策，但大多仅限于本国专利申请。就海外专利申请的补贴，中国现在对于申请海外专利补贴力度最大的可能是江苏省。根据该省关于组织申报 2015 年度知识产权创造与运用（专利资助）专项资金的通知规定，向国（境）外专利申请，①经审核符合申报条件的，按照每件专利实际发生的费用进行资助，每个国家（地区）资助不超过 6 万元；②获得国（境）外授权的发明专利，经专家评审，选择不超过 10% 的重大专利项目给予重奖，每项奖励 10 万~30 万元。然而，前述的补贴做法仍有进一步改进的空间，著者认为，至少可以从以下几方面着手：①将海外专利补贴的政策向全国推广；②区分不同产业给予不同奖励。生物医药是所有产业领域中最依赖专利保护的行业，其技术含量也非常高，所以不应该与一些简单的技术改良（例如国内实用新型的技术）等同对待，应该给予生物医药专利更高额度的补贴。

二、协助企业合作

根据著者的实践经验，进行技术转化时最困难的，往往在于技术供应方与

---

❶ 国外大药厂都建立了强大的知识产权部门，其中有专门人才从事专利信息检索工作。许多人长期关注中国医药专利的发展，特别是在中药领域的成果。许多中药领域的成果因为没有在海外申请专利，欧美大药厂反而以中国的中药研究为基础进行深化与创新，并建立专利保护网，导致中国的中草药竟然出不了国门。一到海外销售，反而成为专利侵权的仿冒者，这都是国内长期不重视知识产权与全球布局所造成的问题。关于中草药的现况请参考：程远，沈爱玲. 中国中药专利保护的现况分析与对策研究 [J]. 中医中药，2013，1011：103。

技术需求方的合作。关于这一点，私人企业往往是通过业界对产业的熟悉与人脉资源自行解决。对于生物医药产业来说，生物医药产业的原始技术主要源自高校与科研院所，不过，因其多半是公立机构，对于产业化陌生。

三、通过补贴方式鼓励医药专利转化

站在政府立场，新药研发应朝有利于本国民众健康的方向发展。不过，有利于公共卫生的方向，未必与企业的经济利益相一致。企业的存在是为了寻求经济利益，因此，补贴是一个很容易产生立竿见影效果的政策手段，它可以为企业提供一个朝着补贴所预设方向发展的动力。政府可以站在公共卫生的角度设定一个研究目标，并资助研究人员或制药企业来完成这个目标，这是补贴的基本运作模式。具体操作上，补贴可以分阶段发放。除了立项时给予资助之外，政府可以要求，项目结案时除了研究报告之外，还需要申请专利，而且该专利必须在产业上有实际应用，当实现产业化后，才拨付最终尾款。如此，既可在公共卫生的角度上促使利于国民健康的新药产生，在产业经济上又可促进新药专利的产业化，可谓一举两得。

然而，补贴的手段也有其问题。它就像一个特效药，短期内很容易见效；但长期来看，容易有副作用。这是计划经济的通病，即政府有时自以为聪明，实际上，市场才是真正的导师。补贴最常见的问题就是，政策制定者对医药产业认识不够深刻，其所选择的研究方向其实不是最好的方向，且接受补贴方在完成目标时常常出现低效或懈怠的现象。往往政府在进行补贴的评估时，政府官员未必具有所需的专业知识。何况新药开发是一条充满未知的道路，中间会有很多变数，容易产生决策于未知之中（decision making under uncertainty）⑪的问题。此时把决策大权完全交由政府官员，容易产生偏袒、腐败以及其他决策方面的问题。

学者对于可能出现的官僚腐败与低效问题，提出的解决之道是设立独立的专家小组。⑫这些专家可以来自政府、高校和企业。这些专家小组最重要的功

---

⑪ 决策于未知之中是指在没有充足信息以及对结果未知的情况下所作的抉择。See：Mykel Kochenderfer, Decesion Making Under Certainty, Lincoln Series, MIT.

⑫ ABBOTT F M, DUKES G. 全球医药政策：药品的可持续发展 [M]. 翟宏丽，张立新，译. 北京：中国政法大学出版社，2016：40.

能在于藉由补贴的手段来引导药企对候选药进行选择，该选择一旦确定，将主导未来的临床试验等发展方向。学者认为，独立的专家小组因为不受市场法则的支配，所以会站在国家公共卫生政策的立场去思考与选择哪些是值得发展的突破性药物。由政府主导的专家小组还有一个好处，那就是相对于制药企业在临床试验上不透明与大量造假，通过第三方的专家小组的外部监督，则有助于让制药企业隐藏的问题渐渐浮出水面。

四、对转化成功者给予奖励

中国目前的科研院所或高校，在开发任何新的生物医药技术时，政府首先应出台政策鼓励它们申请专利，而且，这项政策应该专门针对生物医药。如此才容易产生效果，而非流于泛泛的通案性政策。在专利产生之后，更应进一步给予鼓励。中国在这方面做得比较好的，以清华大学为例。[18]

清华大学校内涉及技术转移的规范，主要为《清华大学关于促进科技成果转化的若干规定》，其中最重要的是第1条与第2条，"采取多种形式促进科技成果转化在现有的技术开发、技术转让、技术咨询和技术服务等传统的横向合作方式及以技术作价入股兴办企业的基础上，鼓励我校科研人员采取专利或专有技术许可等方式进行科技成果转化。学校拥有的专利或专有技术的科技成果转化工作，允许通过联合或委托校外的专业化技术转移机构等方式，与学校签订协议，通过知识产权所有权的委托、转让等多种形式，对相关专利或专有技术进行经营，为教师的科技成果转化拓宽管道，提供有效的服务平台。利益分配与奖励机制以技术转让、专利委托等方式直接将职务科研成果提供给他人实施所获得的收益，学校享有15%，院系享有45%，奖励技术发明人团队40%……以技术资产入股方式对职务科研成果实施转化的，学校享有科研成果作价入股时股份总额的60%，奖励技术发明人团队40%……对于转化学校科技成果且学校持有其股权的企业，学校支持企业采取股权、期权、分红权等方式奖励和激励科技人员、经营和管理人员。学校通过设立专项奖，每年对转化成功且年效益显著的成果完成人和为该项科技成果转化做出重要贡献的人员给予奖励。"

---

[18]　相关清华大学内规系由清华大学科技发展部高云峰副主任提供，特此致谢。

相关的规章还有《清华大学与企业合作委员会加强对成员企业（单位）服务的措施（试行）》（2006 年 9 月）第 2 条规定，技术转移与科技合作服务根据企业需要，优先向成员企业推介清华大学及国内外相关技术成果；在项目对接与合作伙伴的选择上，贯彻同等条件成员企业优先原则；对投资力度较大的项目（金额超过 100 万元）或需跨系、跨学科的重大项目，企业合作委员会落实专人进行跟踪服务。对国家计划及省市单列重大项目，清华大学将优先与有优势的成员企业联合申报或联合投标。

针对清华大学的内部规范，可以看出其已经在某个程度上受到美国拜杜法案影响，在中国算比较前沿的做法。但若说还有可以再改进的地方，著者认为还有两点：一是没有特别针对个别产业出台政策，例如针对生物医药行业的特性而出台适合该产业的知识产权政策。二是清华大学的规定只涉及校属专利的对外转化，欠缺协助校属企业取得或引进海外新技术这种做法。

五、兼论司法维权强度对制药产业的影响

根据学者研究，真正对专利制度的发展有贡献的，未必是在立法或行政部门，而是在于司法。❹ 因为司法面对的是具体个案，其影响力是最直接的。有学者整理，在专利的世界中，司法可以发挥的功能如下：❺

（1）立法机关固然可以在专利法中明确取得专利的要件，以及哪些类型的发明不给予专利，然而，实际上在专利要件出现争议时，如何认定并解释这些法条，仍由法院主导，比如判断专利侵权的均等论（doctrine of equivalence）等，都是由法院通过理论发展出来的，因此，法条的规定对于法院很难有强大的约束力。

（2）随着 TRIPS 的规范效力，各国的专利法规定内容渐趋一致，无论是在可专利要件或专利权的效力范围等问题上，立法机关的法律形成空间其实很有限，反倒是司法机关在适用法律时比较弹性。法律规定是一般原则，这些原

---

❹ 附带一提者，大陆法系的法学者习惯从事抽象的法思维，往往有意无意之间，假定只有法律制定妥善，现实世界必然会随之改变。但事实往往不是如此。反之，美国法律的思维往往是从个案出发，从现实中看出问题，并在现实中试着解决问题。

❺ 李崇僖. 生物科技专利政策之司法权分析 [M] // 基因体医学研发创新与知识产权. 台北：元照出版股份有限公司，2010：41 – 42.

则的落实仍要看司法的案例积累。因此，在 TRIPS 框架下，真正的专利政策已经不是在立法机关手中，而是在行政机关与司法机关手中。

（3）最重要的是，专利审查涉及高度技术性的判断，而技术本身则是不断发展的过程，在判断一项发明专利申请是否符合实用性或创造性等要件时，不同时期的判断标准是会不同的，这并不是标准前后不一致的问题，而是该技术领域的通常知识随时会进步与变迁。法律制定者不可能随时配合这样的变迁来调整法律规定，因此，只有通过对个案审查，在个案中去认定所谓该技术领域的通常知识。换言之，专利具有技术特性，就这一点而言，专利政策必然无法由立法者单独掌握。举例来说，从人类 DNA 序列中选取特定基因，这在早期可能要花费很多时间，投入很多金钱，才能取得专利或许合理，但现在只需通过计算机计算，就能很快自动标出来了，因此若还给予专利就显得不合理了。这也是必须依靠行政手段与司法手段来认定事实并管理专利质量的原因。

由于以上的理由，美国率先于 1982 年设立专门审理专利纠纷案件上诉的联邦巡回上诉法院（Court of Appeal of Federal Circuit，CAFC）。随后世界各国也纷纷仿效设立专门审理知识产权诉讼的法院，以期通过司法来强化知识产权的保障。中国在 2014 年 8 月 31 日，第十二届全国人大常委会第十次会议表决通过《全国人民代表大会常务委员会关于在北京、上海、广州设立知识产权法院的决定》。2014 年 10 月 31 日，最高人民法院公布《最高人民法院关于北京、上海、广州知识产权法院案件管辖的规定》（法释〔2014〕12 号），自 2014 年 11 月 3 日起实施，其中确立了由成立的这三家知识产权法院负责案件管辖。2014 年 11 月 6 日，北京知识产权法院揭牌，开始履行法定职责，这是中国第一家知识产权法院，也是中国历史上首家知识产权法院。❻

知识产权案件最大特色之一，在于带有浓厚的科技性，这也使得一般纯文科训练出身的法官在处理上颇有困难。我国大陆与台湾面对这个问题，解决的方式不约而同都是引进技术审查官制度，希望藉由具有理工背景的技术审查

❻　全国人民代表大会常务委员会关于在北京、上海、广州设立知识产权法院的决定［EB/OL］.［2014－08－31］. http://news. xinhuanet. com/politics/2014－08/31/c_1112298943. htm.

官，辅助法官进行事实认定。❼

就我国大陆与台湾的专业法院制度，著者固然持乐观其成的态度，但有几点建议提出：

（1）在专利诉讼中最常见的争执，往往将一些不确定的法律概念包含其中，例如专利侵权诉讼中的均等论，以及专利无效诉讼中的进步性等。过去法院往往是援引法条或审查指南中的定义而直接得出结论，但欠缺中间详细的推导过程，这都有待加强。或许是执业法官的科学技术知识不足，但只是单纯设立一个知识产权法院未必就可以解决问题。著者认为，司法质量的衡量往往取决于两点：一是裁判解决的客观性与可预见性，二是判决说理的逻辑性与合理性。这些都是美国联邦司法审判的精髓，值得我们更深入地学习。

（2）中国的知识产权法院配置了技术审查官，但专利要件中的进步性，其实并不是纯然的技术问题，以美国联邦最高法院以及 CAFC 的经验为例，❽法院对专利法的诠释往往会有政策宣示效果，不仅影响下级法院的判决，更会对企业生态产生影响。因此法官不应也不能只是成为橡皮图章，完全按照技术审查官的判断进行判决。可借鉴美国诉讼实务的精髓，给予双方当事人充分的

---

❼　关于中国的发展，国家知识产权局表示，知识产权案件专业性极强，疑难复杂新类型案件多，尤其是专利、集成电路布图设计、植物新品种、计算机软件等案件，对于没有理工教育背景的法官而言，案件的事实认定存在较大困难，在一定程度上影响了案件审判的公正和效率。为了解决这个难题，知识产权法院将进行新探索。知识产权法院将借鉴日本、韩国、中国台湾在知识产权法院专设技术调查官的成熟经验，建立符合中国国情的技术调查官制度。宋晓明表示，目前最高人民法院正在研究制定相关司法解释和工作规范，明确技术调查官的职能定位、配置数量、选任条件、管理模式、职权行使等问题。技术调查官作为法官的技术助手，协助法官理解和查明案件的专业技术问题。这将进一步提高技术事实查明的科学性、专业性和中立性，保证技术类案件审理的公正与高效。当然，在具体制度设计的时候，也要注意规范技术调查官参与案件调查的方式、权限、监督机制等，避免法官对技术调查官意见过度依赖。引自：知识产权法院：司法改革的探索者和先行者 [EB/OL]．[2014 - 11 - 13]. http://www.baidu.com/link? url = vZMNlL8ZPGCeGpod2zvJhTr8omQtPwj ZISVd9CUV9NZMO6BnP0 JKLDosdOmbR1axVkOodaroLXB0b_0CUuah _aR3YirUx - viOxFJf34EuAu&wd = &eqid = ee3429440000ad330 000000555ccbc3a。

❽　例如美国联邦最高法院近来通过关于同性结婚的判决就具有很强的政策效果。美国的司法制度在发展国家政策方面所扮演的角色远高于制宪者当初的预期。然而，杰若德·罗森伯格（Gerald N. Rosenberg）在"空洞的期望，法院能够带来社会变革吗？"（Hollow Hope：Can Court Bring About Social Change?）中写道，美国法院并非万能的机构。它们是在严格限制下设计出来的，且被置于一个分权的政治制度中。要求美国法院创造重大的社会变革，就等于忘记它们的历史和忽略它们所受到的拘束。也就是说，美国的司法系统还是保有司法被动与关注个案的色彩，总的来看，美国法院最擅长发展与执行的还是本质上较不具争议性的小范围政策。请参考：美国司法体系概述（Outline of the US Legal System）[EB/OL]. http://www.ait.org.tw/infousa/ zhtw/PUBS/LegalSystem/impact.htm。

辩论与举证机会，甚至在证人的应用上也不应限于技术专家，还可以让商业经营者、产业分析师等提供证言。❾❾

司法的本质毕竟是在个案与争议（case and controversy）❿中行使审判权。因此司法的政策形塑功能也主要是通过个别判决来传达。以专利法的领域来说，本书所整理的最高人民法院知识产权案件年度报告（2014年），发现其中引用的案例涉及医药专利的解释并不少，其中数则解释都涉及"乳腺疾病药物组合物及制备方法发明专利无效案"，兹特别介绍该案并整理2014年度报告中依据该案所提出的解释。

北京亚东生物制药有限公司（简称"亚东制药公司"）是名为"治疗乳腺增生性疾病的药物组合物及其制备方法"发明专利（简称"该专利"）的专利权人。山东华洋制药有限公司针对该专利提出无效宣告请求，其提交的证据1、证据3分别为《中国药典》公开的乳块消片的功能主治、处方以及颗粒剂的相关制法。专利复审委员会作出第15409号决定，认定该专利不具有创造性，宣告全部无效。亚东制药公司不服，提起行政诉讼。北京市第一中级人民法院认为，根据证明证据1的临床有效率低于该专利的公证书即反证4，该专利颗粒剂的总有效率为95.70%，证据1中片剂的总有效率为89.32%，该专利权利要求1具有显著的进步。遂判决撤销第15409号决定。专利复审委员会不服，提起上诉。北京市高级人民法院二审判决撤销一审判决、维持第15409号决定。亚东制药公司不服，申请再审。最高人民法院认为，在反证4没有公开总有效率的具体测定方法的情况下，无法认定反证4与该专利的总有效率是在等效等量情况下，以同一种测定方法作出的，上述对比数据不能证明该专利是否具有临床疗效上的显著进步；即便认可上述对比数据，由于该专利制备颗粒剂时省去了减压干燥步骤，对药物活性成分的影响也相应减少，本领域技术人员能够合理预期，省略减压干燥步骤将会使药物的整体有效率有所提高，专利权人并未举证证明其超出了本领域技术人员的合理预期。遂裁定驳回亚东制

---

❾❾　李崇僖，前揭文，页65。

❿　美国宪法第3条明文规定。采取比较窄的定义，若以德国法而言，司法还包含抽象法规审查。但不论定义的宽或窄，司法的核心是在个案与争议中行使审判权这点应该没有疑义。参见：汤德宗，吴信华，陈淳文. 论违宪审查制度的改进——由多元多轨到一元单轨的改制方案［J］. 宪法解释之理论与实务，2005（4）：523。

药公司的再审申请。❶

　　这个判决被选为年度十大案例，可以看出最高人民法院对医药专利的重视程度，而且借鉴了美国联邦最高法院的做法，通过判决而产生司法政策宣示的效果。关于司法判决的发展，我们除了关注个案的法院论理之外，更需注意司法对制药产业发展的影响力。具体来说，也就是司法在制药专利发生侵权问题时，是采取强保护还是弱保护的政策？这涉及的是本书前言所提三大议题的第一个议题，即我们真地希望专利进入垄断市场吗？是否以及在何种程度内限制专利药的垄断权？

　　采取弱保护有利于仿制药（甚至是侵权药），但不利于创新药；反之，强保护有利于创新药，但不利于仿制药。它与知识产权的基础理论有关，知识产权制度的设计是在企图解决经济学上公共财产（Public Goods）❷ 的问题，该问题源于抄袭模仿比创新的代价更低。当抄袭模仿与创新的成本差距越来越大时，就需要知识产权保护介入，通过人为的方式提高模仿的成本，使其尽可能接近于（甚至超越）创新的成本，如此人们才会朝向创新的方向迈进。❸ 要提高抄袭模仿的成本，需要依靠司法力量，藉由司法大力惩罚模仿者，才能让模仿的成本大幅提高。

　　司法维权的强度对创新药的影响力，还可以用本书第一章所介绍的现金流量净现值折现计算法（NPV）的财务分析模型来说明。❹ 在净现值折现的模型下，影响最终折现额的因素有三：第一是折现时间，这涉及研发周期以及专利与药品审批的期限；第二是折现率，即风险因素；第三是预期的未来收益。后二者都与司法维权息息相关。司法维权在创新药专利的风险因素很高，主要需考虑司法有无能力在医药专利侵权纠纷中作出正确的判决。若应该判决侵权，

---

❶　2014 中国十大知识产权案件 ［EB/OL］. ［2015 - 07 - 01］. http：//iknow. stpi. narl. org. tw/Post/ Read. aspx? PostID = 11020.

❷　公共财产（Public Goods）具有非敌对（nonrival）与非排他性（nonexcludable）的特征。公共财产可以同时由所有人共同享有，且任何人都不得被排除享有的权利。See：PARKIN M. Microenonomics ［M］. 7th ed. Pearson, 2005：360。

❸　WILLIAM M L, RICHARD A P. The Economis Structure of Intellectual Property Law ［M］. Belknap Press, 2003；Mark A. Lemley, The Economics of Improvement in Intellectual Property Law ［J］. 75 Tex. L. Rev. 2007：993 - 97.

❹　3NPV 是财务上最常运用的估值模型。基本的介绍可以参考：JAFFE R W. Corporate Finance ［M］. 7th ed, McGraw - Hill, 2005：60 - 83。

竟判决不侵权，则医药专利的保护将落空。预期收益也是如此，若判决侵权虽然成立，但赔偿额过低，甚至不能填补损害，则预期收益将极低，甚至是负数。综上所述，若采取弱保护的司法政策，将造成折现率大幅攀高，而预期收益很低，如此折现的结果将会非常低，一个理性的投资人将会放弃创新药的研发。当然也更谈不上研发成功后的产业化了。

世界上有些国家（如印度）施行弱的医药专利保护政策，刻意压抑专利药侵占市场，以鼓励本地仿制药产业的发展。发达国家（特别是美国）皆采取强保护政策，以保护创新药企业的创新成果。中国应学习印度还是美国呢？归根结底仍需看中国对医药产业的发展改革方向。著者的主张是偏向鼓励创新，若如此强化司法对侵权的取缔与惩罚，将是必要的配套。

第五节　法律非万能

本章主要探讨如何通过法制改革促进中国医药专利的产业化。需提醒的是，法律学者容易犯的一个错误，即企图用法律来改变世界，以为只要法律变了，世界就会跟着改变。这种思维模式对受到大陆法系熏陶的学者更是根深蒂固。

事实上，我们回顾历史，站在更宏观的角度来看人类社会，将不难发现，影响人类社会发展的因素有许多，例如政治、经济、文化等，法律只是其中一环。甚至我们常看到的是法律滞后于社会的发展，因而往往是社会的进步迫使法律跟着变革。就以本书探讨的医药专利议题为例，本章所提出的诸多法制改革的建议，其实是因为中国这些年来在医药产业发展❶以及国民对医药质量的要求上，已到了一个更高的层次。为了满足社会的进步，法制必须与时俱进。

著者认为，要达到医药专利产业化等目标，仅靠法律是不够的，还需要更深层次的政策配合以及文化改造工程。

---

❶　可回顾本书第二章中关于中国医药行业发展趋势的介绍。

第六章 从法律政策学角度分析
中国的医药专利产业化

本章仍以之前诸章的法规分析为基础，在必要段落也会引用相关规范。在章结构上，先从政策性的综论谈起，然后讨论专利法与产业政策，再到特别法的产业政策，乃至上升到宪法层次，最终跳脱出法律，从总体经济层面思考医药专利产业化的政策。

第一节 医药专利产业化的政策目的综论

一、政府在科技创新中的功能与角色

学者易继明指出，知识产权不仅是一种私权，更是推进公共政策的一种工具。❶政策是政府对策的简称，从字义可以知道，政策的主体是政府，政府在科技创新中扮演极为重要的角色。早在 20 世纪 50 年代，Kenneth Arrow 与 Richard Nelson 两位学者就从经济观点提出强有力的理由，要求政府对于科技创新提供更多的支持。其论点在于一般私人公司进行科技创新的投资风险太高，而且资本的进入门槛（包含公司营运资金、机器设备与人力成本等）对很多私人企业，特别是初创型的公司是难以跨越的一道障碍。因此，由政府出面设法消弭这一障碍是有必要的，而且若由政府提供协助，也可以确保在科技

---

❶ 易继明. 编制和实施国家知识产权战略的时代背景：纪念国家知识产权战略纲要颁布实施 5 周年 [J]. 科技与法律，2013，104（4）：75–76.

创新上有足够的投资程度。❷

在肯定政府利用政策鼓励创新的必要性之后，我们应思考如何评估政府的相关政策。根据我国台湾医药专利政策学者提出的观点，衡量国家医药知识产权政策目的，应着重两个要素：第一，是否有明确的政策目标；第二，目标与手段间有无适当关系。❸ 首先，国家应该向公众清楚说明，可能对公众的健康权造成干预或潜在限制的药品，其知识产权的政策目标是什么？只有对政策目标有清楚的说明，司法审查才能明确判断国家干预的真正目的，也才能向社会提供足够的信息以了解并进行讨论，藉以确认该政策目标是否具有正当性，并排除公众对政策中可能存在的偏见或不理性的恐惧。这个要求，实质上也是民主原则的体现。❹ 另外，医药知识产权政策可能有不同的目标，也有多种执行手段可以选择，且不同的手段对于公众健康与社会卫生的影响也可能不同；因此，若缺乏明确的政策目标，将难以衡量所欲实行的政策手段是否达到国家所预期的政策目标。❺ 但需说明的是，国家对于医药知识产权政策目标的说明，并非空泛地说追求经济效益就可以了，必须精准明确地提出一个概念化的目的。例如，关于临床试验数据的保护，若仅以促进研究发展作为权利主张（claims），便可能太过模糊而空泛。关于明确的政策目标，以促进新药研发为例，至少应包含政策目的的宣示，关于国家保障原研药企业的投资，国家应立法限制仿制药竞争者不公平的搭便车行为（free - rider），以使原研药企业可以取回投资于研发后所应得的合理报酬。❻

其次，国家必须证明药品知识产权政策所采取的手段合理且可能（reason-

---

❷　KENNETH J. A, Economic Welfare and the Allocation of Resources for Invention, in the Rate and Direction of Incentive Activity（1962）and Richard R. Nelson, The Simple Economics of Basic Research, 67 J. of Political Economy 297 - 306（1959）, cited in Lewis M. Branscomb & Richard Florida, Challenges to Technology Policy in a Changing World Economy in investing in innovation 30（Lewis M. Branscomb & James H. Keller ed., 1998）.

❸　吴全峰. 从健康人权之角度论国际药品知识产权制度之发展［J］. 欧盟与美国生物科政策，2011：666. 依本文看法，此种目的与手段之关联性分析，其实就是行政法比例原则的具体应用。

❹　LAWRENCE G, JOHNATHAN M. M. Towards the Development on a Human Rights Impact Assessment for the Formulation and Evaluation of Public Health Policies［J］. Health & Human Rights, 1994：59, 61.

❺　RAWLS J. Political Liberalism［M］. Cambridge：Harvard University Press, 1993：292, 293.

❻　WEISSMAN R. Data Protection：Options for Implementation［M］//ROFFE P, TANSEY G, VIVAS - EUGUI D. Negotiating Health：Intellectual Property and Access to Medicines. London：Earthscan Publications, 2005：154.

ably likely）达到其所宣称的政策目标。赋予国家这项举证责任的目的在于，评估医药知识产权政策对公众健康权利的影响，并不能局限于政府所形成的何种政策或采取何种手段将对健康权造成负担，还应包含该政策是否能适当地产生有益效果。❼

二、医药专利产业化有助于促进创新与产业发展

站在国家的角度，鼓励医药专利的产业化有两大效益：一是促进国家整体的技术创新，二是有利于产业与经济发展。这也是专利制度的原始目的，并可见于各国专利法之明文。如著者一再引用的，专利制度的学理根据，有财产权说、受益权说、激励说或公开说等。但没有任何单一学说可以解释或说明今日所运作的专利制度。依照德国法的通说，前述学说乃立于相互依存与补充的关系。总而言之，专利制度的目的在于，以专利权作为公平正义（die Gerechtigkeit）及保护发明人个人利益（die Individualinteressen des Erfinders）之戒律（des Gebot）；在强调私权与公共利益调和与保护下，赋予公众实施及利用发明之机会。❽ 也就是今日的专利制度是以公权与私权结合说❾为其学理基础，即专利法的立法精神在于促进实用技术发展的公益基础下，赋予发明人排他性的权利与经济利益。这种强调技术创新以及经济发展的观念，可以佐证我国《专利法》第 1 条，"为了保护专利权人的合法权益，鼓励发明创造，推动发明创造的应用，提高创新能力，促进科学技术进步和经济社会发展，制定本法。"

其次，医药产业要有创新，才谈得到专利保护的问题，才有进一步探究如何产业化的问题。然而，我国还处于刚起步的阶段，虽然现在医药产业创新已升级成为国家战略。但我国的知名药业贝达药业董事长丁列明曾说过，"在国外超市常能买到中国产的东西，但医院里却基本看不到中国药，而国内医院许多高端药大多需要进口，这表明中国医药产业的创新能力仍不足。"❿

---

❼ WEISSMAN R. Data Protection：Options for Implementation［M］//ROFFE P, TANSEY G, VIVAS - EUGUI D. Negotiating Health：Intellectual Property and Access to Medicines. London：Earthscan Publications, 2005：154.

❽ Rudolf KraBer, Patentrecht, 6. Aulf., 2009, S. 35.

❾ 蔡明诚. 发明专利法研究［M］. 2000：56.

❿ 健康中国医药业如何创新［N］. 人民日报, 2016－03－15（06）.

以下进一步分别说明，鼓励医药专利产业化有助于促进技术创新与产业发展。

（一）技术创新的重要性[11]

长久以来，经济学家试图找出影响国家经济增长的要件。早在 1950 年，梭罗（Robert Solow）教授指出，"二战"后，美国经济增长的影响比重，劳力与资金等传统因素占 25%～50%，其余全归功于科技创新所带来的进步。[12] 从梭罗教授提出该观点之后，科技创新的角色定位引起经济学家广泛的兴趣，也使经济学家投入超过 40 年的时间进行研究，在这些研究中，也有越来越多的研究成果肯定了梭罗教授的观点，这些研究进一步指出，在研究、开发以及教育领域等的持续投资，是经济成长的关键所在。[13] 如 Michael Boskin 与 Lawrence Lau 等经济学者在分析五大工业经济国家的经济增长的研究中，也得到与以往研究相同的结论，确认了科技创新是经济增长的最重要因素。[14]

著者认为，若站在前述经济学家研究的结论上，鼓励医药专利产业化的第一个好处就在于可以促进技术创新。根据学理的通说见解，[15] 国家建立专利制度的根本原因，在于鼓励创新与促进技术进步，即专利制度是一种手段，其存在是一种必要之恶，由国家给予专利权人其发明的一定期限垄断权，以换取其公开技术，让他人站在其公开技术的基础上进一步创新。专利产业化可以对发明人带来极大的经济利益，这项经济利益会产生强大的诱因效果，让社会公众有积极动机进一步创新。

目前中国的医药专利申请主要来自各高校与科研单位。然而，高校虽拥有

---

[11] 王伟霖. 科学技术基本法第六条之法律经济分析 [M] //智慧财产的机会与挑战. 元照出版股份有限公司，2008：7.

[12] SOLOW R M . Technical Change and the Aggregate Production Function [J]. Rev. Econ. & Stat, 1957：312 –320.

[13] GRILICHES Z. Productivity, R&D, and Basic Research at the Firm Level in the 1970's [J]. Am. Econ. Rev. , 1986, 76：150 –155.

[14] BOSKIN M, LAU L J. The Contribution of R&D to Economic Growth：Some Issues and Observations [A]. American Enterprise Institute, 1994, cited in Michael Borrus and Jay Stowsky, Technology Policy and Economic Growth [J]. Investing In Invoation, Lewis M. Branscomb & James H. Keller ed. , 1998.

[15] 学理上称此为奖励理论（reward theory）. 参见：何建志. 生物技术专利之最适范围：产业政策与法律分析 [M] //生技时代的智慧财产与公共卫生议题，新学林出版社，2006：113。

大量医药专利，但转化率极其有限。这或许是因为制度与文化的关系，中国的很多高校科研行政化的趋势明显，很难使大学渐渐朝营利性组织来发展。长期而言，固然可以通过法律与管理制度促进与改善高校文化以解决这个问题。但短期来说，著者赞同学者提出的"鼓励或加强中介机构的设置"的看法。❶ 具体来说，大学与企业存在的目的毕竟有相当大的差异。前者强调的是知识的产生与流通，后者则希望从提供顾客产品或服务中，获取利润并回馈给股东和员工。因此，若能设立一个中介机构（intermediary mechanism）作为润滑剂，专门负责沟通彼此，对于促进二者的交流必有帮助。这有点像电影明星或运动员都需要经纪人替他们与业主交涉、与媒介交易机会，至于电影明星或运动员则可专注于自己的工作，专业分工，两全其美。事实上，美国的经验就充分证明中介机构的重要性，例如美国的威斯康辛大学的校友基金会、美国大学技术经理人协会（AUTM）以及德国的 Steinbeis 基金会等，运作均颇有成效。中国几乎没有类似的组织，仅靠大学自力救济，而大学教职员本身对商业运作多一窍不通，因此，大学技术转移效果不佳也不令人意外了。

著者认为，大学与产业间的分工，可以从研究与发展分别着手。即中国高级科研人员高度集中在大学，又配合大学以学术为本的文化环境，故大学非常适合从事基本的科学研究。相对地，产业界则可通过前述的中介机构，从大学取得基础研究成果之后，加以自行开发，并将所获得利益回馈给大学以进行下一阶段的研究。如此将可形成良性循环。大学与产业界结合，并配合国家政策，可形成一套完整的国家创新系统，而这正为竞争力之关键所在，如图 21 所示。

（二）促进经济发展

专利的授予可以让专利权人独享其创新技术的经济利益，而要独享专利所带来的经济利益，势必要将专利技术产业化。简言之，专利所体现的技术创新，在知识经济（Knowledge Economy）时代尤为重要，因为发明专利的产业化，可说是知识经济时代之钥。❶ 2008 年 7 月 29 日，时任韩国总统李明博亲

---

❶ 何建志. 生物技术专利之最适范围［M］//生技时代的智慧财产与公共卫生议题，新学林出版社，2006：374.

❶ 游启聪. 发明专利产业化：知识经济时代之钥［J］. 台湾经济论坛，2010，8（10）：37.

自主持第 15 次韩国国家竞争力强化会议，以总统高度建构知识产权强国实现战略，希望通过具体实现尊重创意性之社会及转换高附加值之经济体系两大策略来强化知识产权以提升国家竞争力，进而达成知识产权强国的目标。著者认为，从政策上推动医药专利产业化的另一目的，就是藉此促进国家产业经济的发展，并有助于产业的升级。

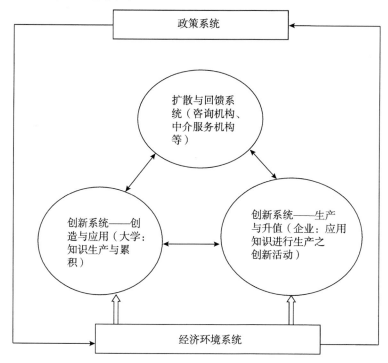

图 21　我国台湾发明专利产业化推动方案

数据源：江雪娇. 从国家创新系统探讨大学推动研发服务业的发展 [J]. 经济情势暨评论，10 (3)：26。

三、全民健康的提升与低价药品

以下内容主要探讨医药专利最具争议的议题之一，即药品价格。进入议题之前，我们须先了解，为何新药开发对于全民健康如此重要？促进中国医药行业发展，除了经济上的原因之外，医药对于国民的健康至关重要。以目前中国的健康情况而言，可以从全国人民的平均寿命以及十大致死原因略知端倪（见表 12 ~ 表 14）。

表 12　中国人民期望寿命

年份	数据源	合计/岁	男/岁	女/岁
2000	全国第 5 次人口普查	71.4	69.6	73.3
2005	人口变动情况抽样调查	73.0	71.0	74.0
2010	健康中国 2020 战略研究报告	73.5	71.3	75.9

数据源：2012 年中国卫生统计提要。

表 13　2011 年中国部分市县前十大疾病死亡率及死亡原因构成

序号	市			县		
	死亡原因	死亡率/%	构成/%	死亡原因	死亡率/%	构成/%
1	恶性肿瘤	172.33	27.79	恶性肿瘤	150.83	23.62
2	心脏病	132.04	21.30	脑血管病	138.68	21.72
3	脑血管病	125.37	20.22	心脏病	123.69	19.37
4	呼吸系统	65.47	10.56	呼吸系统	84.97	13.31
5	损伤及中毒	33.93	5.47	损伤及中毒	56.50	8.85
6	内分泌营养和代谢病	18.64	3.01	消化系统	13.84	2.17
7	消化系统	16.35	2.64	内分泌营养和代谢病	10.56	1.65
8	神经系统	7.63	1.23	传染病	6.75	1.06
9	泌尿生殖系统	6.60	1.06	泌尿生殖系统	6.50	1.02
10	传染病	5.51	0.89	神经系统	4.85	0.76
	十种死因合计	94.17		十种死因合计	93.51	

数据源：2012 年中国卫生统计提要。

表 14　2011 年中国部分市县男性前十大疾病死亡率及死亡原因构成

序号	市			县		
	死亡原因	死亡率/%	构成/%	死亡原因	死亡率/%	构成/%
1	恶性肿瘤	215.19	30.70	恶性肿瘤	196.39	26.75
2	心脏病	136.72	19.51	脑血管病	150.69	20.52
3	脑血管病	135.74	19.37	心脏病	128.13	17.45
4	呼吸系统	74.62	10.65	呼吸系统	92.18	12.56
5	损伤及中毒	43.42	6.19	损伤及中毒	75.39	10.27

续表

序号	市			县		
	死亡原因	死亡率/%	构成/%	死亡原因	死亡率/%	构成/%
6	消化系统	19.73	2.82	消化系统	17.86	2.43
7	内分泌营养和代谢病	17.16	2.45	内分泌营养和代谢病	9.29	1.27
8	神经系统	8.01	1.14	传染病	9.14	1.25
9	传染病	7.89	1.13	泌尿生殖系统	7.69	1.05
10	泌尿生殖系统	6.98	1.00	神经系统	4.93	0.67
	十种死因合计	94.94		十种死因合计	94.21	

数据源：2012 年中国卫生统计提要。

相对地，我们比较一下全球以及欧美发达国家的情况，如表 15 所示。[18]

表 15　世界主要国家的平均寿命

年份	数据源	合计/岁	男/岁	女/岁
2013	全球	71	68	73
2013	美国	79	76	81
2013	欧洲	76	73	80

数据源：世界卫生组织（WHO）2015 年最新统计。

以上是根据国家或地区来区分，除此之外，另一个有价值的统计是根据收入来区分，如表 16 所示。

表 16　依据收入区分的平均寿命

收入高低	平均/岁	男性/岁	女性/岁
低	62	61	64
中间偏低	66	64	68
中间偏高	74	72	76
高	79	76	82

数据源：世界卫生组织（WHO）2015 年最新统计。

---

[18]　世界卫生组织（WHO）2015 年最新统计 ［EB/OL］. http：//www. who. int/gho/publications/world_health_statistics/EN_WHS2015_Part2. pdf？ ua = 1.

从以上的统计可以看出，目前中国的平均寿命低于欧美发达国家，但高于全球平均水平，以收入高低的统计来说，在中间偏高的排名中。从这个统计结果可以看出，中国目前全民健康水平还有很大的发展空间。

至于发达国家的主要致死原因，也与中国有所不同，以美国为例，如表17 所示。

表 17　美国十大死因统计[⑲]

排名	疾病	致死数/人	排名	疾病	致死数/人
1	心脏病	611105	6	阿尔兹海默症	84767
2	癌症	584881	7	糖尿病	75578
3	慢性消化道疾病	149205	8	流感与肺炎	56979
4	意外事故	130557	9	肾脏疾病	47112
5	脑中风	128978	10	自杀	41149

数据源：美国疾病管制与预防中心的 2013 年最新统计。

从中美两国的十大致死原因统计可以发现，除了癌症、中风、心脏病与糖尿病这几项主要疾病有共同点之外，美国的十大死因中，有阿尔兹海默症，但中国没有。而中国有呼吸道疾病、传染病、泌尿疾病，美国则没有这些主要的致死疾病。

医药行业必然主要是针对本国疾病市场进行新药研发，而美国作为最主要、最领先的新药研发国家，其研发重心也以医治美国人关心的疾病为主，这导致其他国家（包含中国）所关心的疾病，并未受到欧美制药企业的足够青睐，因而发生无药可医的现象。就算是国外有药可医，但在中国可能因为未获药品审批或未进医保等原因，仍会造成难以取得用药的窘境。所以，只有健全自身的医药行业，才能在公众健康方面独立自主而不依赖他国。这正是国家发展医药产业的一大原因。鉴于此，习近平总书记提出，要求立足中国实际，借鉴国际先进经验，努力破解医改难题，强调没有全民健康，就没有全面小康。[⑳]

---

⑲　数据源自美国疾病管制与预防中心（Center for Disease Control and Prevention）的 2013 最新统计 [EB/OL]．http://www.cdc.gov/nchs/fastats/leading - causes - of - death.htm.

⑳　国务院办公厅关于印发深化医药卫生体制改革 2014 年工作总结和 2015 年重点工作任务的通知。

以上综合性地说明新药开发对于国民健康的重要性。站在公众的立场，很容易导向一个思路，那就是药价应该越低越好，但问题绝非如此简单。

众所周知，药品的实际制造成本极低，但其售价却远远高于制造成本。这是因为药品与其他产品不同，其他产品普遍采取的定价方式，是制造成本加上利润，但药品却需另外巨额的研发成本，以及为数不低的渠道与市场营销成本。著者认为，目前任何新药销售所带来的收入，很大一部分是用于未来新药的开发，其中常被批评的是市场营销成本，不少人认为这是无谓的开销，纯粹是企业为了获取更大市场份额所为的商业行为。需要特别澄清，❹ 药品的市场营销，与其他消费品不同，它不是面向一般公众，药品的市场营销是针对专业机构与专业人士（也就是医院与医生）。在营销过程中，必须让这些专业人员充分了解新药的疗效以及潜在的副作用。专业人员通常是比较保守的，因此需要花费大量的时间与精力去说服他们使用新药。这些都是造成药品市场营销费用居高不下的原因。每个行业都有自己的特性，在尚未深刻了解一个行业之前，我们应该尽可能尊重市场法则，而不是先入为主地认为定价存在偏差。

当今世界各国，特别是发展中国家，对本国国民高患病率的疾病特效药，都有需求上的急迫性，但经济学的定理告诉我们，"不可能要马儿跑，却要马儿不吃草"。新药研发是高风险投资，大多数的研发可能没有成效。特别是近几年有很明显的趋势，开发新药越来越难。高风险的事若要鼓励人去做，就必须给予高报酬，这是任何提倡低价药品者必须充分认知的。由此也可看到，专利制度对于医药行业有多么重要。目前世界上真正有能力持续性进行新药开发的，仍是由众多私人企业所构成的医药产业，他们之所以愿意投入这么多，归根结底仍是看到未来专利药的获利能力。

以上所述即是新药药价的争议所在，但容易被忽略的是仿制药的药价问题。著者认为，仿制药既然没有专利问题，其应当是全民低价药品的主要提供者，虽然所有仿制药企业几乎都会标榜它们的药品很便宜，但在现实中，仿制药真的很便宜吗？

---

❹　The R. Hon. Sir Robin Jacob, Patents and Pharmaceuticals, a paper given at the presentation of the directorate – general of competitions preliminary report of the pharma – sector inquiry.

以美国为例，第一个申请仿制药 ANDA 的企业享有 180 天的独占权，❷ 在独占期内，该药厂必然不会降价太多。即使 180 天的独占期过了之后，许多新的仿制药进入市场使得药价降低了，可是降低的幅度未必符合期待，因为仿制药企业之所以投入仿制药行业，目的仍是盈利，除非市场供给过剩，否则仍会尽一切力量维持高药价，这是经济学定律使然。假设仿制药的售价是专利药的一半，看似便宜了，然而专利药企业因为投入巨额的研发与市场营销成本，同时还须承担研发失败的风险，这些风险与成本，仿制药企业不必再面对的。所以，仿制药企业的成本远比专利药企业低，就算其售价真的比专利药低，但仿制药的实际获利仍可能很高。一般说来，制药企业因为看中了这一点，纷纷大举投入仿制药的行业。而且，仿制药表面上的低售价，可能导致政府或保险公司强制或劝导医师使用仿制药，因而更加促进仿制药市场的成长。仿制药企业不必承担风险，在舆论上又赢得政府与民众的支持，这对于专利药企业似乎不公平。

四、鼓励创新药还是仿制药?

国家通过专利立法来体现其专利政策，而专利政策最大的作用，将是通过"胡萝卜"与"棒子"对企业与经济产生引导作用，因为各行各业对于知识产权的依赖度不同，且侧重点不同，一项专利政策必然导致不同产业的人，对其有不同的评价。❸ 如前所述，药品是对专利依赖度最高的产业，所以使得专利政策的调整在医药领域引起最多的关注与争议。在生物医药行业，我们要鼓励新药开发还是鼓励仿制药行业的发展？这两者的思路有非常大的差异，甚至是

---

❷ 21 USC §355j（2）（A）（vii）.

❸ 例如自 2003 年 USPTO 提出要提高专利审查的质量要求起，到后来历次的专利法修正，美国各个产业的态度明显不同。支持该修正方向的主要是科技业，以微软和英特尔为代表，它们认为强化专利审查质量有利于减少垃圾专利，降低企业因为专利诉讼而必须支付的大笔费用，进而有利企业创新。反对方主要是医药企业，它们认为新法案将降低专利保护的强度，导致专利侵权更容易发生，不利于医药产业的发展。之所以双方立场如此不同，原因在于科技业与医药行业的性质有很大不同，电子产品的寿命一般约 3 年左右，但医药产品却往往超过 10 年以上；电子产品一般研发的时间与资金投入低于新药开发；一种新药往往只有一两件专利，但一台手机上却有万件专利。药品的复杂性与高成本造成医药公司对专利的依赖度远大于电子公司，而科技业者因为专利众多，疲于应付纷至沓来的专利诉讼，需要支付高昂的诉讼成本。参见：倪娜. 药品专利政策对生物制药行业的影响研究 [D]. 军事医学科学院，2010：18 - 19。

彼此矛盾。以新药开发为例，因为要承担巨大风险，且有庞大资金压力，若要鼓励开发创新药，国家的专利政策应强化专利保护，也就是在专利权排他性方面予以强化，延长创新药专利的保护期限，以及提高损害赔偿额等方向发展。相对地，若国家希望鼓励仿制药的发展，则应尽量减少专利的束缚，不引入美国的医药专利期延长制度，并降低损害赔偿的额度。

早期，我国医药行业以仿制药为主，仿制药低风险且有利可图，新药开发却要承担巨大风险。其主要原因在于，目前的专利法与专利政策是有利于仿制药的发展，但对新药开发不利，其不利之处至少有：①临床试验和新药注册审批的过程；②新药没有被纳入招标采购，社保报销也没有纳入新药等。这种现状是不利于我国医药水平追上世界水平的，中国的医药产业最早以仿制药为主，目前则是仿制和研发结合。世界上销量排名前十药品中，7 种是创新生物药；但在中国市场上销量排名前 20 种药品都是中药注射剂、仿制药品和抗生素。㉑

中国在政策上，究竟应走向继续以仿制药为主，还是转向鼓励新药开发？这是大问题，很难有周全的答案。著者认为，中国目前的产业结构与法规政策都比较倾向仿制药，有必要向有利新药的方向调整。第一，美国的新药开发企业，必然预设是以美国人为药品消费群体，但因中美两国的民众容易罹患的疾病不尽相同，这将造成有些在中国迫切需要的药，欧美制药企业未必有兴趣开发，此时若中国的药厂也无能力自主开发时，将严重影响中国民众的用药权益与全民健康。第二，仿制药固然市场份额很大，但以利润率与垄断能力而言，要更有经济价值，站在国家总体经济发展的角度，鼓励新药开发有其必要。

不过，著者仍不赞同矫枉过正的做法，将目前的政策全面倾向于新药。毕竟仿制药仍有其价值，特别是在降低药价方面。著者认为，或许可以参考美国的做法，即兼顾新药与仿制药的利益，采取两面保护的政策。在维护既有仿制药保护制度的情况下，适度地引进对新药的保护。在诸多对新药有利的保护制度中，新药专利延长制度仍是最重要也是最迫切需要的。对原研药企业而言，Hatch – Waxman 法案最大的成就是在 FDA 和 USPTO 之间设立链接机制，解决

㉑　中国新药研发迟缓源于仿制药卖得太好［EB/OL］．［2015 – 04 – 01］．http：//www.hkcd. com/content/ 2015 –04/01/content_919982. html.

了过去各自为政所造成信息断裂的问题，该法案以延长医药专利权期限（Patent Term Restoration）的形式，补偿新药审批过程和新药临床研究中专利权人损失的专利独占时间。同时，Hatch – Waxman 法案还创造了行政独占制度（Administrative Exclusivity），即对某些特殊药物给予特殊行政保护，如对孤儿药授予 7 年市场独占权，对新化学实体药物（NCE）授予 5 年市场和数据独占期，对非 NCE 授予 3 年市场独占期。此外，在 1999 年通过的专利期保障法案（Patent Term Guarantee Act），对因专利申请程序所造成的专利授权延迟，提供了补偿期（最长不超过 5 年），专利药物因行政程序所损失的时间因此得到了补偿。这一系列措施显著地提高原研药企业进行新药研发的诱因。❷

简言之，若要鼓励创新药，政策上应朝专利强保护的方向发展；反之，若要鼓励仿制药，则应采取如今的弱保护政策。究竟应如何折中，还应视该国家发展阶段而定。有学者主张，一个国家对于专利权保护的宽松或严紧程度与适当时机，主要考虑因素有：该国的产业竞争力如何？政府制订知识产权保护的时机与严格程度要适当，若制订得太早与太严，将增加企业向发达国家获取技术所需的权利许可费，若制订得太晚与太松，又将影响国内企业的创新与研发意愿。当国家的产业竞争力较弱时，该国的知识产权保护制度将较倾向于宽松制度保护；反之，则较倾向于严紧制度保护。❷ 此项论点值得我国相关主管部门参考。

五、医药保险的政策调整对医药产业的影响

谈到药品专利，医疗保险与医生是不可忽略的角色，不过，这又因国情而不同。以美国为例，私人医疗保险极为普遍，由于平均国民收入很高，一般民众在用药上对药价并不太敏感，医生开药时往往着重药效或品牌，而忽略价格，这种情况对原研药明显有利。❷ 在中国，医保覆盖尚不健全，而商业保险

---

❷ 创新药与仿制药的政策平衡术 [EB/OL]. [2015 – 08 – 08]. https://read01.com/8nojD2.html.

❷ 陈松柏，谢龙发. 产业竞争力衡量之实证研究 [J]. 竞争力评论，2001，3：26。

❷ 美国情况的介绍，可参考：WHEATON J J. Generic Competition and Pharmaceutical Innovation: The Drug Price Competition and Patent Term Restoration Act of 1984 [J]. Catholic University Law Review, 1986, (35) 2。

在全国民众的覆盖率与发达国家相较，还相差甚多。^㉘ 同时，中国平均国民收入仍落后欧美国家较多，公众对于药价的敏感度很高，导致任何药物在中国销售的关键取决于是否有医保，以及最终的补贴与定价。相对于以英国为代表的全民医保制度，对于保险目录内的药品进行价格管理，对于不在目录内的药品由市场自由定价；而中国是对所有药品的价格都进行管理（包含未进入医保的专利药），各省医保的采购价格由当地医保部门与制药企业协商确定，但成交价格不能高于中央政府指导的价格。^㉙ 然而，中国这项药品定价制度施行多年来，造成严重的高药价问题，这又牵涉近年来的医改。如学者所述，中国医改中最棘手的，就是大型公立医院改革和药品流通两个问题，简单来说，医院大部分是公立的，即医院之间没有竞争可言，等于是寡头垄断，管理效率低，所以公立医疗机构像是一个官僚体系，而不是医疗服务体系。其中，药品流通的问题更严重，药品从生产、制造、流通、管理到病人使用，都有层层关卡，从中央与省审批、地方政府及医院进药、医师开药、信息中心统计到调剂药品，流通环节较多。假设药品制造成本 1 元，卖到病人手里可能高达 4～10 元，所以，最重要的是减少药品流通环节才能确保用药品质。^㉚

为了解决这个问题，国家发展改革委会、国家卫生计生委、人力资源社会保障部等部门联合发出《关于印发推进药品价格改革意见的通知》（发改价格〔2015〕904 号）。^㉛ 该通知规定，除麻醉药品和第一类精神药品仍暂时由国家发展改革委实行最高出厂价格和最高零售价格管理外，对其他药品政府定价均予以取消，不再实行最高零售限价管理，按照分类管理原则，通过不同的方式由市场形成价格。其中，专利药品、独家生产药品，通过建立公开透明、多方

㉘　根据麦肯锡（McKinsey & Co.）的调查，目前中国商业医疗保险的覆盖率并不高。调查显示，只有不到30%的商业保险购买者是通过公司集体购买的，远低于商业医疗保险在其他国家的水平。其他相关分析显示，城市人口中有超过50%的居民没有任何形式的医疗保险 [EB/OL]. http://big5. news. cn/gate/big5/news. xinhuanet. com/fortune/2006－01/20/content_4077639. htm。

㉙　叶露，武瑞雪. 专利药的定价与补偿国际比较 [J]. 中国医疗保险，2009，4：52.

㉚　叶金川. 中国医改走过 30 年 [EB/OL]. [2017－02－03]. http://blog. udn. com/yestaipei/4536216.

㉛　国家发改委网站 [EB/OL]. [2017－02－03]. http://www. sdpc. gov. cn/zcfb/zcfbtz/201505/t20150505_690664. html.

参与的谈判机制形成价格。㉜ 换言之,我们期许的医改似乎朝向让专利药相对市场定价的方向发展。㉝

然而,同样由国务院发布的《国务院办公厅关于印发深化医药卫生体制改革 2014 年工作总结和 2015 年重点工作任务的通知》(国办发〔2015〕34号),㉞ 其中特别提到政府未来的工作重点,包括将公立医院改革摆首位、专利药降价以及鼓励国产医疗器械、创新药发展等,明确把专利药降价当作重点。可见前述《关于印发推进药品价格改革意见的通知》所欲建立的谈判机制,其最终谈判的目标是希望通过政府的推动,让专利药降价。㉟

由以上讨论可以看出,医改政策的调整对我国医药产业有重大影响。目前我国的政策方向仍以降低国外原研药价格为主,因为专利药目前仍主要掌握在国外制药企业手上,中国若要扶持其本地创新药企业的话,对专利药的打压无疑也会对本地药厂造成重大打击,虽然《国务院办公厅关于印发深化医药卫生体制改革 2014 年工作总结和 2015 年重点工作任务的通知》强调鼓励创新药发展是一项重点,但如本书第一章所述,专利的强保护是鼓励创新药的不二法门。因此,目前中国的政策有可能短期内降低了国外药厂在中国市场的获利,但长期来说可能也减少了本地药厂创新的动力。

㉜ 药品价格新规,专利药经谈判定价 [EB/OL]. [2017 - 02 - 03]. http://www.mysipo.com/article - 5057 - 1. html.

㉝ 本书刻意使用"相对"两字的原因在于,通知使用多方参与的谈判机制来形成价格,而非完全交由市场自由形成。且多方参与是哪几方?通知的文字也模糊不清。凡此种种都暗示不会是如英国模式般完全由市场自由定价。

㉞ [EB/OL]. [2017 - 02 - 03]. http://www.mof.gov.cn/zhengwuxinxi/zhengcefabu/201505/t20150511_1229616.htm.

㉟ 根据媒体报导,……降专利药价格且鼓励国产医疗器械、创新药发展也是亮点。该通知表示,要破除以药补医,所有县级公立医院和试点城市公立医院全部取消药品提成(中药饮片除外),降低虚高药价。此外还要降低药品、耗材、大型设备检查的价格,完善创新药和医疗器械评审制度。在谈到药品价格改革时,中国人民大学医改研究中心主任王虎峰特别强调,对部分药品建立价格谈判机制,参考我国香港、澳门、台湾等地的药品价格,通过谈判降低部分专利药品、独家生产药品价格。与此同时,他还表示,高值医用耗材必须通过省级集中采购平台进行阳光采购,网上公开交易。在保证质量的前提下鼓励采购国产高值医用耗材。外资专利药以往在华利润太高、日子太好过了,价格比日本、韩国、印度、新加坡等周边邻国要高出很多。虽然拥有专利权且独家生产,但不意味着可以价格逆天。对此,一位行业观察人士表示,外资专利药的超国民待遇正被逐渐削弱,一方面积极争取进医保,另一方面回归到患者用得起的合理价位。参见:国办发布医改今年重点任务,谈判降专利药价格 [EB/OL]. [2015 - 05 - 11]. http://big5.chinanews.com/jk/2015/05 - 11/7265707.shtml。

六、小　　结

总结以上所论，著者认为在法律政策上研究医药专利产业化的问题，其方向有两点必须把握。

第一，必须关注我国的现状，只有了解自身的问题，政府才能通过政策引导对症下药，而非直接把欧美国家的政策或制度原封不动地引进中国。据此，对照中国与美国的情况，除了上文所提中美两国致死病因的差异之外，在政策方面我们还需注意，我国的制药行业仍以仿制药为主，而美国是以新药研发为主，目前美国仿制药的产业因为 Hatch – Waxman 法案呈现蓬勃发展之势。另外，医药保险对于医药产业的发展影响巨大，中国目前商业医疗保险的覆盖率还很低，公众主要依赖医保制度，政府统一管理的医保，对药品进入市场与药价有极大的影响力，从而限制了目前中国制药产业的发展；相对地，美国是高度市场经济的国家，其公众几乎都拥有商业医疗保险，对于药价敏感度不高，因此间接地促进原研药产业发展。

第二，如本书第一章所述，医药专利产业化的问题，归根结底是在处理专利药企业、仿制药企业及用药公众三者间的利益纠葛。站在新药开发企业的角度，开发新药需要花费巨额的资金与长久的时间，若没有可以确保的经济利益，没人愿意做这件事。因此，专利药企业最关心的是其开发成果能否受到专利保护，让他们能独享开发成果所带来的经济利益。经济学理论主张，创新成果的可预期获利是诱使研发投入的关键因素，很多实证研究已经证明高额的专利药获利与大量的研发投入之间存在统计上的相关性。至于仿制药企业关心的，是如何在激烈的仿制药竞争中，比别人快一步上市。而用药公众关心的事则很简单，他们希望药品有效又便宜。这三者间是无法完全兼顾的，然而必须针对中国的现状而有所取舍。

基于以上两点，著者认为医药专利产业化的政策重心主要有三个方面：

（1）调和不同利益族群的利益；

（2）推动本地医药产业的发展；

（3）促进公共健康。

第二节 专利法、产业与政策

一、由专利法的产业上可利用性（Utility Theory）谈起并兼论法释义学的局限性

以下内容是以传统法学分析的方式，试从法条的角度，思考我国现行法中涉及产业化的一些规范。根据德国法的法释义学（Dogmatic）[36] 思考，若遇到法律问题，直觉上总是先从法条中找线索，最终则通过法条来解决问题。本书亦同，若在专利法中以"产业"为关键词来寻找，首先找到的就是专利要件中的"产业上可利用性"（utility or usefulness）。这在美国、中国的法律中皆有规定，以下为相关法条。

（1）美国

U. S. C 101："Whoever invents or discovers any new and useful process, machine, manufacture, or composition of matter, or any new and useful improvement thereof, may obtain a patent therefor, subject to the conditions and requirements of this title."

（2）中国

中国《专利法》第 22 条，授予专利权的发明和实用新型，应当具备新颖性、创造性和实用性。……实用性，是指该发明或者实用新型能够制造或者使用，并且能够产生积极效果。

著者就以上法条所提出的疑问，所谓产业上可利用性，是否表示专利要件（patentability）应以专利有益于产业发展为前提？著者梳理各国学术观点，就以上问题分析如下。

首先，美国法院在适用产业上可利用性时，区分成 3 种情况：[37] 第一种是

---

[36] Windscheid 认为法释义学有下列三种主要任务，①法律概念的逻辑分析；②将此一分析综合而成一体系；③运用此一分析结果于司法裁判之论证。可参考：颜厥安. 法与实践理性 [M]. 允晨出版社，1998。

[37] MERGES, DUFFY. Patent Law And Policy：Cases and Materials [M]. 3rd Ed, LexisNexis, 2002：212.

实际有用性（practical utility），即专利是否有任何实际效用（substantial utility）？它主要涉及化学专利的效用争议。第二种是可操作性（operability），即专利是否确实达成其宣称之功效？它涉及的专利技术是否违反基本的物理定律，例如永动机的不可专利性。第三种是有益性（beneficial utility），即专利是否有社会价值，该专利是否为社会所需？

就上述第三点，著者认为，所谓专利须有社会价值，其意义为何？是否表示专利须有益于国家产业经济？就此点而言，美国主流见解认为，有益性并不要求专利须积极促进产业经济之发展。下面摘引了一则美国判例：

"All that the law requires is, that the invention should not be frivolous or injurious to the well – being, good policy, or sound morals of society. The word 'useful', therefore, is incorporated into the act in contradistinction to mischievous or immoral" (re：Utility, Lowell v. Lewis（15 Fed. Cas. 1018）C. C. D. Mass. 1817).

由此可知，美国专利法仅消极地要求专利不要有违社会道德即可，并不要求所申请的专利能够积极地促进产业发展。

一个在比较法上较有趣的观察，中国专利法中直接对实用性（即产业上可利用性）进行了定义，这种做法姑且不论其好坏，其影响是限缩行政机关藉由判断余地来认定实用性，而由立法者直接界定实用性的意义。根据我国《专利法》第 22 条规定："实用性，是指该发明或者实用新型能够制造或者使用，并且能够产生积极效果。"所谓积极效果的概念不明，其文字留给司法机关通过解释以要求专利须有益于产业发展的空间，也就是将积极效果解释为有促进产业经济发展的功效，它将让司法机关可以发挥政策形塑的功能，但这有待实务案例优证。

综上所述，从中国和美国司法实践中可以发现，司法对于实用性多持保守立场，没有通过解释论将专利应积极促进产业发展的理念导入法律中，究其原因，它仍是源于专利技术以及产业政策具有高度专业性，既涉及科学技术又与总体经济学有关，若由法官藉由解释法条来判断这些事项，难免强人所难，由此可看出，法释义学容易沦为纸上谈兵，对国计民生问题的解决往往无用武之地。

二、专利法之立法目的理论及其对生物医药产业之影响

学者常言，法律解释的方法所在多有，但归根结底往往是目的解释，毕竟，法律的制定与适用，都是为了一定之目的。⑧ 因此，分析专利法的文字之后，应进一步探究专利法的立法是否其目的在于促进产业发展？就这个问题，著者将以中国与美国进行综合比较。

首先，美国专利法最初在设计专利制度时，是采取奖励理论（reward theory）。⑨ 根据这个理论，专利是一种不得已的妥协，是一种基于契约交换的思维模式下的产物。即国家为了鼓励发明人公开其发明，使他人可以一方面避免重复发明，另一方面可以站在发明人既有发明的基础上继续改良创新，所以给予发明人一定的独占垄断期限。⑩ 根据美国宪法规定："（Clause 8 – Copyrights and Patents）［The Congress shall have Power］To promote the Progress of Science and useful Arts, by securing for limited Times to Authors and Inventors the exclusive Right to their respective Writings and Discoveries." 专利的授权是为了促进科学技术的进步（To promote the Progress of Science and useful Arts）。然而，鼓励科学技术的进步与促进产业经济的发展并不必然相关，美国立宪者是否欲藉由专利制度以促进国家整体经济发展，其实仍有疑问。著者从工具论的思路推断，纯学术与知识意义的科学技术的进步，应非美国立宪者所追求的终极目标，其根本上应该是希望国家因为科学技术的进步而使产业经济发展而茁壮，果如此，则在美国法下，专利制度应有益于国家产业经济的发展，应具有宪法高度的使命。

关于这一点，我国专利法又是如何规范的？我国《专利法》第1条规定：为了保护专利权人的合法权益，鼓励发明创造，推动发明创造的应用，提高创新能力，促进科学技术进步和经济社会发展，制定本法。相对于美国专利法就

---

⑧ 陈敏. 行政法总论［M］. 7版. 新学林出版社，2011：210.
⑨ 这是长久以来对专利制度的传统看法，关于这种看法的基本介绍与批评，参见：KITCH E W. The new palgrave dictionary of economics and the laws［M］. London：Macmillian，1998，3：13 - 17.
⑩ 根据美国市场经济的法律思维模式，垄断是法律应除去之恶。之所以法律愿给予发明人专利权之垄断权利，实际是一种利益衡量（balancing test）后认为所得大于所失之不得已选择。基于此项思维背景，我们可以反思专利是否有道德性（或专利根本是不道德的），反过来说，盗版侵权是否如很多人宣扬的那样是不道德的？

这个议题所呈现略显模糊的立场来看，中国专利法清楚提及促进产业发展为专利法的立法精神之一，据此，法院和国家知识产权局在适用专利法时，自应据以进行合目的性解释，以使专利的授予与促进国家产业经济的发展相联结。因此，中国的专利法似乎仍是以奖励理论为基础。

不过，近年来学者对以奖励理论为基础的传统专利制度提出批评，特别是因奖励的吸引而导致大家申请过多专利时，将反而会落入"反公用的悲剧"（The Tragedy of the Anticommons），⓫ 这个问题在生物医药行业特别严重，因为生物医药行业是最重视知识产权的行业，导致这个行业长期以来申请专利数量极多。所谓"反公用的悲剧"，是指因为财产权体制设计不当，所造成的资源损失。常见的情况如当某一种资源同时并存过多的财产权时，由于其处分难以获得全体权利人的一致同意，致使这些有价值的资源闲置而无法得到优化的利用。又如，俄罗斯实施私有化经济体制后，莫斯科街头的店面空空如也，可是街头上却是摊贩众多且生意兴隆。之所以摊贩宁可忍受寒风而不愿进驻店面，是因为这些店面有着错综复杂的所有权结构，导致原本有兴趣的商人难以向这些权利人取得全数同意，因此只好放弃进驻店面，使得这些店面流于闲置。⓬ 同样道理，有美国学者认为，目前在生物医药领域的专利数量似乎已经过多，而有可能发生"反公用的悲剧"。例如，制药企业欲研发治疗用蛋白质或遗传诊断检验时，通常需要使用许多基因片段，然而当这些基因片段（如 ESTs）已是由多位专利权人拥有专利时，将会造成制药企业谈判授权的难度大幅提高，而不利于新药开发。例如以肾上腺素接受器（adrenergic receptor）作为关键词，进行检索发现，有成千上百件已授权的美国专利，⓭ 如同在电子行业专利许可极为盛行一般。在法律上，有意研发新药的企业虽然也可以通过谈判许可而合法使用专利，但因为在生物医药行业中获得授权的交易成本比其他行业高许多，且各专利权人的利害关系往往有冲突，导致了生物医药行业一旦专利

⓫ HELLER M A, EISENBERG R S. Can Patents Deter Innovation? The Anticommons in Biomedical Research [J]. science, 1998, 280: 698.

⓬ HELLER, MICHAEL A. The Tragedy of the Anticommons: Property in the Transition from Marx to Markets [J]. harvard law review, 1998, 111: 621.

⓭ Heller and Eisenberg, supra note 41, at 699.

数量过多,而想要脱离这种"反公用的悲剧"机会变得相当渺茫。❶

三、小　结

从以上论述可以得出一项结论,即专利法虽然是以鼓励产业发展为目的,却没有把这个目的做无限上纲的延伸,法院在实务上对于专利实用性往往从宽审查,少有将不可产业化作为可专利性之要件。因此,关于医药专利产业化,不论根据专利法或司法实务,都不能得出无法产业化的医药专利将不得授权的结论,如此必然造成大量垃圾专利的产生。法律上既然不能防堵于前,考虑医药专利的特殊性,我们应该认真思考,是否要引入以法定期限为产业化作为事后无效医药专利的理由。❶

著者认为,结合我国国情,目前"反公用的悲剧"问题在中国发生尚属过早。中国虽然专利申请数量庞大,但很大一部分是垃圾专利,有高技术含量的专利并不多。因此,站在我国的政策立场,应该仍采取奖励理论为主,积极鼓励国内企业尽可能地多申请一些高质量的医药专利。

第三节　特别法上的知识产权产业政策

著者以下内容将采取比较研究的途径,分别对中国、美国与印度的专利法以外的其他特别法中的专利产业政策进行比较。

一、中　国

可分为一般性的知识产权产业政策和针对生物医药产业的特别政策。

(一) 一般性的知识产权产业政策

1. 国家知识产权战略纲要

我国国务院在 2008 年 6 月 5 日公布《国家知识产权战略纲要》(国发

---

❶ HELLER M A, EISENBERG R S. Can Patents Deter Innovation? The Anticommons in Biomedical Research [J]. science, 1998, 280: 698.

❶ 关于以在法定期限内不产业化专利作为无效医药专利的理由,详细论证可参考本书第五章。

〔2008〕18 号)❶ 是中国发展知识产权的最高指导原则。

（1）战略目标

于 2020 年把中国建设成为知识产权创造、运用、保护和管理水平较高的国家。知识产权法治环境进一步完善，市场主体创造、运用、保护和管理知识产权的能力显著增强，知识产权意识深入人心，自主知识产权的水平和拥有量能够有效支撑创新型国家建设，知识产权制度对经济发展、文化繁荣和社会建设的促进作用充分显现。

（2）战略重点

- 完善知识产权制度
- 促进知识产权创造和运用
- 加强知识产权保护
- 防止知识产权滥用
- 培育知识产权文化

（3）战略措施

- 提升知识产权创造能力
- 鼓励知识产权转化运用
- 加快知识产权法制建设
- 提高知识产权执法水平
- 加强知识产权行政管理
- 发展知识产权中介服务
- 加强知识产权人才队伍建设
- 推进知识产权文化建设
- 扩大知识产权对外交流合作

由以上内容可以大致看出中国未来知识产权的发展方向，具体应如何达成目标，则需靠行政手段。

2. 专利申请优惠政策

为了实践《国家知识产权战略纲要》的政策目标，各地方的知识产权局

---

❶　关于国家知识产权战略纲要的详尽分析，请参考：易继明. 编制和实施国家知识产权战略的时代背景：纪念国家知识产权战略纲要颁布实施五周年 [J]. 科技与法律，2013，104（4）：67 - 76。

分别出台各种具体方案，其中广泛使用了专利申请补贴方案。著者以《北京市专利申请资助金管理暂行办法》为例进行说明。

根据《北京市专利申请资助金管理暂行办法》的规定，**⑰** 依照其国内或国外专利的不同可享有不同的补贴额度。

（1）国内专利

● 北京市专利试点单位：每项发明专利申请的最高资助标准为申请费950元人民币，实质审查费2500元人民币。实用新型和外观设计专利申请的最高资助标准为500元人民币。

● 北京市专利示范单位：每项发明专利最高资助标准为5000元人民币。其中申请费950元人民币，实质审查费2500元人民币。实用新型和外观设计专利申请的最高资助标准为500元人民币。

（2）国外专利

● 单位申请人通过PCT途径向外国申请专利的，国际阶段资助1万元人民币/项，国家阶段资助1万元人民币/国/项。

● 单位申请人通过其他途径向外国申请专利的，资助2万元人民币/国/项。一项专利申请向多个国家提出时，最多资助向5个国家申请的部分费用。

这项专利补贴政策不仅会促使本国专利申请量的提高，也将使跨国公司有动力通过其中国子公司来申请专利，它会使得近年来中国本土专利数量大幅攀升。著者认为，这种现象未必有助于《国家知识产权战略纲要》所追求的创新型国家的目标。首先必须认识到，专利申请与技术转移是不同的。跨国企业由中国子公司申请专利，并不代表就会将技术移转到中国。**⑱** 其次，专利补贴造成的另一个现象，即专利代理公司蓬勃发展但无法断奶。**⑲** 国家财政的补贴培育了一批专利代理公司，而非通过市场而成长，实质能力仍不佳，而只是制式地套用范本来写专利。最后，专利补贴看重的是数字，也就是重量不重质。

---

⑰ 北京市知识产权局［EB/OL］.［2017 - 03 - 09］. http：//www. bjipo. gov. cn/zcfg/zcwj/201106/t20110 614_18077. html.

⑱ 例如很多台湾企业为了贪图专利补贴之优惠，利用其大陆子公司来申请专利，其实公司的研发中心还是放在台湾，仅在大陆制造制而已。如此则并未达到促进技术转移到中国的目的。

⑲ 王昕. 中国专利申请何时断奶，政府补贴托起百万专利［EB/OL］.［2012 - 09 - 17］. http：//news. chinaventure. com. cn/3/20120917/98348. shtml.

目前国家对地方政府、科技园区辖区内企业申请的专利数量考核，被列入政绩范畴；而认定高新企业、知识产权优势企业也都需要专利数量作为其中一项硬指标，因而造成只要有了专利，就可以享有税收优惠、贴息贷款或专项优惠资金补贴，所以，不少企业申请专利并不是为了商业或技术上的原因，而是为了申请资质或补贴，这从很多企业一旦拿到补贴后就不再缴纳专利维护费的现象，不难看得出其当初申请专利的动机了。种种问题使得中国近年来专利数量居全球首位，但创新能力或技术含量仍不足。例如汤森路透评选出 2012 年全球创新力百强企业排名，中国专利申请数量领先全球，但专利质量及影响力不足，中国企业无一上榜。⑩

（二）中国针对生物医药产业的特别政策

中国目前少有针对医药产业的特别政策，以知识产权为基础的医药产业政策更是难觅。说明中国过去不重视医药产业，长期忽视医药专利的现象。⑪ 若不限定于医药专利的政策，近年对中国医药产业影响最大的政策应该是《关于开展仿制药品质和疗效一致性评价》的意见。中国药监部门对药品质量加大监管，出台此次意见，将督促一些仿制药企业开始重视自身生产水平，期待仿制药品质提高，发挥与原研药一样的积极作用。

（三）小　　结

中国目前并没有特别针对生物医药知识产权的政策，甚至专门针对生物医药产业的政策亦不多见。比较少数但较重要的是前述一致性评价的政策，但这项政策的目的在于解决仿制药品质低下的问题，以维护公众基本的用药权益。

这项最受中国医药界关注的政策，其实反映出中国医药产业的现状，几乎所有企业集中在仿制药阶段，而且处于低端仿制，主要是以成本作为竞争基础

---

⑩　汤森路透评选出 2012 年全球创新力企业（机构）百强，共 47 家美国企业、32 家亚洲企业、21 家欧洲企业上榜。虽然中国专利申请数量领先全球，由于专利质量及影响力不足，中国公司无一上榜［EB/OL］. http：//tech. sina. com. cn/it/2012 - 12 - 04/20217856429. shtml。

⑪　有学者即明言，中国医药行业知识产权发展很晚，因为制药行业相对薄弱……新中国成立以来，中国生产的西药有 3000 多种，99% 是仿制的。引自：吴慧. 中日创新药物发展战略比较［EB/OL］. http：//www. libnet. sh. cn：82/gate/big5/www. istis. sh. cn/hykjqb/wenzhang/ list _ n. asp？ id = 1700&sid = 2。

而少有创新。这是中国发展的困境同时也是机遇，通过政策，将中国的医药产业导入创新之路，这需要先认清知识产权对医药产业的重要性，以及如何运用知识产权来引导医药产业的发展。

二、美　国

关于美国的生物医药产业化政策，著者将从两方面介绍，一是从宏观层面介绍对美国国家部门研发成果转移民间最具重要性的拜杜法案（Bayh–Dole），二是较详细地介绍美国在生物医药领域的一些政策。

（一）一般性的产业政策性法律：拜杜法案

严格来说，美国并没有全国统一的知识产权产业政策，甚至可以说，美国并没有任何产业政策，这与美国属于联邦国家有关，主要规范权力交由各州决定，且美国文化一向强调小政府的自由放任思想。美国联邦法律中，关于知识产权政策的法律主要是拜杜法案。

拜杜法案是由美国参议员 Birch Bayh 和 Robert Dole，一般习惯用该二人的姓来称呼该法案，该法案于1980年通过，在1984年经过部分修订，并编入美国法律汇编（U. S. C.）第35编第18章（即专利法）中，正式名称为"license resulting from federally funded research"。

与大多数国家一样，在拜杜法案通过之前，美国所有曾获得联邦资助的研究项目，其所产生的知识产权归联邦政府所有。当时美国政府的运作仍无法避免官僚主义，以及复杂的行政流程，因而导致政府所有的知识产权极难转化供民众使用。根据一项统计，在1980年拜杜法案通过时，美国联邦政府共持有2.8万件专利，但是其中转化供民众使用的比率不到5%。❷ 这很明显是一种资源浪费，政府拥有大量的无形资产，却不懂得使用，而民众有运用的能力和需求，但没有专利权利。

拜杜法案的核心精神，在于让政府资助的项目，使其知识产权归私人所有成为可能，而给予研发成果转化带来强大动力。根据学者整理，❸ 拜杜法案主

---

❷　[EB/OL]. http：//baike. baidu. com/subview/9099878/9105315. htm.
❸　刘江彬，黄俊英. 智慧财产管理总论［M］. 华泰文化出版社，2004：128.

要涉及以下几方面：①经由联邦提供款项从事的研究合约，小型企业及非营利组织（包含大学）在相当范围内可选择拥有专利权；②这种优待不包括大型企业、外国人及管理经营的合约人（MEO contractors）；③政府拥有全世界、非专属、不得转让、不得取消、不必支付许可费的使用权；④允许能源部把拥有的发明授权给相关的授权申请者；⑤有关发明的信息及时向公众公开，专利申请期间也不适用信息自由法案。

以下将进一步介绍该法案，并整理美国学界对该法案的正反两面评论。

根据拜杜法案，美国政府可以把研发成果的所有权下放给研究单位、学校及非营利组织。这个法案制订迄今约30年，为美国带来非常丰硕的知识产权运用绩效。在拜杜法案还未订立以前，每年美国的大学所拿到的专利不超过250件；根据美国大学技术经理人协会（AUTM）的统计，2001年美国的大学所申请的专利高达6812件，批准了3712件，授权费为10.7亿元，收取权利许可费达8.45亿美元。❸ 这种革命性的改变主要来自拜杜法案所带来的功劳，由此可见，妥善处理知识产权的归属问题，对于知识产权的运用多么重要。

鉴于此，著者认为有详细介绍该法案发展缘由的必要。

在1980年以前，美国并没有拜杜法案，当时美国资助研究单位的研究成果，几乎都倾向归属于政府所有，且免费或非专属方式授权民众使用；或直接放弃权利，纳入公共领域。❺ 由于这些研究成果，被商业应用的数量很低，有人称之为"由死者掌握"（dead hand control），这些研究成果都被埋没，无人过问，❻ 所以才有拜杜法案的产生。

在最初的辩论中，有两种立场。一种是"授权政策"（license policy），认为应该由受资助者申请专利，但政府可以无偿取得授权使用。另一种是"权利政策"（title policy），认为应由政府自己享有专利，而不该让私人享有专利，政府再以非专属授权的方式授予民众使用。❼

这两种立场前提都认为政府资助的研发成果应该申请专利。然而竟没有人

---

❸　刘江彬，黄俊英. 智慧财产管理总论［M］. 华泰文化出版社，2004：8.

❺　EISENBERG R S. Public Research and Private development：Patents and Technology Transfer in Government – Sponsored research［J］. Va. L. Rev. ，1996，82：1663.

❻　Id. at 1664.

❼　Id. at 1674.

主张，政府资助的研发成果不该申请专利。^❸ 或许，可能是怕政府的研发成果不申请专利的话，其他私人机构竞争的研发团队会抢先申请。事实上，政府只需要将其资助的研发成果公开，就不会出现这种疑虑。不过，由于专利竞赛中，是以申请日期或概念日期（conception date）决定谁有权获得专利，若政府公布研发成果的时间过慢，的确可能让私人机构竞争对手取得专利，如此一来，政府已经花钱，民众还要为专利付出高价，似乎得不偿失。或许因为这样，一般认为政府资助的研发成果也该抢先申请专利。^❺ 不过，即使是"权利派"主张政府该申请专利，但其背后的理由是，政府申请专利后应将其专利置于公共所有，让公众可以免费使用，避免阻碍后续研发。^❻

在20世纪80年代以前，美国是由各政府机关自己管理与运营专利，以协议的形式与受资助者签约，通过协议条款来决定知识产权的归属问题。当时各机关都有自己的政策，据学者整理，当时在美国竟有26种不同的政策，造成多头马车的乱象。例如美国国防部倾向将专利权归属设定给受资助的企业，而能源部、农业部则倾向由政府保留知识产权但授权私人机构使用。^❻ 对政府资助所产出的研发成果之归属该采用如何的政策，当时在美国有很多辩论。直到1978年后，美国卡特总统组成特别委员会，经过该委员会的研究后提出建议，认为应该统一全国的政府资助研发成果转让私人机构政策，并制定法律，在这个背景下，1980年的拜杜法案孕育而生。^❻

参议员 Birch Bayh 和 Robert Dole 提出一个草案，即拜杜法案（Bayh – Dole Act）的由来。拜杜法案的产生，就是想让由政府资助的研究成果能够转移到私人机构使用，获得更多的商业化应用，也就是希望这些成果有更多人愿意被授权使用。另一项考虑则是怕政府资助的研发成果，若不申请专利，就会被外国人拿去使用。^❻ 而拜杜法案其实就是专利法的修正案，其主要内容是允许这些受政府资助的私人研究机构，可以选择保留其研发成果的权利，并申请专

---

❸　EISENBERG R S. Public Research and Private development: Patents and Technology Transfer in Government – Sponsored research [J]. Va. L. Rev., 1996, 82: 1675.

❺❻　Id. at 1676.

❻　Id. at 1677.

❻　Id. at 1684 – 1691.

❻　RAI A K. Regulating Scientific Research: Intellectual Property Rights and the Norms of Science [J]. Nw. U. L. Rev. 1996, 94: 77, 96.

利,且可将该专利授权出去。若私人不愿意保留,则可由政府资助机构保有权利。

从该法的目的可以看出,国会的政策和目标是使用专利制度去促进由政府资助的研发创新成果的利用;鼓励小型企业在政府资助研发活动的最大参与;促进商业利益与非营利组织(包括大学)间的合作;确保非营利组织和小型企业的创新,能够以一种促进自由竞争且不会阻碍后续研发的方式被使用;促进美国产业和劳工在美国境内的创新能够被商业化和供公众使用;让政府可以对政府资助创新得到足够的权利,以满足政府需求和保护公众,避免该创新未使用和未合理使用;以及最小化在此期间行政的成本。

1980 年,拜杜法案第一版本只允许受资助的小型企业(small – busniess)和非营利机构申请专利,也允许政府机构本身申请并持有专利。之所以只允许小型企业和非营利机构(包括大学),是因为这些受资助者比较有动力创新发明,且比较需要专利的支持才会将专利商品化,但又不会有独占市场的问题,而且可以支持其和大企业竞争。❻ 到了 1983 年,美国里根总统扩大政策,允许跟政府签约的所有承包者,不只是小型企业和非营利机构,还包括了大企业,都可以将受政府资助的研发成果申请专利并持有专利。1984 年,拜杜法案正式修正,也将里根总统的政策纳入法律。❻ 现在,美国鼓励所有的政府资助研发成果都申请专利,不论其是政府本身、大学或者是私人的研究室,都可以申请。甚至,若该受资助者未实时申请专利,政府也可以替其申请;当受资助机构和政府都不想申请时,该成果的研发者也可以自己提出申请。美国的基本政策是,所有的政府资助民间研发所产生的成果都应该去申报专利,极少有未申请的研发创新直接进入公共领域。❻

1980 年通过拜杜法案时,美国同时通过了史蒂文森 – 魏德勒法(Stevenson – Wydler Act),该法针对政府持有技术转移。由于政府持有的技术,在技术转移或授权上受到官僚式组织的阻碍,往往效率很低,所以授权的数量非常少。通过该法,政府必须想办法将联邦政府持有或创造的技术转移给州政府、

---

❻ EISENBERG R S. supra note, at 1695 – 1696.

❻ Id. at 1665, 1704.

❻ Id. at 1666.

地方政府和私人团体，并从研发经费中提拨预算进行技术转移。❻ 1986 年，通过了联邦技术转移法（Federal Technology Transfer Act of 1986），修正了史蒂文森－魏德勒法，允许联邦政府的实验室与私人实验室合作，而合作的研发成果可归属于私人，联邦政府保有免费授权即可，联邦政府可放弃其他权利。此外，其也允许联邦政府所属研究机构的职员，只要其研发出某项成果，可以分享专利授权许可费，甚至允许其享有专利。1989 年通过国家竞争技术转移法（National Competitiveness Technology Transfer Act of 1989），修正了 Stevenson－Wydler 法，将其范围扩张到联邦政府所有、私人运作的实验室。1995 年，通过国家科技转移和进步法（National Technology Transfer and Advancement Act of 1995），该法规定政府与私人合作的研发成果，私人可以享有专属权，并且将联邦取得的授权许可费分配给政府的研究人员，又规定若政府对研发成果不欲申请专利时，研发人员可自行申请专利。❽

总结以上发展，美国政府几乎已经明确，让所有政府赞助的研发成果都能让私人享有所有权，除非私人不愿意保留，政府则可以选择自己保留权利，或不保留而交给研发人员享有权利。若是政府自己的研发成果，其尽量授权给私人。

不过，美国学界对拜杜法案的立法理由一直都有争议，这些论点特别值得整理出来供欲模仿拜杜法案的国家参考。我国台湾的学者杨智杰对此有相当多的整理，❾ 著者特引用如下。

首先是质疑拜杜法案者所提出的理由：

（1）双重课税

既然民众已经缴税给国家，让国家资助这些私人研究机构，为何现在这些私人研究机构又可以通过专利，向民众索取高价？这无疑是对民众收两次税。❼ 这个论点在药物领域问题中常被提及，由于美国的药价很高，就有学者批评，为何政府用民众的纳税钱资助药厂研发药物，研发出来的药却可以让其

---

❻ EISENBERG R S. supra note, at 1705 – 1706.

❽ Id. at 1706 – 1708.

❾ 请参考杨智杰. 反省美国拜杜法的理论与经验［J］. 科技法学评论, 2009, 6 (1)：213 – 216.

❼ EISENBERG R S. supra note 1, at 1666.

用专利向民众索取高价。❼

（2）已经提供研发动机

专利是为了鼓励民众投入研发活动。然而，既然政府已经花钱资助，鼓励这些受资助团体进行研发，为何在研发完成之后，还要赋予其专利呢？根本未达到提供研发动机的效果。❼

（3）不是公共财产不需政府资助

由政府资助的研究，却由私人享有权利，本身存在矛盾。若政府资助的研究项目，私人企业若对之有兴趣，也会将之商品化，根本不需要政府资助，私人企业也愿意进行研发。政府之所以资助某些研究，就是因为这些研究的商业应用性不高，私人企业觉得不会获利，所以不会投资，类似公共财产（public goods）的性质，必须由政府资助。既然政府资助还可以申请专利并商业化获利，那就不具备公共财产性质，何必政府资助呢？❼

（4）阻碍后续研究

这些受资助的研究机构（尤其是大学），往往都是从事基础研究，倘若允许其将研发成果申请专利，可能会阻碍后续在这个领域应用研究的研发。因为后续人员研发时，可能因受限于前者的专利阻碍。这样的结果，会使科学的公共知识减少。❼ 另外，由于大学急于申请专利，在得到专利前，倾向于将研发成果保密，而不肯公开与其他群体分享，以避免丧失专利新颖性（novelty）。这样也会阻碍其他研究者得知前人已经做过的研究成果，并会阻碍后续的研究；也会阻碍某些合作研发的可能性，或者某些需要持续积累的研究，造成不同研究团队的重复研究。❼

相对地，支持拜杜法案者主要以促进商业化应用为依据，上述提到，专利权是以提供研发者研发的动机，既然政府已经资助，又何必事后再提供研发动

---

❼ ARNO P S, DAVIS M H. Why Don't We Enforce Existing Drug Price Control? The Unrecognized and Unenforced Reasonable Pricing Requirements Imposes upon Patents Deriving in Whole or in Part from Federally Funded Research [J]. Tul. L. Rev. , 2000, 75: 631.

❼ EISENBERG R S. supra note, at 1666 – 1667.

❼ Id. at 1667, 1725 – 1726.

❼ Id. at 1667.

❼ SILFEN M. How Will California's Funding of Stem Cell Research Impact Innovation?: Recommendations for an Intellectual Property Policy [J]. Harv. J. L. & Tech. , 2005, 18: 459, 466 – 467.

机呢？反驳者提出，拜杜法案给予专利，是另一种动机，是商品化过程投资的动机。因为，专利虽然被研发出来，但离商品化还有很长一段距离。后续还要投入一些必须的修正、检验、制造生产设备等，若没有专利的保护，私人企业不会做这些后续的投入，则知识也就不会真正被应用[76]。

不过，这个商业化应用的理由真的成立吗？学者比对法案通过前后的资料，有如下发现：

（1）拜杜法案通过前的数据

1968 年，美国政府进行了一项名为"Harbridge House Study"的调查，调查了政府资助的研发成果中，由政府享有权利者和由受资助者享有权利者，哪种商业化应用的程度较高？结果发现，由受资助者享有权利的项目中，23.8%的项目被商业化应用，而由政府享有权利的项目中，有 13.3% 的项目被商业化应用。表面上看，似乎由受资助者享有权利能够促进商业化应用。但是，在该调查数据中，83% 的数据来自美国国防部的资料，但在美国国防部过去的项目中，其让受资助企业享有选择权，它们可以选择是否拥有研发成果的权利。所以，实际上它们选择享有权利的研发成果本身比较有商业价值，而它们选择不享有权利的研发成果本身就是比较没有商业价值的项目。所以，以这样的数据"得出受资助企业享有权利能够推广商业应用"的结论是有疑问的。该报告的作者也明白指出，这样的结果并不能够解决政府资助的研发成果该归属谁的争议。[77]

在 1976 年的另一项调查中，调研了近 3000 项受美国政府资助的研究成果。根据结案后所呈现的专利许可情况，由于资料跟之前的研究一样，大多是由国防部资助的研发成果占多数，所以得出"由政府掌有专利授权的情况不佳"的结论。但事实上，若计算卫生部、教育部和福利部（Department of Health, Education, Welfare）的专利，在 2800 件专利中，虽然仅有 325 件是其拥有的专利，在 1976 年前却高达 75 件（23%）被授权使用。可见以国防部研发资助成果的数据得出结论，是有偏见的。[78] 而且，政府拥有的专利权利，有

---

[76] EISENBERG R S. supra note 1, at 1666.

[77] Id. at 1679-1681.

[78] Id. at 1072-1073.

时也会未经许可就被私人企业擅自采用，而政府研发成果当中也有未申请专利者，这两种情形都未纳入统计。❼

（2）拜杜法案通过后的数据

从表面上，1980 年通过拜杜法案后，大学申请和授权的专利数量都增加了。❽ 但有研究指出，实际上这些专利数量中，大部分都是生物技术专利。因而该研究认为，真正让专利数量提高的，并非拜杜法案，而是因为：①20 世纪 60 年代末期开始兴起的生物医学基础研究，以及 70 年代初期的生物技术研究；②1980 年后美国的专利政策改变，允许生物医学和生物科技方面的知识申请专利，才导致专利数量增加。❾

实际上，很多人提到拜杜法案通过后，大学享有专利并成功授权的例子，最常提到的就是一些生物技术的专利。但这些例子与通过拜杜法案的最初理由相反。从这些生物技术专利授权成功的例子中可以发现，其实不需要专利保护，这些研发成果也一样会被人商业化使用。

人们之所以谈到这些例子，只是因为这些例子为大学带来更多的授权许可费。例如，史丹佛大学和加州大学共同拥有的 Cohen‒Boyer 专利，这项专利在生物技术领域被广泛使用，这两所大学采取的是非专属授权的方式，广泛授权给各种公司。从这个例子可以看出，根本不需要给予其专利，其他私人公司也想使用这项专利。❿

从哥伦比亚大学、史丹佛大学和加州大学的统计结果可知，拜杜法案通过后，这 3 所大学获利最高的前 5 项专利都是生物医学或生物技术方面的专利。但前 5 名获利最高的专利都是采用非专属授权方式，让更多人使用。这与拜杜法案最初讲的，需要专属授权才会让私人公司愿意使用该研发成果并进行商业化开发刚好矛盾。⓭

---

❼ EISENBERG R S. supra note 1, at 1073‒1074.

❽ 王伟霖. 美国产学合作制度利弊之检讨：台湾科学技术基本法之借镜 [J]. 世新法学, 2006, 3：4‒9.

❾ MOWERY D C, NELSON R R, SAMPAT B N. The Growth of Patenting and Licensing by U. S. University：an Assessment of the Effects of the Bayh‒Dole Act of 1980 [J]. Research Policy, 2001, 30：99, 100, 103.

❿ Rebecca S. Eisenberg, supra note, at 1710.

⓭ MOWERY D C, NELSON R R, SAMPAT B N. supra note, at 115‒116.

综合以上两种不同的理由，学者得出以下反思：[84]

拜杜法案的目的是促进私人企业愿意投资而将大学研发成果商品化，而不是让大学赚钱。可是，拜杜法案的政策是想让大学拥有专利，这导致各大学都努力设置技术转移办公室，且积极地想通过申请专利、授权专利来赚钱，进而影响他们的学术规范。

之所以要让受资助者（大学）保有专利权，是因为当初认为，受资助者参与了研发过程，应该更清楚此专利可能的商业价值，而更能将其商品化。若这个理由成立，那么就与让受资助的大学保有专利权的说法产生了矛盾。因为大学本身不可能将其专利商品化，但必须将专利授权出去，既然如此，与其让大学享有专利，那么，这和政府享有专利又有何不同？[85]

不过，有些人认为，让大学享有专利，是鼓励私人企业更愿意投资大学实验室，和大学实验室合作，加速科技转移。虽然大学受政府资助，但也受私人公司赞助，若其研发成果能够归属于大学或私人公司，则私人公司将更愿意与大学合作。[86]

既然私人企业愿意和大学合作研发，若是为了鼓励商品化，何不让那些与大学合作的私人企业直接取得专利，而不必让大学取得专利。对大学来说，他们取得专利也没办法将专利商品化，而让私人企业直接取得专利，而非通过大学授权，更会有动机让私人企业将专利商品化。[87]

不过，大学比起私人企业，比较愿意采用便宜的、非专属授权的方式，而私人企业则倾向采用专属授权，甚至拒绝授权。所以，让专利保留在大学手中也许不会阻碍后续的科技发展。[88] 不过，事实上则是大学目前较常采用的是专属授权，一样阻碍后续的研究。

实际数据显示，甚至得到令人失望的结果。美国大学从其专利授权许可的获利，与其所有的研发经费相比，根本微不足道。甚至这些授权许可费的总

---

[84] 参考杨智杰，前揭文，页 214。

[85] Rebecca S. Eisenberg, supra note, at 1698.

[86] Id. at 1698 – 1699.

[87] Id. at 1715 – 1723.

[88] Id. at 1723 – 1724.

额，还不足以支付其技术转移中心与授权活动的运营费用。❽ 例如，2002 年的数据显示，美国大学的专利授权许可费占其总体研发经费的 4.18%。❾

姑且不论在学理上的争论，从实践来看，拜杜法案的成效则是明显的。美国自 20 世纪 80 年代开始通过拜杜法案让联邦政府资助的研究项目，可以由大学申请并取得专利权后，使得大学申请专利数量快速增多，据统计，1979 年全美国大学只取得了 264 项专利，但到了 1997 年突飞猛进到 2436 项专利，成长了将近 10 倍。并且，全美国大学所取得的专利数量，在 1963 年只占全国专利数的 0.3%，但到了 2008 年已经提高至 6%。❾ 这些取得专利的研究很大一部分是关于生物医药领域，因此拜杜法案对美国生物医药领域的发展非常重要。

（二）美国生物医药产业政策

美国与世界上其他大部分国家相较，有两个特点，一是联邦制度，二是社会强于国家的结构。前者代表着美国很少有全国统一性的产业政策，大部分的产业政策是由各州自行制定与执行。后者代表的是，美国是一个弱政府的形态，所谓最好的政府就是最小的政府。❾ 因此，在美国所谓的政策，其主要是辅助性、间接性或诱导性的，整个产业经济的发展是由私人部门主导，政府主要是从旁协助的角色。

就第二个特点来看，还有一项值得提出的特色，美国私人部门中有大量的私人基金会或协会，从事各项政策的制定与鼓吹的活动，其中与生物医药领域最有关系的是美国生物技术工业组织（Biotechnology Industry Organization，BIO），该机构成立于 1993 年，下设有生物理论、产业发展、商业开发咨询、食品与农业方面的交流、政府公关与国际事物、健康、人类资源、知识产权、

---

❽　Rebecca S. Eisenberg, supra note, at 1712–1714；王伟霖，前揭注，页 9–12。

❾　王伟霖. 中国学术机构技术转移机制实施成效与法律制度之检讨［J］. 科技法学评论, 2007, 4（2）：75–78.

❾　杨智杰. 反省美国拜杜法的理论与经验［J］. 科技法学评论, 2009, 6（1）：207.

❾　这体现了美国自由主义（Liberalism）的立国思想。自由主义的重要主张，是在排除干涉和束缚，以个人为目的，视国家为工具，它与个人主义有着若干的关系。早期的自由主义，侧重在减少乃至排除国家权力对个人自由的干涉。现代自由主义则主张运用国家权力，来解除社会经济势力对个人自由的威胁与束缚。前者是绝对的个人自由，后者是相对的个人自由。

申报事务、生物安全、财税等 21 个专门委员会，会员包括 1000 多家企业或组织，涉及美国 50 个州和 33 个相关国家，专业涉及生物技术与人类健康、生物技术与农业发展、工业与环境生物技术等领域。❸ BIO 特别重视协调产业与政府之间的关系，并鼓吹与推动政府制定许多有利于产业发展的政策。除了 BIO 之外，还有各种协会，这些协会除了连接医药产业中的成员之外，也是政府与民间之间的重要媒介。通过强大的非政府组织（NGO），共同形塑全国或一州的政策，是美国的一大特色。

更具体的整理，我们可以分别从以下几个方面看待美国的生物医药政策。❹

1. 价格政策

美国坚守市场经济，政府对药品的价格向来不直接干预。药品价格主要由各保险公司与制药企业谈判制定。对于政府医疗保险项目，美国政府采取一定的价格控制措施，包括强制性折扣、限价政策等。同时，美国健全且涵盖面广的商业医疗保险体系，在某种程度上抵消了高价药的问题，借由保险制度将药价成本分散出去。

2. 税收政策

美国联邦政府制定总的税收法案，但是各级州政府均有立法权，前提是地方和州政府不得违背联邦利益和联邦的税收法案。研发抵扣制度是美国生物制药产业优惠的主要方式，实验室研究支出可抵扣所得税。另外，给予从事生物技术工作人员工资税减免、生物技术消费和使用税退税政策等。美国使用税收结构调整改善生物医药产业成长环境，鼓励私人资本进入生物技术产业，减轻了企业的税收负担。

3. 人才培养政策

生物医药产业不仅需要高水平的科研人才，还需要有经验的经营、销售、营销和管理类的人才，因此，美国政策框架鼓励产学研紧密结合，重视基础性、技术性以及管理类人才的系统培养。美国的大学设置许多关于生物方面的

---

❸ ［EB/OL］. https：//www. bio. org.
❹ 来自国家知识产权局《国外主要经济区域生物医药知识产权环境研究》报告的第一章［EB/OL］.［2016 - 03 - 09］. http：//211. 157. 104. 106：8080/detail. asp？id = 13.

学科，同时注重学生技能和创新方面的培养。另外，各州都设有生物技术培训员计划，建设专业人才库，这些都对美国生物制药产业的发展起到了关键作用。

4. 融资政策

美国政府鼓励生物医药产业融资渠道多样化，包括联邦政府资助、州政府资助、公司资助、风险投资等。各州政府设立科学技术基金、研究基金、种子基金等，促进生物技术产业的发展。在美国最早的生物医药集群——海湾生物园中，聚集了美国34%的风险投资公司。例如，在2007年，北加利福尼亚州的一些著名大学，通过美国科学基金会接收到28亿美元的风险投资资金，这笔巨大的资金加速了学术转让和学术副产品的创造。

5. 知识产权政策

美国的专利保护制度有强大的司法系统支持。20年的专利保护期是企业独享专利产品的垄断期，在这段时期内，制药企业可以享受单独定价以获取高额利润。根据美国FDA规定，任何与现有产品类似的品种，即使差别非常微小，也必须按照FDA的相关规范进行产品上市所需的全部检验，从而大幅提高仿制药的进入门槛，间接引导制药企业朝新药研发的方向发展，促进了美国制药企业强大的研发能力。

（三）美国的医药专利战略

除了美国的产业政策之外，与本书主题更相关的，应该是其国家专利战略。谈到美国的国家专利战略，同样需注意美国与中国的不同之处，其国家专利战略不仅是国家通过权力来形塑，更重要的是美国政治、经济、社会与文化等对医药专利的综合影响。

1. 强调基础研究但又兼顾应用的政策

美国政府近年来所采取的科技政策，强调基础研究与应用研究的兼顾，以期使更多的科技成果实现产业化，从而获得更大的经济利益。[95]

专利技术代表的是实用技术（useful art），而专利是以实用性（产业可利用性）为要件，但专利技术仍是以基础科学为根基，若有坚强的基础研究，

---

[95]　周和平. 美国的医药专利战略［J］. 医学进展，2004，28（1）：1.

专利必然将有独特的竞争优势。这种特色在美国专利体现得特别明显，这也是为何目前大家仍公认美国专利的价值远高于其余国家的原因之一。❾

2. 没有全国统一的国家医药保险

保险，特别是国家统一的医疗保险，对于医药产业有巨大影响。国家统一的医疗保险体现的是社会主义的思想，强调的是民众的健康权（the right to health）。❾ 不过，美国的主流思维仍然是自由主义与市场法则，因此美国鲜有对用药限制的政策，原则上，企业对药品价格享有很大的自由定价权，也可做广泛的广告宣传，凡此种种都对新药开发企业有利，巨大的利润促使其有强烈动机不断开发新药。

3. 创新的文化底蕴

文化或许是人类发展最深层的因素，人类的一切都受其影响，也包含人类的创新活动。在一个不支持创新的文化下，社会绝对无法创新。在当今的网络时代，这种影响更加明显。美国的创新与冒险精神，早已是其文化中不可分割的一部分。诚如美国企业家罗科·马丁诺（Rocco Martino）所说，"允许人们梦想、发明、创作的文化将在争取经济独立的竞争中取胜。"❾

4. 与时俱进的专利法与医药法规

本书不断引用美国的相关医药专利法规，这是因为美国医药专利法规相当完备，而且，美国政府经常考察产业的发展与需要并作适当的法规修订，例如：

- 美国专利期限原为 17 年，但考虑产业需求，延长为 20 年。

- 1984 年，美国通过了影响深远的 Hatch - Waxman 法案，该法案是国会对新药研发、仿制药进入市场，以及社会公众的健康三者利益的一次综合调

---

❾ 探讨专利价值的文章可以参考：周延鹏. 中国知识产权战略试探——一件中国专利将等于或大于一件美国专利的经济价值 [J]. 政大智能财产评论，2004，2（1）：25 - 48. 该文预测未来中国专利的价值或将超越美国，但现今还是美国专利的价值较高。

❾ 健康权（the right to health）泛指民众有获得充分之保健服务与医疗照顾之权利，以保障符合人性尊严之生活。详细的介绍请参考：吴全峰. 从健康人权之角度论国际药品知识产权制度之发展 [J]. 欧盟与美国生物科技政策，582 - 693。

❾ 罗科·马丁诺（Rocco Martino）是 CyberFone Technologie 技术公司的创始人兼总裁，也是位于宾夕法尼亚州费城的对外政策研究所（Foreign Policy Research Institute）的高级研究员。本书引用的句子来自《美国电子期刊》（eJournal USA）2009 年 11 月：创新的根基（Roots of Innovation）。

整。该法案做出两大调整：一是建立医药专利期限补偿制度，如果因为申请FDA审批而失去的部分保护期限，可以据以延长专利期限。二是确立试验例外原则，仿制药企业可以在专利到期前就进行申报 ANDA 的必要试验，其目的在于希望藉由省却仿制药企业大量临床试验，而使仿制药可以更快进入市场，进而刺激新药企业进一步创造研发。

● 2002 年美国对 Hatch－Waxman 法案进行了一次修改，将原来专利权人可以无限制地对仿制企业商提起诉讼并享有 30 个月的延期保护的规定，限缩为只能享有一次的 30 个月延期保护。

在以上所述的美国具有特色的文化背景下，其医药专利具有如下的特色：[⑩]

（1）涉及多个领域和类别：美国制药行业由几个跨国大公司主导，这些大公司的特色之一在于，几乎在所有主要的医药领域进行新药开发。

（2）涉及多种化学结构：美国大药厂的专利药往往来源于多种化学结构，即使是同一治疗类别药物的化学结构的类型也很多。

（3）具有全新化学结构的化合物多：以礼来为例，其 2001 年所申请的186 件药品专利中，中间体与制备方法只有 21 件，除去生物技术专利与检测方法专利之外，其余皆为化合物专利。

（4）生物技术专利及其涉及的药品治疗类型多：美国不但生物技术公司多，制药公司的生物技术专利多，而且涉及的药物治疗类别也多，特别是集中在七大领域，心血管系统药、抗菌素药、抗艾滋病药、抗肿瘤及免疫系统用药、神经系统药物、抗炎镇痛药、抗糖尿病与肥胖症用药等。

（四）美国模式值得借鉴之处

美国并未在政策上多加施力，而中国则比较重视国家政策；美国是资本主义国家，中国是社会主义国家；美国是联邦国家，中国是民主集中制国家，中美两国的差异确实很大。著者认为，美国模式仍有值得学习参考之处。

1. 解除管制让公立部门与学校的医药研发成果得以转化

在 20 世纪七八十年代，美国面临了总体经济表现不佳，在高物价膨胀、

[⑩] 周和平，前揭文，页 3－4。

经济不景气与国外的经济竞争压力下，美国的政治制订者苦思各种改革方案，其中包括了重新思考管制的成本效益问题，强迫进行管制影响分析，推动解除管制等措施，强调增加政府管理弹性与减少管制顺服的成本，这就是美国的解除管制（Deregulation）运动。拜杜法案也是这次解除管制浪潮的产物，拜杜法案解除了过去大学等科研单位转化研发成果的障碍，从此之后，大学科研成果通过知识产权作为中介而得以与产业相对接。著者认为，美国这项经验值得我国参考，与其学习美国拜杜法案的条文，更重要的是学习美国政府解除管制的精神。我国过去因为计划经济，导致所有经济行为都难逃政府管制，医药产业亦不例外。所以，我国现在真正需要的并不是学习外国如何通过政策或法规引导医药产业发展或医药专利的产业化，而是学习美国对私人部门采取一种开放与不管制的态度，如此才有可能真正释放民营机构活力，进而促使民营机构产生真正的创新。只有产生真正的医药创新后，才能探究医药创新成果产业化的必要。

2. 兴盛的私人医疗保险是新药研发的基础

中国过去在计划经济体制下，不仅医药产业受到高度管制，保险行业更是如此。对现代金融与资本市场略有所知的人都知道，健全的私人保险制度的重要性。目前中国不仅私人医疗保险渗透率很低，而且保险种类也相当匮乏。相对地，美国私人医疗保险高度盛行，这是美国新药研发最重要的基石，因为医疗保险的存在，解决了用药公众原本难以负担的高价药问题。也让医生可以放心地使用最有疗效的药，不必斤斤计较用药成本。⑩

3. 制定健全的法律保障制度

美国真正落实医药专利产业化的根源在于其有强大的司法系统，唯有强大的司法系统做后盾，新药开发才有可能回收其研发投入，也才有可能促使制药企业投入研发。中国目前对医药专利弱保护的政策，对中国的仿制药企业固然有利，若期许出现一家世界级的大药厂，将非常困难。然而，国家的发展有其阶段性，如果一味揠苗助长，反而欲速则不达。

4. 制定仿制药企业挑战新药专利的专门法律

美国的历次重大政策或法规修正，似乎都朝向有利于仿制药产业的方向发

---

⑩ 中国保险问题并非本书的主旨，故不作过多介绍。

展。Hatch – Waxman 法案已证明鼓励仿制药挑战新药专利的有效性，一则促使新药专利权人对其专利撰写的严谨性予以高度重视，进而有利于美国医药专利代理行业的发展；二则让首仿药的价值大幅提高，使得仿制药产业在美国蓬勃发展。这也造成，在美国不论是新药开发企业还是仿制药企业，对专利议题都高度重视，甚至可说是新药与仿制药竞逐商业利益的主战场。我国的药厂间的竞争仍集中在成本上，与美国差距甚大。除此之外，美国对医药专利设有专法规范，虽然切入点不同，但至少在政策方面，仍值得我国参考。

三、印　度

关于印度的生物医药产业化政策，著者将从两方面介绍，一是宏观层面介绍印度的产业政策，二是较详细地介绍印度在生物医药领域的一些政策，特别是与医药知识产权相关的政策。

（一）一般性的产业政策

在世界医药产业的舞台上，欧洲、美国、日本属于发达市场，代表了新药研发的团队。另一市场则是以仿制药及医药中间体为主，这个市场以印度和中国为代表。印度在金砖四国中虽有一些先天竞争优势，❶ 包含印度的市场规模、民主传统、英美系统的法律制度及普遍使用英语，使得印度在吸引外资方面有明显的优势，除此之外，印度本身还是推行了非常多政策以鼓励其医药行业的发展，所以，了解目前中国生物医药行业的主要竞争者——印度的实际政策与制度，藉以求知己知彼，实有其必要性。

在 20 世纪 80 年代，印度也是由政府主导一切的国家，资源都被公立部门垄断。但自 90 年代开始，印度进行了包裹改革措施，目标在于开放与改造印度的经济，废除一些由政府集中资源分配的关键领域，而改由市场力量（market forces）自行分配资源。并且，印度政府提倡外国投资与技术合作（technology collaboration），促使印度出口增加与扩大生产的基础。此外，印度也非常了解科学技术基础设施的重要性，在全国建立了许多有名的高校，例如印度

---

❶　陈丽娟. 从印度经验论中国生技新药产业发展条例中的产学合作模式［M］//基因体医学研发创新与知识产权. 台大法律丛书，元照出版有限公司，2010，194：346.

理工学院（Indian Institute of Technology）以进行基础的科学研究为主。2003年，印度政府推行科学与技术政策（Science and Technology Policy），即包罗万象的国家创新制度，推行了涵盖不同领域的科学和技术，也包含法律、财政与其他相关领域的新制度。

印度总理穆迪自 2014 年 9 月 25 日起推行"来印度制造"政策（Make In India，MII）。❶ MII 的目标是吸引外国企业至印度投资设厂，同时通过建立先进基础设施，强化印度国内公司生产力及产品质量，增加国内就业机会，带动国内 GDP 及税收；最终目的是使印度成为全球制造中心的同时，也确保降低对于生态环境的冲击。MII 政策目标有许多，其中就包含促进创新活动、保护知识产权及提升印度国内产业技术力水平等。在 MII 政策着力发展的产业领域中也包含生物医药产业。

（二）印度的生物医药产业政策

除了以上宏观层面的制度更新之外，印度早在 20 世纪 90 年代起专门针对医药产业推行许多政策，例如印度政府通过公立与私立机构的合作，施行积极的药品发展计划，并设立适当的机构，例如制药研究与发展支持基金（Pharmaceutical Research and Development Support Fund，PRDSF）与药品发展奖励局（Drug Development Promotion Board），以开发药品以及创新仿制药，典型的例子就是 Ranbaxy 与 Dr. Reddy 制药公司的实验，是利用政府的这些发展政策，开始进行其药品研发计划，目标就是申请自己的药品专利，而 Ranbaxy 与 Dr. Reddy 制药公司均授权专利给跨国公司，且以并购多家外国制药企业作为进军国际市场的跳板。❶

1. 法规修改

印度在 2005 年 3 月修订的专利法生效施行，实施产品专利制度，并遵守 TRIPS 的规定。另外，其生物多样性保护法规范了生物多样性资源的商业化发展行为，❶ 放宽临床试验的法规对于生物科技研发的进行消除了法规上的障

---

❶　Make in India [EB/OL]. http：//www. makeinindia. com/home.

❶　BOWER D J, SULEJ K C. The Indian Challenge：The Evolution of a Successful New Global Strategy in the Pharmaceutical Industry [J]. Technology Analysis & Strategic Management , 2007, 19：614 – 618.

❶　刘斌. 蓄势待发的印度生物技术产业 [J]. 中国生物工程杂志, 2005, 25 (10)：89.

碍，促进了产业蓬勃发展。2005 年实施的药品价格管理规则（Drug Pricing Control Order），免除征收临床试验项目的所得税；其积极修改相关法律，消除临床试验的许多障碍，使得其生物医药行业可以迅速发展且成果丰硕。[⑩]

2. 打造对外资友善的投资环境

在政策层面，印度政府为了鼓励生物医药行业的发展，制订了许多新的政策与修订现存不合时宜的政策，包含对外贸易政策、实施经济特区法（Special Economic Zone Act）、实施种子政策等。制药政策与干细胞研究准则，作为医药领域重要的指标，其宗旨是营造宽松的监管环境、创造可信赖与透明化的环境、简化程序等，全面的目标就是对生命科学与生物科技的研究发展创造出一个有活力的环境。[⑩]

3. 奖励制药政策与特别的措施

印度的制药政策强调在制药业的化合物研发，因此在印度的科学与技术局（Department of Science and Technology）下设立制药业研究发展基金（Pharmaceutical Research and Development Support Fund，PRDSF），印度政府又设立了国家药学教育与研究所（National Institute of Pharmaceutical Education and Research）[⑩]，其是负责药学、科技、教育和培训的国家级研究所。通过国家研究所，政府可以提升药学教育与研发的标准，除了解决从事学术与制药业的人力资源发展的问题外，该国家研究所更致力于药物发明与制药技术发展，以及强化产学合作。此外，印度内阁对于国家生物科技策略（National Biotechnology Strategy）有最终决定权，其对于印度发展生物科技业有很大贡献，给予医药企业许多财政与非财政的补贴，允许100%的外国直接投资，将生物医药产业列为印度的优先发展行业。

印度政府采取一些特别的措施，用来奖励生物医药产业，以期有助于提升该产业发展，其具体做法包含法规程序的简化、免除生物医药行业的强制授权、允许100%的外国直接投资、减少在经济特区设厂的门槛、提供给生物医药产业研发财务上的优惠（例如免除资本的关税、降低进口关税以及给予

⑩ 张小萌，邱学家. 印度全力打造制药帝国［J］. 上海医药，2005，26（11）：517.
⑩ 陈丽娟，前揭文，页348。
⑩ ［EB/OL］. http：//www. niper. ac. in.

150%减免研发的费用）。

为鼓励公私合营共同研发和技术发展，印度科技部（Ministry of Science and Technology）通过技术发展处（Technology Development Board）与制药研发支持基金（PRDSF）施行计划，以及在科学与工业研究理事会（Council for Science and Industrial Research）下的新世纪印度科技领导创新（New Millennium Indian Technology Leadership Initiative）进行研发项目。

为了进一步促进生物医药领域的研究与发展，生物科技局（Department of Biotechnology）开始一个创新的公私合营的合作项目，以鼓励小企业投入创新的研究，提供给中小型生物医药业经费与长期低息贷款，以加强其研发与产品的开发。

4. 积极鼓励产学合作以促进技术产业化

印度也受到美国拜杜法案的影响，积极鼓励大学将研发成果进行技术转移，鼓励大学的教师将其发明进行实际应用，政府积极协助大学寻找对其研发成果有兴趣的公司。[⑩] 另外，印度科学技术部提供了 150 亿卢布作为发展生物科技的基金，印度政府的目标就是为公众提供廉价、高质量的药品。印度设立了产学合作的资源中心，以期更容易取得资源，由一个窗口统筹处理相关事宜，以期减省时间和金钱的投入，并成立专职负责的单位，以协助申请专利、提供研究计划的资金以协助进行研究计划、协助临床的研究试验与药物临床试验，以作为药品上市的准备阶段等。

印度政府积极鼓励国家试验室、企业和学术界的合作，印度科学和工业研究委员会管辖了 40 个国家试验室，专门负责这些实验室的研发成果在印度工业开发中的应用。为使研究与发展活动更积极，政府定期召开全国企业研发机构大会，实际上就是提供企业与研究机构的一个交流平台，以促进产学合作。

（三）印度的医药专利政策

印度加入 WTO 后，也按照 TRIPS 的规范，陆续对专利法进行了 3 次修订，

⑩ CHATURVEDI S. Exploring Interlinkages between National and Sectoral Innovation Systems for Rapid Technological Catch-up: Case of India Bio-pharmaceutical Industry [J]. Technology Analysis & Strategic Management, 2007, 19 (5): 625.

一方面履行对 WTO 的承诺，同时在修订中纳入适应本国医药产业发展的专利策略。❿

1. 保护本地的专利策略

印度是采取专利弱保护策略的代表国家。除了刻意制造国外企业在印度维权的难度之外，在制度上，印度专利法规定对于不涉及创造性的药品不给予专利。并且，印度也加强对传统药物的专利保护，根据印度专利法，一项药物中若含有任何传统知识，将被视为欠缺新颖性或创造性而不得授予专利。

2. 创新研发策略

相对于中国以高校或科研单位等国家背景的单位为研发重心，印度采取以私人企业为研发重心的策略。2003 年，印度发布新科技政策，该政策特别加强对生物医药的创新，鼓励企业从事研发，采用资助与减税手段相结合的策略，一方面通过资助以支持企业的药品研发活动，另一方面要求企业必须将利润的一定比例用于研发，同时配套对研发费用给予抵税的待遇。通过这些政策积极鼓励当地企业对药品研发进行投资，让印度制药企业整体的研发能力在过去十年逐渐提升。

3. 走向国际市场

印度曾经是英国殖民地，因而享有易于打入欧美市场的语言与文化优势。它具体体现在印度熟悉欧美市场的竞争规则与商业手段，例如印度制药企业这些年积极通过海外并购，吞并了不少欧美大型仿制药厂，例如印度近年来最受注目的阮式企业在 2006 年并购了德国第四大仿制药企业 Beta Pharm Arzne-imittel GmbH，藉由此次并购，阮式企业获得了新的产品与生产线，强化技术能力，更重要的是，让阮式企业获得进入欧洲市场的销售渠道。另外，相对于中国制药企业大量竞逐于低端仿制药，质量低下且难以走出国门，印度则通过规范生产质量，打开了进入欧美市场的大门。印度在制药行业推行药品生产质量管理规范（GMP），按国际规范生产药品，并达到国际药品法规协会（International Conference on Harmonization，ICH）的要求，⓫ 药品质量得到欧美市场

---

❿ 李杨，池慧. 印度医药专利战略及其对中国的启示 [J]. 中国药事，2012，26（5）：529-533.

⓫ 潘松. 我们向印度学什么：印度超一流企业的崛起与启示 [M]. 北京：机械工业出版社，2010.

认可，目前已有超过百家印度制药企业通过美国 FDA 的认证，是美国本土以外通过药品制剂认证最多的国家，在数量上远超过中国，标志着印度制药企业在海外市场上的高竞争力。印度因为熟悉欧美市场的商业规则，相较于中国，更懂得利用法律工具。例如，目前印度通过 Hatch－Waxman 法案在美国申请 ANDA 仿制药上市的数量，高居世界第一。它们不仅是申请一般的第Ⅱ或第Ⅲ阶段声明，近年来，不少印度企业通过第Ⅳ阶段声明去挑战原研药厂的美国专利有效性，例如阮式企业对 Eli Lilly 的抗抑郁药 Prozac（fluoxetine，氟希丁）的成功挑战。

（四）印度模式值得借鉴之处

印度是中国目前在世界上最主要的竞争对手之一。相对于中国，印度在基础建设上落后很多，民众教育水平也比不上中国。但在医药产业上，印度却似居中国之上，中国与印度目前在制药行业上呈现上下游的分工关系，中国主要做原料药或中间体，并大量外销印度，印度生产成品药后再外销欧美国家，中国在产业链条中处于价值较低的原料供应者地位。印度为何能在医药产业中超越中国？学者得出以下几方面因素：⓫

1. 技术紧跟欧美最新发展

生物医药是典型的高科技产业，不过，生物医药产业崛起的时间还很短，至今很多国家都还没有充分意识到其重要性，更遑论把它放在优先发展的领域中。然而，印度很早就意识到生物医药产业对经济社会发展的巨大作用，因此采取强力措施支持其发展。这不仅使印度及时跟上世界高科技发展的步伐，而且促使其生物医药产业迅速崛起。中国应学习印度紧跟世界科技前沿，应尽快把生物医药列为下一个新的经济增长点，并加大研发力度，力争在未来的竞争中占据主动地位。

2. 将生物医药产业提升为增强国家竞争力的战略产业

很多发达国家把生物医药产业作为确保竞争优势和提高竞争力的关键，发展中国家则希望通过其快速发展来缩小与发达国家的差距。印度最初的目标是在生物技术研究方面尽快赶上世界先进水平，而现在则已将成为生物医药技术

⓫ 陈利君. 印度：正在崛起的生物技术大国 [J]. 南亚研究，2006：2.

的大国作为其发展目标，其目的是通过生物医药产业的加速发展来提高产业竞争力和国家竞争力，以争取在 2020 年成为世界第四经济大国。中国也应该推行生物医药技术立国的战略，更积极地推动生物医药行业的发展，使其成为增强国家未来长期竞争力的核心战略产业。

3. 充分发挥后发优势

后发国家要赶超先发国家的一个重要途径，即是技术变迁速度要快于先发国家。印度作为一个后发国家，工业化远未完成，现在正面临工业化和信息化的双重任务。印度通过信息技术，特别是软件业的优先发展促进了其国内经济的快速发展，其产业发展模式得到世人肯定，其经验亦在世界广泛推广。如今印度再一次抓住生物医药产业所带来的机遇，充分利用其市场大、人才多、人工成本低等比较优势，在不断加强生物医药技术自主研究的同时，积极采取模仿、消化、吸收和改进提高的策略，缩小其与发达国家技术差距，产业优势从比较优势向竞争优势转变，获得了巨大的后发利益。中国也应采取印度的方法，广泛学习外国发展生物医药技术好的制度、技术和模式，以缩小与发达国家的差距，实现生物医药产业跨越式发展。

4. 采取"有所为有所不为"的重点突破策略

生物医药属高技术领域，研制周期长，所需资金多。因此，若要取得全面突破十分困难。特别是生物医药具有资源、技术依赖性强，市场垄断性差的特点，更给发展中国家带来了大量机会。印度在发展生物医药上，在与国计民生关系密切或有比较优势的领域当中，采取重点突破的原则，使其在某些特定的领域走在现代生物医药技术的前列。在生物医药产业发展方面，则把重点放在医药领域，使其生物医药不断发展壮大，保持了生物医药产业的持续快速发展。中国在发展生物医药技术及其产业时，也应采取"有所为有所不为"的原则，集中资源，突出发展的重点，力求在现代生物医药技术研发和产业发展上占据有利位置。

5. 制定健全的基础产业发展机制

生物医药产业有其自身的运行规则，必须提供适应其发展的运行机制。曾经，印度的产业管理制度并不佳，但印度政府为了发展生物医药产业，一方面逐步解除以往对生物医药产业过多的监管，广泛吸引国外有实力的企业和研发机构进入生物医药产业，另一方面提供优良的服务，设立专业机构，加大研发力度，培养人才，提供优惠的政策，创办园区，加大知识产权保护力度等，培育完善的政策与制度的沃土，以便能为生物医药产业的发展提供优良环境。中国在发展生物医药产业时，也应改变传统的产业管理体制和方法，用新的体制、机制和环境去激励生物医药企业发展壮大，并调动更多的资源进入该领域，以促进生物医药产业的快速发展。

6. 促使生物医药技术与信息技术的有机整合

信息技术作为当今最热门的技术，对当代经济社会起着举足轻重的影响。印度作为信息技术大国，在生物医药技术发展过程中，努力促进其与信息技术的有机结合，创建生物医药信息学，并运用计算机技术、软件开发技术和信息网络技术来解决生物医药技术研发及其产业发展中的难题（如数据处理、基因组序列分析、蛋白质序列分析、蛋白质结构预测、药品设计、发现新的生物标记物等）。2005 年，印度生物医药信息技术支出已超过 1.38 亿美元。中国作为信息技术大国，要在未来的生物医药技术产业竞赛中取得领先优势，也必须加快生物医药技术与信息技术的有机结合，用 21 世纪的技术来革新传统的生物医药产业，借此提高生物医药产业的信息化水平，最终提高整体生物医药产业的国际竞争力。

四、小　　结

综观美国与中国的专利产业政策，著者的观察，美国采取弱产业政策，仅提供公平的环境，以使私人企业有动力自行创新并彼此竞争；中国则采强产业政策，由国家主导并引领私人企业的知识产权发展；中国台湾约介于这二者中间。著者得出一个结论，即法律是社会发展的缩影，法律往往是在社会进步之后才随之变迁的。[⑯] 在不同国家所处的不同发展阶段下，应有其各自阶段所相对应的不同政策，这实属自然。图 23 为不同国家发展阶段的知识产权保护概念的演进轨迹，[⑰] 可供参考。

[⑯] 按法律与社会有着密不可分的依存关系，它维护了当时社会的制度、道德和伦理等价值观念，也反映了一定时期的社会结构。引自：瞿同祖. 中国法律与中国社会 ［M］. 北京：中华书局，2003：1。

[⑰] 引自：刘江彬，前揭书，页 7。

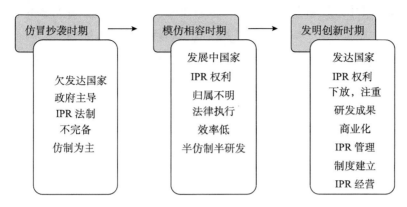

图22　知识产权保护概念的演进轨迹

数据源：刘江彬，黄俊英.《智慧财产管理总论》。

第四节　宪法中的知识产权产业政策——美国与中国比较

在法学上讨论政策问题，必然要归结于宪法，毕竟所有法律问题归根结底都可推升为宪法问题，此为宪法位于法位阶最高点之所当然，而宪法也因其抽象特性，往往蕴含许多政策宣示。以下内容即依此逻辑，继前述讨论专利法与特别法的议题后，以提升到宪法位阶来看看各国宪法中是否有专利产业政策之明文。

一、美国宪法

美国宪法是由政府组织与基本权利这两部分组成，而宪法中则不包含政策条款。美国宪法第1条第8款虽规定了知识产权的条款，对于著作家及发明家保证其作品及发明物于限定期限内享有专利权，以鼓励科学和文艺（To promote the progress of science and useful arts, by securing for limited times to authors and inventors the exclusive right to their respective writings and discoveries）。但该条文是列于国会的权限之下（The Congress shall have power to），属于权力分立的条款，目的在于揭示知识产权的规范属于国会的权力。这与现代宪法学中所提的政策条款性质上有所不同。

美国宪法中并没有政策条款，可能有两个原因：一是美国立宪于1787年，当时宪政思潮中还没有萌发基本国策或政策条款的概念。二是美国不论是立宪精神或整个国家文化，从立国迄今都深受自由法治观念的影响，采取小政府的模式，坚信最小的政府就是最好的政府。在这种观念之下，属于大政府模式的政策条款或基本国策，自然不会出现在美国宪法之中。

总之，美国宪法中没有政策条款，因此我们也无法从美国宪法中得出其国家层面的医药专利产业政策。

二、中国宪法

中国宪法中有关于国家政策的条款，其中与知识产权有关者为第 20 条"国家发展自然科学和社会科学事业，普及科学和技术知识，奖励科学研究成果和技术发明创造。"该条文立于总纲中，就总纲的条文总体来看，性质上类似基本国策条款，多为国家政策之宣示。

中国宪法虽然揭示以奖励科研及技术发明创造为目标，但如何实现目标，宪法中没有规范，是否是通过知识产权保护来达成这项目标？并不明确。

三、宪法中政策条款之效力

（一）基本国策及其法效性理论

中国宪法中关于知识产权产业政策的规定，从逻辑上探讨，这些条款是否具有宪法约束力，即涉及宪法学上之"宪法委托"（verfassungsauftrag）。⓫ 按宪法中规定，涉及人民权益的事项，有些仅需政府消极不作为即可（例如不侵害人身自由），但有些则需政府积极作为才能实践，特别是涉及社会基本权利或宪法中基本国策的规定。关于这些条款的宪法效力问题，学理上主要有两种看法，一是宪法委托理论，二是方针条款（Programmsatz）理论。宪法委托理论主旨为，宪法条文只是立宪者所揭示的原则性规定，而委托其他机关根据宪法原则再进行具体落实，其他机关此项具体化任务为宪法要求的义务。与之相区别的是方针条款，指某些宪法规定仅表示一种制宪者的期许，或一种价值

⓫ 本文有关宪法委托之理论说明主要参照：陈新民，论社会基本权利 [J]. 人文及社会科学集刊，1988，（11）：199－225。

上的指引，而没有具体的约束力。国家机关并不因为方针条款的规定，而负有法律上的义务。可作为适用法律或解释上的参考依据。宪法委托与方针条款的差别在于违反的效果，即违反方针条款时没有构成违宪的问题，但若未履践宪法委托的要求则构成违宪，也就是若立法者不履行此等宪法义务，理论上中国的违宪审查机构可以宣告此种不作为属于违宪，或更进一步指定明确的期限，要求立法者在该期限内必须完成立法。

基于以上理论，中国的宪法条款究竟是有约束力的宪法委托还者是无约束力的方针条款？就此问题，其实在文献上的讨论甚少，但多数认为偏向方针条款，宪法文字实在过于空泛，难以解释为一项具有约束力的具体要求。果如此，则这些条款就是方针条款。

（二）宪法委托理论与功能最适理论

若我们同意宪法中的知识产权产业政策为无约束力的方针条款，则逻辑讨论已可结束。若假设前引基本国策条款是具有法效性的宪法委托，则论理上需进一步探究的问题为应由哪些国家机关来实践此项委托？著者仅就目前主流的功能最适理论加以说明。

功能最适理论认为，权力分立之目的，在于使国家决定达到尽可能正确之境地，主张国家事务应由在内部组织、组成、功能与议事决定方式等方面均具备最佳条件之机关来担当。因宪法委托为宪法位阶上要求，此种重要事项，依据法律保留中的重要性理论应由立法者担任首先的实践任务。但因知识产权的事项属于需要做机动、弹性、快速反应与涉及科技或其他专业知识的事务，适当授权行政机关处理亦有必要。相对于行政机关的专业性，知识产权的事项，特别是产业政策的问题，一般的法官多欠缺民主正当性，而且也没有相关的专业知识，因此不适合由法院来处理，这也可以解释为何前述判断余地以及产业上可利用性的判决，法院都采取不介入的立场。

综上所述，如认同宪法上的知识产权产业政策为具有约束力之宪法委托，著者认为，应由立法者首先进行框架式立法，以确定基本之政策走向，但细节执行可采取广泛之委任立法方式，授权行政机关发布命令来处理。

第五节　法学之外的总体经济学思考

本书主题既然是谈产业，而产业的本质其实就是经济议题，吾人自应不拘泥于形式法条，应从更宏观且实质的经济学角度来思考知识产权产业政策。首先，需谈到知识经济理论，如本书题解，知识产权产业政策主要目的是通过知识产权的创新，藉以引导国家产业经济的发展，这正是知识经济的表现，吾人应了解知识经济背后的理论背景。其次，本书从经济学的角度思考专利制度运作的逻辑，并据以反省专利制度的本质。

一、知识创新纪元与新成长理论

知识创新纪元是指生产技术通过有意识的科研活动，以进行一次次知识创新的时代。针对这个时代的经济成长，芝加哥大学的卢卡斯（R. Lucas Jr.）与罗默（P. Romer）提出新成长理论（new growth theory），其要点如下：●

（1）技术进步具有规模报酬递增（increasing returns to scale）的特质。举例而言，人力资本存量越大的国家，其国民素质越高，研发能力就越强，也就越可能累积更多的人力资本。生产量越大的国家，其生产经验丰富，而边做边学（learning by doing）的经验也有助于其进一步更新现有技术，促进其生产效率的提升。

（2）技术进步往往以新知识的形态出现，而新知识具有非敌对性（non-rivalry）的特征，能造福所有的生产单位。

（3）技术创新与发明都是人脑所激发出来的，因此，人力资本在成长中所扮演的角色应不小于实体资本。

综上所述，可以得出人力资本才是根本关键的结论，而要提升人力资本，则要靠教育，因此，教育可说是国家之所以能长期发展的最根本因素，国家的教育体系必须有弹性、多元与活泼，如此才能培育有创新能力的人才。政府除

● 毛庆生，朱敬一，林全，等. 经济学 [M]. 华泰文化出版社，2012：497.

了应该致力教育，知识经济还需要一些配套措施，方能使研发创新顺利发展，❿ 例如知识产权的保护法规必须健全；科技知识下放给应用产业的配套规范必须周延；凡此都有赖于政府努力，而这些更有赖于法律制度，从而使经济议题与本书前述的法律议题相结合，可以看出法律对现代社会的重要性。

二、专利可促进经济发展的经济学原因并反思专利的本质

按根据美国专利制度的工具论，其背后的经济逻辑为：

（1）某人创造了前所未有的新技术。

（2）国家授予其垄断权利。

（3）发明人通过垄断权可以独占经济利益（例如独卖专利产品，或赚取授权他人（包含国外企业）之权利许可费）。

（4）消费者享受前所未有的产品而获益，竞争企业若欲超越发明人，唯有进一步技术创新。

（5）如此良性循环后，国家总体经济因技术进步而发展。

由上可知，关键在于专利背后的技术具有原创性。因此，技术才是根本，专利只是包装技术的工具，专利的数量并不是主要，重要的是专利的质量。

此处必须厘清，专利申请甚或授权，都不等于技术转移，专利与技术实质上是不同的概念，专利是通过法律手段将技术权利化，但专利并不等于技术本身，特别是专利具有属地性，但技术无国界，在一国拥有专利者，不表示他就会把技术放在该国。因此，在中国申请专利，或向国外企业授权专利（license-in）技术，都不等于提升中国的科技水平，当然也就无法达到促进技术发展的功效。本书前面提到，中国近年专利数量爆增现象之所以不等于技术提升，也在于未能洞悉专利与技术的差异。

另一个与总体经济有关的知识产权的有趣问题，即专利侵权是否毫无总体经济价值且无益于国内产业发展？著者认为，中国近年来一直强调打击盗版与侵权，若就经济学的角度来看，盗版与侵权并非完全无经济价值，打击盗版与侵权也未必有益于总体经济。理由在于：首先，根据经济学者研究发现，盗版

---

❿ 侯庆辰. 论促进中国研发服务业发展之商业机制与法律制度［D］. 政治大学智慧财产研究所，2005.

品的存在对于正品的需求影响并没有想象中的大。盗版品在某些方面所取得的，正是高价正版品所放弃的低价市场，就总体经济来说，反而是应把市场做大。⓰ 其次，根据新成长理论所提的边做边学，盗版与侵权反而有益于国内企业利用模仿而提升技术。⓱ 最后，盗版品有时与正版品共享相同的零组件（例如盗版手机中之电路板可能与正版相同），则盗版品的存在，对于零组件供货商是有利的，总体经济也因而被促进。果如此，则国家在技术起步阶段，对打击盗版采取宽松态度，不失为一良方，这也与本书所述，法律或政策都要与国家发展阶段相配合的观察相呼应。

第六节　小　结

药品领域的公众政策议题比起其他任何领域更复杂，所涉及的问题包含如何更完善地促进研发与创新，确定新药的测试和审评机制，确保药品的生产质量与安全，检测潜在的副作用，监督药品进入市场后的销售与流通，并须考虑人们收入的巨大差异和由此所导致的部分人无法得到应有药物的问题。

总结本书，著者认为，促进知识产权乃至国家经济发展，以下诸点应为基本的政策方向。

（1）正确的知识产权观念；

（2）自行研发创造的技术创新能力；

（3）健全的知识产权制度与法规；

（4）知识产权利益的合理归属与分配；

（5）良好的经营管理机制与专业人才；

（6）完整的国内外知识产权信息系统。

这六点虽然不限于医药产业，但因为医药产业具有高度技术密集的特性，对医药产业实属重要。

⓰ 许牧彦. 盗版对正版品需求的影响：以台湾音乐光盘市场为例［J］. 智慧财产的机会与挑战，元照出版股份有限公司，2008：299.

⓱ 本书作者个人接触过中国许多大型药厂的高管，即使是中国知名的企业，也常常透露出就算明白侵犯国外药厂的知识产权对他们来说也不是什么太了不起的事。这种轻视他人知识产权的心态是好是坏，暂置不论，但这确实是中国的普遍现状。

第七章　结　　论

本书从比较全面的角度分析医药专利产业化的三个议题。

第一，探究专利药进入并垄断中国市场的利与弊，以及是否该在一定的程度内限缩专利药的垄断权？

第二，在法律政策上，我们期待或希望吸引怎样的专利药进入中国市场？

第三，专利药进入中国市场的后果是怎样？对中国的仿制药业以及社会公众会产生哪些影响？

这三个议题，著者认为是中国医药专利产业化的核心议题。

为了妥善研究以上议题，著者在研究方法上受美国法影响，即注重医药产业规范，以及采取法律政策学与经济学分析的方法，并在架构上分成六章，按部就班地先后展开论述。首先，背景介绍包含讨论医药专利及其产业化对促进医药产业发展的重要性，以及探究医药市场及医药专利产业化的理想与现状。通过对于背景的说明，其次，深入介绍了医药专利法律制度的核心，研究中国的专利医药法律制度，并与美国法律制度进行比较，如本书的整理，医药产业有许多特性，因此，紧接在专利法的论述后，本书进一步分析了专利法在医药专利领域适用所产生的特殊问题。最后，本书总结出中国医药法律制度修改方向的建议，并提升到政策层面，从法律政策学的角度来探索中国的医药专利产业化。

综合本书的研究，大致可以得出一个事实，即中国的医药制度（包含专利制度）正朝着现代化的方向全面发展，而且渐趋与世界接轨。

中国目前涉及医药主题的法规主要有专利法、药品管理法、药品管理法实施条例、药品注册管理办法，另外，中国政府出台了许多政策与法规等。根据这四部法律与行政命令，我们可以总结并归纳出，目前中国对于医药产业的促进，以及如何区分新药与仿制药的制度，其规则如表18所示。

表18　中国现行涉及医药专利产业化的规范对仿制药和专利药的影响比较

制度	规范基础	评论	影响
没有医药专利期限补偿制度	专利法	让仿制药上市时间提早	有利仿制药
100 万法定专利侵权赔偿	专利法	过低的法定赔偿额，让原研药企业维权困难	有利仿制药
强制许可	专利法	专利法第 50 条，为了公共健康目的，对取得专利权的药品，国务院专利行政部门可以给予制造并将其出口到符合中华人民共和国参加的有关国际条约规定的国家或者地区的强制许可。根据本条规定，若某药在中国有专利保护，其原享有在中国独占使用、制造与销售之权，但若该药品在中国有参与国际条约的其他海外国家有迫切之公共健康需求时，中国可以利用强制许可，授权国内药厂（原则上就是仿制药厂）进行生产并出口到该特定国家	有利仿制药
专利链接制度	药品注册管理办法	虽然药监局网站上公告了药品专利数据，但其采取由专利权人主动提交的方式，且若有任何错误时没有救济的法律效果	专利链接制度主要是强制公开技术，模糊与宽松的公开有利于专利药
新药监测期	药品注册管理办法	5 年监测期内的新药，药监局不批准其他企业生产和进口	有利于新药，也可能有利仿制药。新药不限于专利药，因为中国对新药的定义不限于专利药，所以也可能是仿制药
药物数据专属权	药品管理法实施条例	含有新型化学成分药品许可的生产者或者销售者提交的自行取得且未披露的试验数据和其他数据实施保护，任何人在 6 年内不得对该未披露的试验数据和其他数据进行不正当的商业利用	有利于专利药
仿制药临床试验申请	140 号文	对受《中华人民共和国专利法》保护并在专利期内的药品，国家食品药品监督管理总局在该药品专利期届满前 6 年开始受理临床试验申请	对仿制药的要求提高，有利于专利药，但也有利于国内仿制药产业升级

一、健全的法律制度

经济学家总是试图将一切现象予以量化，但有些无法量化的东西，对经济的影响却是巨大的。以美国为例，美国的民主与法治，对于美国经济的贡献是无法估计而且确实是巨大的。美国的民主与公平的法治，像个大磁铁般吸引着全世界的人才与资金，在美国的研究人员在这种公平的竞争环境下，依循法律争取或分配彼此应得的利益。我们可以说，以经济学所强调的动力（incentive）而言，至少就美国的经验来看，民主与法治可说是最强大的经济动力之一。这一点适用在所有的产业领域，当然也包含生物医药。

具体来说，中国未来为了促进医药专利的产业化，在法制层面上应朝着以下几点努力：

（1）提升相关法规的位阶。除了在宪法中体现人民健康权之外，目前在医药领域最重要的法规是《药品注册管理办法》，但仅是行政命令而已，实有提升到法律层面之必要。

（2）制定规范医药产业的专门法律。这部法律（或几部法律）应至少包含以下内容，鼓励新药开发的具体政策优惠内容（例如租税减免）、专利期延长、建立类似美国 Hatch – Waxman 法案中第Ⅳ段声明的鼓励仿制药挑战新药专利的制度。

（3）健全诉讼程序以及合理的侵权赔偿额。除了已经建立的知识产权法院之外，更重要的是，借鉴美国的诉讼流程与案件管理制度，并且应适当提高医药专利侵权时的赔偿额度，否则将造成中国国内新药开发的负面诱因（disincentive）。

二、妥善分配利益团体间的利益

本书第一章开宗明义地指出医药专利的产业化涉及新药开发企业、仿制药开发企业和用药公众三者的利益纠结问题。新药开发，风险极高又耗费极大，若要能吸引资本去完成新药开发，新药销售的预期利益必须巨大，它必须靠专利保护，但这必然造成高药价的问题，因此须通过妥善的法律规则进行分配，以使得仿制药与新药之间可以取得一种有利于社会公众的平衡，在新药开发企业收获期投资成本后（recoup its investment），仿制药企业会大举进入市场，并让药价迅速满足市场需求。在新药与仿制药之间的专利博弈中，政府的角色至关重要，它必须建立明确与公平的游戏规则，而且要懂得通过规则设定来引导新药朝公众需要的方向研发。

三、健全的信息系统

本书所讨论的议题当中，例如避免药品研发成果成为商业秘密，以及药品在申报过程中，原研药信息专属权（data exclusivity）等，都显示信息对于医药行业的重要性。跨入 21 世纪，经济发展已经进展到整合竞争的层次，各国或各企业之间的竞争在于对各种资源做最有效率的整合，其中除了物流整合与资金整合之外，对生物医药来说，信息整合更是重要，因为生物医药领域需要投入的时间多而且漫长，因此，投资前做好缜密的分析是非常重要的，这就需要充足与最新的信息系统，中国国内过去比较忽略这一点。

美国在这方面则有长足的发展，美国以其航空航天局（NASA）技术转让系统为基础，与其他 17 个联邦政府部门合作，建立了全国性的技术转让网络，将联邦政府资助具有商业化前景的许多科研成果发布在网上，并且通过这个服务网络，将研究成果的信息迅速地向私人企业传播，为全社会和工业界提供技术转让信息服务，除了有助于研发创新之外，也有助于技术转移。美国的这种制度，很值得重视与参考，中国应通过政府的力量，积极搭建全国性的药品技术信息平台。

四、合理的医疗保险机制

产业化是一种经济行为，所有的经济行为都离不开价格的支配。药品产业涉及国民健康，所以这个产业受到各国政府的高度监管（highly regulated industry），在这些监管中，影响到药价最显著的往往就是医疗保险制度（medical insurance）。美国并没有统一的健康保险，几乎所有人都靠商业保险来满足其医疗需求，而商业保险的普及也导致美国民众对于药价敏感度（price-sensitive）不高，[⑪] 这是专利药能够普及销售的温床，而专利药的高市场接受度，也返过头来促使美国制药企业愿意投入巨大资金与长久的时间研发新药，从而

---

⑪ 因为大部分医疗费用都可以用保险理赔来支付。

呈现良性发展的状态，进而使得美国医药产业蓬勃发展。相反地，中国目前的商业保险远不普及，而国家的医保还不健全，专利药很难以合理的价格进入医保系统，再加上中国的人均所得尚不如欧美国家，造成中国民众普遍对于药价敏感度很高，凡此都使得中国长期以来专利药的销售很差，同时也影响国内外药厂在中国进行新药研发的意愿。著者认为，站在促进医药产业发展的角度，未来医保改革应朝两方面发展，一是在制度上鼓励民众投保私人的医疗保险，⑭ 二是在全国医保中加大对专利药的价格补贴。

五、鼓励创新的文化

法律人最常发生的误区在于以为只要制定了精美的法律，社会就会依照预设的蓝图而走向光明。⑮ 然而实证经验均告诉我们，法律固然可以影响社会，但只是诸多因子中的一个。如要真正达到医药专利产业化的目的，法律改革固然重要，不过，文化工程更是根本，这一点恐怕还需要几代人继续努力。⑯

---

⑭　常见的做法是医疗保险之保费支出可以抵税。

⑮　Holmes 大法官广为人引用之经典名言，法律之生命不在于逻辑而在于经验（The life of the law has not been logic; it has been experience）。（源于 Holmes 所著 Common Law 的首页）是对法律形式主义与忽视实证的一记警钟，值得所有法律人三思。

⑯　诚如易继明教授所言，文化方能成为人的自觉，多维的知识产权文化才是创新之源，也才能形成一种真正的社会意识。引自：易继明. 编制和实施国家知识产权战略的时代背景：纪念国家知识产权战略纲要颁布实施 5 周年 [J]. 科技与法律，2013，104（4）：76。

附　　录

2017 年 5 月 12 日，国家食品药品监督管理总局发布了《关于鼓励药品医疗器械创新保护创新者权益的相关政策（征求意见稿）》，兹附录全文以供参考。本征求意见稿有四大重点政策，可以看出来受到美国 Hatch – Waxman 法案很深的影响。然而，似乎尚有不足。就以其中最重要的第一条：药品专利链接制度为例，根据美国的经验，其中最重要的未必是暂停发证这件事，关键还是在于首个挑战成功的仿制药企业可以享有若干期限的上市独占权（exclusive right to market generic drugs），但这没有在这次征求意见稿被采纳。反而这次征求意见稿将数据独占使用权（Data Exclusivity）与仿制药企业挑战专利制度相结合，也就是挑战专利成功者，不是享有独占销售权，而是享有一年半的数据独占使用权。这点相当特别，为何做如此结合，而不是像美国授予上市独占销售权？本征求意见稿未作说明。此项结合是否能发挥如美国 Hatch – Waxman 法案授与首个挑战成功之仿制药企业 180 天独占销售权那样的激励效果，甚至改造了整个仿制药产业，还需要再观察。总之，本次征求意见稿促进新药开发和创新又提升了一步。但毕竟还太笼统，很多细节还需要未来通过正式法规来细化，让我们拭目以待。

关于鼓励药品医疗器械创新保护创新者权益的相关政策
（征求意见稿）

一、建立药品专利链接制度。药品注册申请人在提交注册申请时，应提交其知道和应当知道的涉及相关权利的声明。挑战相关药品专利的，申请人需声明不构成对相关药品专利侵权，并在提出注册申请后 20 天内告知相关药品专利权人；相关药品专利权人认为侵犯其专利权的，应在接到申请人告知后 20 天内向司法机关提起专利侵权诉讼，并告知药品审评机构。药品审评机构收到司法机关专利侵权立案相关证明文件后，可设置最长不超过 24 个月的批准等待期；在此期间，不停止已受理药品的技术审评工作。在批准等待期内，如双方达成和解或司法机关作出侵权或不侵权生效判决的，药品审评机构应当根据双方和解或司法机构相关的生效判决不批准或批准药品上市；超过批准等待期，司法机关未作出侵权判决的，药品审评机构可以批准药品上市。受理的药品申请，申请人未声明涉及相关专利，而专利权人提出侵权诉讼的，药品审评机构根据司法机关受理情况将该申请列入批准等待期。药品上市销售引发知识产权诉讼的，以司法机关判决为准。

二、完善药品试验数据保护制度。申请人在提交药品上市申请时，可同时提交试验数据保护申请。对批准上市的创新药，给予 6 年数据保护期；既属创新药又属罕见病用药、儿童专用药，给予 10 年数据保护期；属改良型新药的罕见病用药、儿童专用药，给予 3 年数据保护期；属创新的治疗用生物制品，给予 10 年数据保护期。挑战专利成功和境外已上市但境内首仿上市的药品给予 1.5 年数据保护期。欧洲药品管理局、美国和日本获准上市后 1 年内在中国提出上市申请和数据保护的新药，给予相应类别数据保护期；超过 1 年到中国提出上市申请的，按超出时间扣减数据保护期时间；扣除后不足 1.5 年的，给予 1.5 年数据保护期。数据保护期自药品批准上市之日算起。在数据保护期内，审评机构不再批准其他申请人同品种上市申请，申请人自行取得的数据除外。

三、落实国家工作人员保密责任。参与药品医疗器械注册申请审评审批的工作人员以及参与核查、检验和监管工作人员，对申请人提交的技术秘密和试验数据负有保密的义务。违反保密义务的责任人，由药品医疗器械主管部门按有关法律法规处理并向社会公开。

四、建立上市药品目录集。在中国批准上市的药品，加载《中国上市药品目录集》，注明创新药、改良型新药以及通过质量和疗效一致性评价的仿制药的属性；注明所列药品的有效成分、剂型、规格、上市许可持有人等信息，以及所享有的专利、监测期和试验数据保护等专属权利信息。